Theosophische und okkultistische Studien

in 12 Briefen

von

Ferdinand Schmidt

DIESER DRUCK DIENT AUSSCHLIESSLICH DER ESOTERISCHEN FORSCHUNG UND WISSENSCHAFTLICHEN DOKUMENTATION.

Für Schäden, die durch Nachahmung entstehen, können weder Verlag noch Autor haftbar gemacht werden.

© Copyright: Irene Huber, Graz 2015
Verlag: Edition Geheimes Wissen
Internet: www.geheimeswissen.com
E-Mail: www_geheimeswissen_com@gmx.at

Alle Rechte vorbehalten.
Abdruck und jegliche Wiedergabe durch jedes bekannte, aber auch heute noch unbekannte Verfahren, sowie jede Vervielfältigung, Verarbeitung und Verbreitung (wie Photokopie, Mikrofilm oder andere Verfahren unter Verwendung elektronischer Systeme) auch auszugsweise als auch die Übersetzung nur mit Genehmigung des Verlages.

ISBN 978-3-903045-72-9

Theosophische und okkultistische Studien

in 12 Briefen

von

Ferdinand Schmidt

Brief 1
Einleitung und Einführung

Inhalt des ganzen Werkes

Brief	1:	Einleitung und Einführung.	5
„	2:	Was ist der Mensch?	23
„	3:	Die Macht und Kraft menschlicher Gedanken.	51
„	4:	Über Karma.	79
„	5:	Über Psychometrie.	119
„	6:	Über Spiritismus.	153
„	7:	Über Hypnotismus und persönlichen Magnetismus.	173
„	8:	Über Hellsehen.	201
„	9:	Über Telepathie.	231
„	10:	Über praktische Heilmethoden.	255
„	11:	Über Lebensweise, Altwerden usw.	281
„	12:	Theosophische Terminologie.	311

Brief 1.
Einleitung und Einführung.

> Der, welcher gibt, lehrt, und der, welcher empfängt, lernt. Kein Lehren ist möglich, bevor nicht der Schüler auf denselben Standpunkt, auf dieselbe Basis gebracht ist, auf welcher Du Dich befindest; dann aber findet ein Hinüberströmen statt; er ist dann Du, und Du bist er; es tritt eine Belehrung ein, deren Wohltat durch keinen unfreundlichen Zufall, durch keine schlechte Gesellschaft wieder ganz verloren geht. Ohne dies aber gehen Deine Lehren zu einem Ohr hinein und zum andern wieder heraus.
>
> Emerson.

Es liegen enorme Zeiträume hinter uns, ebenso Spuren mächtiger Zivilisationen, welche für jeden Menschen mehr oder weniger beweisen, dass die Menschheit schon vor tausenden von Jahren in Bezug auf Wissenschaft, auf Philosophie und auf Religion einen hohen Stand eingenommen hatte. Wir gewahren bei einem solchen Rückblick, dass die Menschen Kulturstufen erreicht haben müssen, woran heutzutage noch lange nicht wieder zu denken ist, aber trotzdem die Hoffnung auf die Möglichkeit, jene Höhen wieder zu erreichen, nicht zuschanden werden lässt.

Vermögen wir die Kenntnisse der Lemurier weniger zu beurteilen, so rücken uns diejenigen der Atlantier schon näher. Diese kannten die ätherische Kraft Vril und ihre Magier durchsausten die Lüfte mittelst des Luftfahrzeugs Vimána. Griechische Götter waren keine Luftgespinste, es waren Wirklichkeiten, nur die Jahre verglorisizierten jene Gestalten immer mehr, und ich habe ferner keinen Grund, anzunehmen, dass es etwa keine Hermaphroditen gegeben hat.

Wer lernen will, muss rückwärts schauen und Augen und Ohren offen für die Gegenwart behalten, dann lüftet sich der Zukunftsschleier ganz von selber. Wunder umgeben uns heutzutage und niemand klärt uns auf, sie zu begreifen; wer sie nicht leugnet, trägt Verlangen, sie zu verstehen. Hier sollen diese Briefe einsetzen. Der Verfasser ist religiös veranlagt und achtet die hochentwickelte Wissenschaft, wollen diese Mächte aber gegen ein Weiterstreben des Einzelnen einschreiten, so darf sich der Schüler nicht beirren lassen und seinen Forscherweg fortsetzen, Kurs halten, wie ein guter Steuermann. Das Ziel ist vorhanden und die Möglichkeit, es zu erreichen, gar nicht ausgeschlossen; was kann hier das Abraten Blinder nützen?

Theosophie und Okkultismus soll dem Schüler, der hiernach Verlangen trägt, näher gerückt werden. Nur durch Okkultismus gelangt man zu theosophischem Wissen und dann weiter, aber die Geheimwissenschaft muss dem Jünger hierfür schon im Blute liegen, angeboren sein, um in diesem Licht von Jugend auf die Welt und das Leben begreifen zu können. Aus diesem Grund fasse beide Themata für Interessenten zusammen und nenne das Hohe und Hehre zuerst.

Von einem „Studium der Theosophie" zu reden, ist im Grunde genommen nicht richtig, weil „Theosophie" Gotteserkenntnis ist, die man durch keinerlei Art von Studieren und Kopfzerbrechen, sondern lediglich durch das innerliche Erwachen des Gottesbewusstseins im Herzen erlangen kann.

An sich — wahr, weshalb diese Briefe zur Erweckung des Gottesbewusstseins beitragen sollen.

Theosophie ist die Erkenntnis göttlicher Dinge, und es ist im Allgemeinen eigentlich gar nicht schwer, ein Theosoph zu werden. H. P. Blavatsky sagt hierüber: „Irgendjemand von durchschnittlicher intellektueller Fähigkeit und Neigung zu dem Metaphysischen, von reinem, selbstlosen Leben, welcher mehr Befriedigung in einer dem Nachbar geleisteten Hilfe findet, als in dem Empfangen derselben, welcher immer bereit ist, seinem eigenen Vergnügen um anderer willen zu entsagen, welcher Wahrheit, Güte und Weisheit um ihrer selbst willen liebt und nicht um des Nutzens wegen, der aus solcher Liebe entspringen mag — der ist ein Theosoph." —

Nicht wahr, das ist nicht schwer?

Okkultismus heißt auf Deutsch: „Geheimlehre" und umfasst die Lehre von den bis jetzt nur teilweise erklärbaren Vorgängen des Seelenlebens in Bezug auf Hypnose, Gedankenübertragung, Telepathie, Hellsehen etc.

Das Einzelne hiervon wieder kurz vorgetragen und erklärt, würde ebenfalls anscheinend leicht zu erlernen sein. Aber es ist doch eine ganz andere Sache, den Weg zu betreten, der zu der Erkenntnis einer richtigen Unterscheidung von „Gut und Böse" führt, ein Weg, welcher den Menschen schließlich auch in den Besitz jener Kräfte bringt, vermöge deren er das gewünschte Gute ausführen kann, — wobei er dem Anscheine nach oft nicht einmal einen Finger zu rühren braucht. —

Das Studium der Theosophie ist besonderer Art, und es gibt nur wenige, die es recht zu würdigen wissen; die Theosophie ist eine esoterische Wissenschaft, sie umfasst gleichzeitig Physik, Ethik und Metaphysik, und beschäftigt sich direkt mit dem großen Probleme des menschlichen Glücks und zwar eines vollkommenen, ewigen Glücks.

Die Erreichung eines möglichst ungetrübten und möglichst immerwährenden Glückes ist ja das Endziel jeder Anstrengung, und alle Dinge um uns her erregen unser Interesse nur insoweit, als wir sie zum letzten Ziel unseres Daseins — zum Glück — für förderlich halten.

Wer diese Wissenschaft in Indien erlernen will, hat von seinem Lehrer zuförderst eine harte Probe auf Würdigung zu bestehen. Dort wird z. B. von den Chelas (den Schülern) verlangt, dass sie sieben Jahre lang zur Probe dienen, um ihre Tauglichkeit darzutun und um diejenigen Eigenschaften zu entwickeln, welche zur Sicherung eines soliden theosophischen Grundes für Schüler wie Meister notwendig sind.

Es klingt dies etwas sonderbar, ist aber berechtigt, wenn man bedenkt, dass von den Gurus im Osten bis zu den Kabbalisten im Westen, alle Meister, welche die Grundlagen der heiligen Wissenschaft ihren Anhängern vorführen, vom Anbeginn ihrer Lehrtätigkeit an die Sünden ihrer Schüler auf sich nehmen, und dies so lange tun, bis der Schüler selber ein Lehrer geworden ist.

Bei der griechischen Kirche wird das Dogma von der absoluten Heiligkeit der Beziehung zwischen den beiden Taufpaten, welche die Patenstelle bei einem Kinde übernehmen, und dem letzteren gewissenhaft beachtet, während es in der römisch-katholischen Kirche halb vergessen und in der protestantischen Kirche ganz verloren worden ist.

Ein Pate ist nach dem berührten Dogma für das Kind höheren Orts solange verantwortlich, bis dasselbe ein selbstverantwortliches Wesen wird, das zwischen „Gut und Böse" zu unterscheiden vermag, — und demgemäß ist auch jeder Lehrer unserer Wissenschaft — und zwar in noch höherem Maße — seinem Schüler gegenüber verantwortlich.

Die vorhin erwähnten indischen Chelas, selbst Laienschüler, werden bis nach ihrer ersten Initiation Upasakas genannt und heißen dann Lanoo-Upasakas, welche von vornherein an 72 *Regeln* gebunden sind, um sich in diesem Studium weiter zu entwickeln. Der zukünftige Upasaka, der in westlichen Ländern geboren ist, wird hiermit ersehen, dass zur Erreichung des gesteckten Ziels viel gehört. In erster Linie muss der Schüler willensstark genug sein, um in seinem Herzen alle Gefühle des Widerwillens und der Antipathie gegen andere zu ertöten.

Dass dieses jedem Europäer schwer fallen wird, liegt auf der Hand, denn alle westliche Erziehung ist von dem Prinzip des Wetteifers und Streites durchtränkt. Schon jeder Schulknabe wird fortwährend dazu angespornt, dass er schneller, besser und mehr lerne, wie seine Mitschüler, um dieselben in jeder Weise zu überflügeln.

Im Osten wird im Gegenteil der Geist des „Nicht-Sonderseins" von Kindheit auf den Menschen eingeimpft, sodass aus diesem Grund Indien als dasjenige Land gelten muss, wo Theosophie und okkulte Wissenschaften besser als in Europa erkannt und gewürdigt werden und wo europäische Lernbeflissene immer noch zu lernen vermögen.

Will man mm ein Schüler göttlicher Weisheit werden, so muss man nicht nur ein hohes Interesse dafür haben, sondern muss schon das nötigste Verständnis für solche Lehren mitbringen und vor allem bei solchem Studium nicht eine fade Neugier befriedigen wollen. Man darf auch die sich bietenden Schwierigkeiten nicht scheuen, und sollte bedenken, dass man nie schwimmen lernen kann, wenn man nicht in tiefes Wasser geht; es kann auch kein Vogel sich in die Lüfte erheben, es seien ihm denn zuvor Flügel gewachsen und er habe den Raum vor sich und Mut, um sich selber der Luft anzuvertrauen. Wer mit scharfer Waffe fechten will, muss zuvor in stumpfer Waffe ausgebildet gewesen sein.

Ist der Schüler stark im Willen und kann er seine Tiernatur im Zügel halten, so kann sich in ihm das Göttliche auch nicht in schwarze Magie verwandeln, denn nur an ihm selbst wird es liegen, ob die Benutzung irgendeiner Kraft zu schwarzer (feindseliger) oder weißer (wohltätiger) Magie führt. Gleichzeitig sei hier auch noch betont, dass unter Okkultismus nicht etwa Magie zu verstehen ist, obgleich es dem Meister ein leichtes ist, auch die Kunstgriffe der sogenannten bösen Zauberei und die Methoden zur Beherrschung der feineren, aber nichtsdestoweniger noch materiellen Kräfte der Natur auszuüben. Die Kräfte der Tierseele im Menschen sind bald erweckt; die Kräfte, welche des Menschen Liebe, Hass und Leidenschaft in Wirksamkeit zu setzen vermögen, werden schnell genug entwickelt; das haben wir aber eben, falls es zu unlauterem Zwecke geschieht, als schwarze Magie — Zauberei — zu betrachten. Die Kräfte und Fähigkeiten einer Tiernatur können von Selbstsüchtigen und nach Rache Dürstenden ebenso gut benutzt werden, wie von Selbstlosen. Die Kräfte und Fähigkeiten des hochentwickelten Geistes dagegen stehen nur denen mit zweifellos reinem Herzen zu Gebote, — und das ist göttliche Magie.

Die Natur oder Gott bewahrt die höchsten Geheimnisse derart, dass es dem Menschen unmöglich gemacht ist, sie zu wissen oder überhaupt zu fassen und zu begreifen, bis er würdig ist, sie zu wissen. Keine Menschenklasse ist sich daher des geringen Maßes alles menschlichen Wissens so sehr bewusst, wie die psycho-metrische Verbrüderung, und wer ein Bruder dieser Gesellschaft zu sein wünscht, wird seine Zugehörigkeit daran erkennen, dass er fort und fort von einem tief-innerlichen Wissensdurst ergriffen wird, kühn und unerschrocken hierbei zu Werke geht und sich von keinem Menschen — ob hoch oder niedrig im Ansehen in der Welt — irgendwie beeinflussen lässt.

„Der Unwissende hat keinen Begriff von seiner Unwissenheit", weil er keinen von der Wissenschaft hat, sagte schon Kant, und von diesem Gesichtspunkte aus kann jeder Schüler das Gebaren seiner Widersacher entschuldigen lernen; er lasse sie reden, tadeln und wirken was und wie sie wollen, aber er lasse sich nicht beeinflussen, sei stark und bleibe ruhig. Ein solches Prinzip ist wie ein Panzer, an dem alle bösen Gedanken abprallen und auf ihre Aussender zurückgehen.

Wer in dem heute verdorbenen Zeitalter eine aufklärende Mission erfüllen will, der muss versuchen, die irregeleiteten Menschen zurück zur Natur zu leiten, wo dieselben für ihre ästhetischen Anschauungen und für ihr Wohlbefinden Außerordentliches lernen müssten und lernen würden. Wer hierzu Lust hat, also zum Lehren, lerne, und nachdem er sich für Theosophie entschieden und begeistert hat, wird er natürlich auch anfangen, ein guter Mensch und Vorbild in jeder Hinsicht zu werden.

Sobald solch löbliches Wollen Tatsache werden soll, treten damit gleichzeitig auch mancherlei Anfeindungen an uns heran. Man betrachte diese als Prüfungen und lasse sich nicht beirren; Prüfungen gehen auch vorüber. Ferner wird für einen Europäer hierzu auch viel Entsagung verlangt; denn er muss allem Genuss von Fleisch, Alkohol und Nikotin entsagen. Ist ihm dies infolge Erziehung und Angewohnheit sogleich nicht möglich, so esse er vorläufig nur noch zweimal, später nur einmal Fleisch in der Woche und lasse dann jedweden Fleischgenuss fallen. Tabak und Zigarren kann man sich leichter abgewöhnen, als man es vermeinen sollte und den Genuss alkoholhaltiger Getränke gebe man ebenfalls auf. Verminderte Fleischnahrung hat auch weniger Verlangen nach Alkohol zur Folge. Hin und wieder ein gutes Glas Wein zu trinken, kann zwar nicht schaden, aber Vorsicht und Mäßigkeit muss hierbei niemals vergessen werden. Dazu kommen dann noch die Stählung und Abhärtung des Körpers, Vermeidung aller heißen wie sehr kalten Speisen und die Unterdrückung aller schlechten Gedanken.

Wer hierin stark sein kann und seinen Willen durchzusetzen vermag, wird bald sehen, dass sich sein Wohlbefinden und seine Gesundheit ungemein hebt, seine Ausgaben sich verringern und seine größere Zufriedenheit sich in seinem Innern bekundet. Wie ich aus eigener Erfahrung weiß, scheint der Rückweg zur Natur mit Dornen bestreut zu sein, es scheint aber nur so, und der Schüler muss eben jegliche Schwierigkeit durch eigene Kraft — aus sich selber heraus — zu überwinden suchen.

Ist es denn auch nicht praktisch und vorteilhaft, unsere Willenskraft zu erhöhen, um damit unsere etwaigen Begierden mehr und mehr bewältigen zu können?

Derartige Wünsche müssen kaum noch aufzukommen wagen: der Eigenwille muss in dieser Hinsicht vollständig bezähmt werden. Mit dieser Bezähmung der Leidenschaften fange der Schüler sofort an; ein jeder Tag wird ihm Gelegenheit dazu geben.

Wer sich selber zu beherrschen vermag, wird dann auch andere zu beherrschen vermögen.

Der Schüler, welcher seine Geisteskräfte studieren will, muss sich auch selber kennen lernen. Er muss wissen, dass sein Körper nicht er „er" selber ist, sondern dieser nur sein momentanes irdisches Kleid, seine Hülle, worin sein Selbst eingeschlossen ist und wozu Gevatter Tod den Schlüssel in Händen hat.

Diese Erkenntnis, recht begriffen, öffnet uns die Augen. Die alten Anschauungen fallen und neue werden dann von selber immer klarer hervortreten. Es steigt in uns ganz von selber ein Verlangen nach Entwicklung unserer schlummernden Geisteskräfte auf, und merken wir erst, dass wir bisher einen so langen Geistesschlaf geschlafen haben, tut es uns leid um die unnütz verlorene Zeit.

Aber Zeit gibt es für unser Thema eigentlich nicht. Wir sind nur solange an Zeit und Raum gebunden, solange wir glauben, dass wir nur dieses eine Leben von der Geburt bis zum Tode zu leben haben, während in Wirklichkeit diese kurze Zeit nur ein Abschnitt unseres Lebens ist, während dem wir unser Kleid (also unseren Körper) auftragen.

Um dieses große Werk in der Weltenschöpfung einzusehen, dazu gebrauchen wir klaren Verstand, und klarer Verstand führt uns zum Glück und zeigt uns dann auch von einer höheren Position aus Gottes Walten und Wirken in der Natur deutlicher, wir fühlen uns mit ihm verbunden, ja selbst eins.

Immerhin sind wir Menschen noch vergängliche Wesen,

aber wir sind uns hier bereits bewusst, dass in uns ein Hauch göttlichen Geistes wohnt, und fühlen die Möglichkeit in uns, durch unsere Willenskraft diesen Geist aufzuwecken und höhere Kräfte in uns auszubilden. Was Gott erschaffen hat, das will er auch erhalten und weiterführen. In solcher Einsicht erscheint uns nichts gleichgültig, und alles, was um uns ist, lebt und webt, erkennen wir als Äußerungen einer vom Gottesgeist beeinflussten Natur, welche dessen Willen getreulich ausführt, weiter schafft und immerfort Lebewesen, Land und Meere auf Erden hervorbringt und verschwinden lässt. (Beispiele: Atlantis, neuerdings: Martinique, Tahiti.)

Geschieht alles nach festen Gesetzen und Regeln auf unserem Planeten, so hat der Mensch doch einen freien Willen mitbekommen; er kann handeln und tun wie er will, und weicht er von den Gesetzen ab, wogegen in ihm Gefühl und Gewissen sprechen, so unterliegt er eben auf geraume Zeiten den Folgen seiner Handlungen. Er erntet immer das, was er säte, und kommt hierdurch dann ganz allmählich zur Einsicht des *Karmagesetzes*, das in folgender Strophe vorzüglich in Kürze ausgedrückt worden ist.

Wird gestraft die falsche Zunge durch die Lüge, die sie spricht; Gibt der schleichende Dieb, der Räuber, wieder, was er raubt. Karma heißt die geistige Ursachenwirkung im individuellen Leben, das Gesetz: „das, was der Mensch säet, das wird er ernten." Keine europäische Sprache hat ein Wort für dieses Gesetz, deshalb bedient man sich der Sanskrit-Bezeichnung „Karma" dafür.

Jedes unrechte Handeln straft sich selbst, und ein verständiger Schüler kann ganz unmöglich ein Lügner, Dieb, Räuber oder Mörder werden, weil er das Karmagesetz kennt, und weiß, dass sich nach diesem Gesetz jede Schuld auf Erden strafen muss.

Keine Macht im Himmel und auf der Erde kann auch nur für die Dauer eines Moments das Maß unseres Leids oder unserer Freude abkürzen oder verlängern!

Der Begriff „Karma" eröffnet uns somit das Verständnis dafür, dass das, was heute in schmutzigen Winkeln dahinlebt, eine Materialisation früherer Selbstsucht, früherer Gier, früherer

Herrschaft, früherer Verneinung des brüderlichen Verhältnisses zum Menschen darstellt, und dass solch' moralischer Schlamm das unvermeidliche Resultat der Vergangenheit ist. — Was mögen wohl alle jene Unglücklichen im Vorleben hier auf Erden gewesen sein und vorgestellt haben, die jetzt in russischer Verbannung in Sibirien oder gar auf der sog. Toteninsel grob behandelt, erniedrigt und mit der Peitsche angetrieben werden?

Es ist grausig, wenn man davon hört und liest, aber jene Menschen büßen im gegenwärtigen Leben ihre im Vorleben ausgesäten Taten und Handlungen. Lasst uns darum mit unseren Pfunden jetzt — da es noch Zeit ist — so wirtschaften, dass man Gutes tue und fortan jeden schlechten Gedanken im Keime ersticke. Lasst uns stets an etwas Schönes, Angenehmes denken und wenn angängig irgendwelche gute Taten still und hilfsbereit ausführen.

Haben wir dieses Leben abgestreift, so steht uns das nächste bald oder später bevor und diese Reinkarnation (Wiederverkörperung) lehrt uns ferner, dass die Seelen, die sich wieder verkörpern wollen, zu derjenigen Umgebung hingezogen werden, in die sie hineinpassen. Seelen mit Neigung zu Lasterhaftigkeit, Bosheit oder Trägheit haben Männer und Frauen von ähnlich lasterhaftem Charakter zu Eltern, die die Materie ihres eigenen Körpers vergiftet und denselben dadurch aufnahmefähig gemacht haben für die Schwingungen einer lasterhaften Seele.

Durch diese Gesetze vermag eine befriedigende Erklärung der anscheinenden Ungerechtigkeiten im Leben geliefert werden. Gleichzeitig wird dem Schüler durch eine derartige Kenntnis auch klar werden, dass allem sittlichen und sozialen Elend hier auf Erden durch die Theosophie entgegengewirkt zu werden vermag.

Das allgemeine und allweise Naturgesetz, das die Grundwahrheit in aller Welterkenntnis ist, nimmt die Menschen ganz so, wie sie sind, und macht sie zu dem, was sie sein sollen. Daher behauptet auch die Theosophie, dass jedes andere System insofern irrtümlich und irreführend sei, indem es Ausflüchte macht oder irgendwelche äußerliche Mittel empfiehlt, anstatt das einzige Mittel anzuraten, das den Sitz des Übels direkt trifft und eine wirkliche Heilung bewirkt, — nämlich die Besserung des Charakters.

Niemand könnte das Karmagesetz als eine Macht ehren, wenn es nur stets auf kleine und große Sünden lauerte, aber an guten Taten vorübergehen würde, als seien diese gar nicht da. Karma ist aber gerecht und beachtet jede würdige Tat ebenso wie die schlechte und wird das Rechte just unfehlbar vergelten, wie das Unrechte, daher können, dürfen und wollen wir dieses Gesetz achten und hochachten, ihm vertrauen und gerne gehorchen.

Ebenso muss jeder Lehrer in der Schule unabänderlich gerecht sein, denn kein Schüler wird verlangen, dass etwa keine Ordnung herrschen solle, noch dass alle Aufsicht abgeschafft werden müsse, wohl aber, dass die Ordnung gerecht und vernünftig und dass die Aufsicht unparteiisch und einseitig sei. Nur derjenige Lehrer, der jedes Verdienst ebenso sicher sieht und würdigt wie jede Vernachlässigung, der keine Günstlinge hat und der nie wankelmütig ist, wird auch Achtung, Zutrauen und Gehorsam bei seinen Schülern finden. Ebenso wirkt auf dem großen Felde des karmischen Weltgesetzes die Erkenntnis, dass das Karma keinen Unterschied der Dinge und Personen kennt, jeden Gedanken, sowie jede Tat beachtet, über alle persönlichen Beeinflussungen und alle Schmeicheleien erhaben, sowie fleckenlos in seiner Unparteilichkeit und Rechtlichkeit ist. — Eine solche Erkenntnis muss Vertrauen zur Folge haben, Vertrauen aber ist gleichbedeutend mit Achtung bei jedermann.

Auch jeder Verzweiflung macht diese Erkenntnis ein Ende; allerdings verhindert das Gesetz nicht die Tränen der Reue; der Mensch erwacht vielmehr hierdurch zur Erkenntnis, dass in dieser Weltordnung er selbst die Kraft und die Pflicht hat, sich schließlich aus allem Leiden herauszuarbeiten, und so wird ihn schon das Bewusstsein dieser in ihm selbst liegenden Hilfsquelle mit freudiger Hoffnung erfüllen.

Wer sich bei unvermeidlichem Übel in dumpfem Trotz einschließt oder dem Karmagesetz gleichgültig gegenübersteht, wandelt auf falscher Bahn, und es können Jahrhunderte, selbst Jahrtausende dahingehen, bis ein solcher Mensch Interesse für göttliche Weisheit in sich verspüren wird.

Jeder Mensch fordert von Gott billigerweise Gerechtigkeit, eine gewisse Freiheit und gleichmäßige Behandlung, aber wenn er das Karmagesetz kennen gelernt haben wird, sieht er auch mehr und mehr das großartige und weitherzige Wesen desselben ein, es gewinnt für ihn ein freundliches Ansehen, das Ansehen eines Vaters, dem er unbedingt vertrauen und treulich dienen mag.

Ich werde im Verlauf dieser Studien auf die Karmalehre zurückkommen und das mir aus dem Christentum Bekannte dabei vorführen.

Je weiter nun ein Mensch in der Theosophie vorwärts schreitet, umso geisteskräftiger muss er werden. Seine nunmehrige Erkenntnis ist eine Kraft. Hat sich diese in ihm angesammelt, so sucht er sie auf irgendeine Weise wieder auszustrahlen, um gleichzeitig für neue wieder aufnahmefähiger zu werden. So gut wie Elektrizität in Hitze, Licht oder in Bewegungskraft umgewandelt werden kann, vermag man auch Können und Erkenntnis in jedwedes Handeln umzuwandeln.

So wie des Menschen Körper sich aus Erdatomen bildete, wird er sich auch wieder darin auflösen müssen, und so wie sein Geist ein Teil des großen Weltgeistes ist, so wird sich in ihm auch immer wieder eine Sehnsucht nach diesem bemerkbar machen und er wird den Weg zu Gott so lange suchen, bis er ihn gefunden haben wird. Demgemäß wird die Kraft des Weltgeistes auch überall verspürt und empfunden werden; sie äußert sich keineswegs allein im Menschen, sondern ebenso gut auch im Tier-, Pflanzen- und Mineralreich.

Wer ein Meister oder ein weißer Magier werden will, muss sich vollkommen bewusst sein, dass er Gott überall in der Welt finden kann, und sich mit ihm eins zu fühlen suchen, indem er darnach trachtet, feinsinniger zu werden. Die vier Saiten auf einer Violine sind sich nicht gleich, die erste ist z. B. dünn und fein und produziert bei Berührung einen höheren Ton, als die übrigen drei, weil die Saiten gröber sind und weniger Schwingungen machen.

Demgemäß sind auch die sogen. „Medien" für höhere Schwingungen veranlagt und sind bei ihnen schon weitere Sinne in Tätigkeit getreten, wie solche bei einer grobsinnlichen Menschennatur in der Regel angenommen werden.

Unsere Wissenschaft hat viele Wandlungen durchgemacht. Was sie früher für wahr hielt, hat sie heute fallen lassen, und man kann wohl annehmen, dass sie auch heute noch nicht ihren Höhepunkt erreicht hat und daher vor wie nach ebenfalls bemüht ist, der Wahrheit näher zu kommen. Eine Entdeckung und Erfindung schlägt ja die andere, immer neue Aussichten eröffnen sich dem Menschen, gleichwie dem Bergsteiger sich stündlich ein weiterer prächtigerer Ausblick aufzutun pflegt. Der unten im Tal Zurückbleibende sieht täglich dasselbe, glaubt an nichts anderes, als was er sieht und lacht wohl gar über das, was der hoch oben Stehende von seiner Erkenntnis redet. Dieser aber weidet sich an der Pracht, welche sich vor ihm aufgetan hat.

Früher gab es noch die vier Elemente: Feuer, Wasser, Luft und Erde, — aber wer glaubt das heute noch? — Heute wissen wir, dass es mehr als 60 Elemente gibt, Stoffe, welche die Chemie nicht (oder noch nicht zu zerlegen vermag, die Wissenschaft sieht darin aber auch eine verschiedenartige Verbindung der Atome, welche der wunderbare Chemiker „Natur" so vorzüglich zu verwenden weiß.

Ist unser Inneres für feinere Schwingungen oder für höhere Töne in der Natur empfänglich geworden, so haben wir unsere geistigen Sinne weiterentwickelt, wir sehen, hören und fühlen dann viele Dinge, für welche eine allgemeine Schulweisheit heute noch kein Verständnis zu haben scheint.

Das geistige Universum durchdringt das physische, wie Wasser einen Schwamm durchdringt; und manche Menschen vermögen mit ihrem Geiste die Materie besser zu durchdringen wie andere. So ist es z. B. auch möglich, dass der geistig Gelehrte bei einem Verbrechen den Übeltäter geistig zu schauen und zu erkennen vermag, während die Behörden mit ihren Hilfsmitteln dies nicht können und einen derartigen Hinweis oder einen auf Grund eines solchen Gesichtes aufgebauten Beweis wohl schwerlich gelten lassen würden, — wobei dann dem Verbrecher Zeit gegeben wird, zu verschwinden. Der Hell- und Weitsehende verliert dadurch auch nichts und denkt *mundus vult decipi*.

Wenn uns nun in der körperlichen, seelischen und geistigen Beschaffenheit eines Menschen sowie in allen Werken der Natur eine wunderbare Weisheit entgegentritt, so zeigt dies dem Erkennenden umso klarer, wie groß und intelligent Gott selber sein muss. An diesem Dasein und dieser Größe Gottes zweifeln freilich viele; sie würden aber, — wenn in eine Wildnis versetzt und auf sich selber angewiesen — schnell zur Einsicht und zum Glauben gelangen. In unserem heutigen Hasten und Jagen ist dies manchem aber überhaupt nicht möglich.

Lässt uns Gott von einem Leben zum anderen Leben kommen, indem wir das frühere Können immer wieder als natürliche Veranlagung mit „zur Welt" bringen, so dürfen wir getrost seiner erhabenen Weisheit weiter vertrauen, durch die er es geschehen lässt, dass wir auf unserem Spielplatz „Erde" nach eigenem Gutdünken treiben können, was uns beliebt.

Wollen wir Gottes Weisheit kennen lernen, so brauchen wir auch nicht weit zu laufen und umherzusuchen, denn wir können diese höhere Weisheit in uns selber finden, da wir ja ein Teilchen von Gottes großem Geiste sind.

Mittels dieser Erkenntnis sollen wir auch bewussterweise unsere höhere Entwicklung weiterfördern, und finden dann hierbei — wie von selber — seinen Willen und Zweck in Bezug auf uns selbst in unserem Inneren. Dann wissen und verstehen wir auch mit einem Male, dass wir „ein Tempel des Heiligen Geistes" sind und dass der „Geist Gottes" in uns wohnt, — was übrigens schon die Bibel lehrt.

Hier in unserem Innern finden wir Gott, — und wollen wir mit ihm reden oder zu ihm beten, so braucht es kein Mensch zu sehen oder soll es gar laut und öffentlich geschehen; die Einsamkeit, die Abgeschlossenheit von der Außenwelt gilt als bester Ort für ein erfolgreiches Gebet. Die innere Stimme ist auch Gottes Stimme; nach ihr müssen wir hören; sie sagt das Richtige, und wenn wir hiernach handeln, so fühlen wir uns zufrieden, in gewisser Hinsicht selbstbewusst, in Harmonie mit unserem eigenen „Ich". Solche Gedanken und die Pflege unserer Person verschaffen uns das erstrebenswerte Bewusstsein, mit Gott, unserem Vater, eins zu sein, und vermögen uns somit auch in das höchste

Menschen-Ideal — den Gott-Menschen — umzubilden. —
Kein Schüler darf das Zutrauen zu sich selber verlieren! Scheint uns manches unmöglich, so dürfen wir doch nicht darüber hinweggehen, weil es doch möglich gemacht werden kann, und je weiter wir vorschreiten, umso weniger Unmöglichkeiten wird es für uns geben. Irdisches Wissen — armseliges Wissen, — aber *unser Glaube* muss vorsichtiger werden und sich in ein sicheres Wissen umwandeln; das ist gewiss auch der tiefere Sinn des Dichterwortes:

> Zu dem Adler sprach die Taube:
> „Wo das Denken aufhört, da beginnt der Glaube." —
> „Recht", — sprach jener, — „mit dem Unterschied jedoch:
> „Wo du glaubst, da denk ich noch." —

Von der Macht des Glaubens weiß die Bibel viel zu erzählen. Werfen wir heute einen Blick auf das Geschäftsleben der Menschen, so wissen wir freilich von Treu und Glauben nur wenig zu berichten.

Doch zurück zum Glauben. — Ein Mensch wird krank werden, wenn er selber glaubt krank zu sein, und ebenso wird er gut, gesund und geistig stark werden, wenn er immer glaubt, dass er dieses ist. Wird dieses Ziel erreicht, so kann man auch mit Recht sagen: „Dein Glaube hat dir geholfen".

Wie viele Kinder müssen zugrunde gehen, weil sie von früher Jugend an in steter Gesellschaft des Lasters gelebt haben. Ebenso kann auch ein besser veranlagter Mensch, kommt er in schlechte Gesellschaft, sündhaft werden, und dies umso eher, wenn er sich selbst für einen „miserablen Sünder", einen armen schwachen Menschen hält, weil derartige Suggestionen schwächend und erniedrigend auf ihn einwirken.

Eine Besserungsanstalt für verkehrt erzogene Kinder ist unter Umständen nur eine Vorschule für das Zuchthaus. Ein Kind, das stets schlecht behandelt worden ist, dessen ganzes Tun und Treiben ohne Belehrung dahingegangen ist und das bei bewiesenem Eifer statt eines Lobes nur Tadel einerntete, muss dickfellig werden. Zeigt sich diese Eigenschaft auffälliger, kommen womöglich noch andere ebenso schlechte hinzu, dann dokumentiert sich das Kind als kleiner Taugenichts und wandert dann leicht in eine

Besserungsanstalt, wo es unter Zwang — ohne Liebe — erst recht jeglichen Glauben an sich selber verlieren muss.

Das Gute, was durch eine solche Anstalt bezweckt werden soll, ist selten auf diesem Wege zu erreichen. Welche schwere Verantwortung nehmen Seelsorger und Lehrer in einer solchen Anstalt gegen Gott auf sich, und wehe, wenn sie ihre Aufgabe lieblos lösen wollen. Erwerben sie Zutrauen bei ihren Zöglingen und vermögen sie dann auf dieselben einzuwirken, um das schon chronische Übel im menschlichen Herzen und Gemüt zu beseitigen, so erwerben sie sich mehr Ruhm und Ehre vor Gott, als der größte Feldherr auf blutigem Schlachtfeld oder selbst der berühmteste Diplomat.

Was Menschen unter Ruhm und Ehre verstehen, das gilt bei Gott sehr oft als das gerade Gegenteil. Bei ihm steht die Liebe obenan und an einem Blutvergießen auf Erden wird er kein Wohlgefallen haben.

Theosophisch veranlagte oder gebildete Leute werden deshalb zum größten Teile Kosmopoliten sein, ohne dass sie dabei die Liebe für ihre engere Heimat, in der sie geboren, etwa zu verlieren brauchen.

So wie jeder einzelne Mensch dem Karmagesetz unterstellt ist, so thront es auch über ganze Völker, und aus einer unparteiischen Weltgeschichte leuchtet uns ihre Macht und Gerechtigkeit deutlich hervor, allerdings erst nach Hunderten von Jahren. Was z. B. alles im vorigen Jahrhundert in den verschiedenen Staaten geschehen ist, hat die Weltgeschichte zu Buch, aber solange die Folgen nicht gänzlich erloschen sind, kommt das karmaische Endurteil darüber auch nicht zum Vorschein.

Wer daher sein höchstes Ideal vor Augen behält und die Liebe zu allem Guten pflegt, wer in theosophischem Sinne die ganze Welt als sein Vaterland anerkennt und damit alle Menschen als Brüder, der wird auch keine parteikleinlichen Gefühle in sich hegen können, er wird die Wahrheit ehren und das Unrecht bedauern.

Ein solcher Kosmopolit wird hierdurch aber keineswegs energielos — wie es den Anschein haben könnte — nein, im Gegenteil, er wird sich ebenso gut wehren, wenn er angegriffen wird, wie jeder andere, und evtl. noch seine höhere Macht als Okkultist in Anwendung bringen, sollte der Gegner nicht anders lahmgelegt werden können. Er wird aber doch lieber jedweden Kampf zu vermeiden suchen und ihn nur im äußersten Notfall aufnehmen.

Wir wollen durch Wunsch, Streben, Verlangen nach göttlichen Eigenschaften unsern Geist und unser Gemüt mit diesen letzteren in Einklang bringen, und öffnen damit unsere Persönlichkeit dem Einflüsse einer höheren, verklärenden Kraft.

Wenn wir unsere bisherige Lebensweise und Anschauung somit fallen lassen und fortan — wie bereits angedeutet worden ist — in theosophischem Sinne leben und wirken wollen und Gott täglich darum bitten, so muss unser Leben und unser Charakter auch täglich gottähnlicher werden, und alle negativen Manifestationen, wie Sünde, Krankheit und Armut, müssen wie lästige Schuppen von uns abfallen.

Das Hauptverdienst des Okkultismus ist, dass er eine Erweiterung der Weltanschauung hervorbringt, und zwar besonders in der Erweckung und Klärung des Bewusstseins in uns, dass jeder Mensch ein Bürger zweier Welten ist. — Und an Welten fehlt es nicht!

> Wenn ich nächtlich schau' auf ferne Sternenbahnen,
> Dann kann ich — o Gott — erst Deine Größe ahnen!

Theosophische und okkultistische Studien

in 12 Briefen

von

Ferdinand Schmidt

Brief 2
Was ist der Mensch?

Brief 2.
Was ist der Mensch?

> Der Körper ist der wahre Lethefluss, denn die in ihn hineintauchenden Seelen vergessen ihre ganze Vergangenheit.
> Plotinos.
> (Neuplatoniker, geb. 205 n. Chr. in Lykopolis, Ägypten).

Eine bündige Antwort vermag kein Mensch auf diese Frage: „Was ist der Mensch?" zu geben. Diese Frage legte schon vor Jahrtausenden die ägyptische Sphinx denen vor, die auf dem Wege des Lebens wandelten, und jeder, der das Rätsel nicht zu lösen vermochte, versank in den Abgrund. Selbst im 20. Jahrhundert — unserer Zeitrechnung — streitet sich die Menschheit selber wie auch die Wissenschaft noch mit dieser heiklen Frage herum und die Antwort fällt infolgedessen verschiedentlich aus. Soll diese Frage theosophisch beantwortet werden, so kann dies auf keine andere Weise geschehen, als dass man dem Fragenden antwortet: „er solle sich selber erkennen."

Die Frage: „Was ist der Mensch?" ist so alt als unsere kulturgeschichtliche Erinnerung und die Inschrift auf dem Tempel des Apollo zu Delphi: „Erkenne dich selbst!" steht mit der eben gestellten Frage in Harmonie. Der Sinn dieses Spruches ist nicht der: „Erkenne deinen Charakter, deine Tugenden und Laster, damit du dich bessern kannst", sondern vielmehr der esoterische (geheime) Sinn: „Erkenne dein inneres Wesen, deine wahre Natur, dein wahres Selbst!"

Die Schulpsychologie und die Kirche lehren uns nur, dass der Mensch aus Leib und Seele bestehe, womit sich alle zufrieden geben, die noch nicht im Sumpf des Materialismus erstickt sind.

Wir brauchen aber eine andere Erklärung, da wir den Okkultismus kennen lernen wollen und daraus die Theosophie.

Jeder Mensch, jedes Volk, das ganze Menschengeschlecht hat seine Geschichte. Auch die gesamte Natur hat ihre Geschichte, nämlich diejenige ihres Werdens und ihrer Entwicklung. Wir wollen uns hier jedoch nicht bei der alten Lehre aufhalten, wonach das Universum aus Nichts hervorgegangen ist und uns mit allen möglichen Anschauungen in dieser Beziehung abmühen, denn ein Schüler göttlicher Weisheit muss wissen, dass man aus Nichts auch wiederum rein gar nichts zu schaffen vermag: etwas muss vorhanden gewesen sein.

In welchem Zustand die ursprünglichen Formen gewesen sein mögen, muss ebenfalls dahingestellt bleiben, weil uns Gott auch diese Einsicht schenken wird, sobald wir hierzu reif sein werden.

Wir haben gelernt, dass gar winzig klein jener Raum auf unserem Erdball war, den die uns bekannten ältesten Völker aus eigener Anschauung kennen lernten, auch wissen wir aus Überlieferungen, dass nie Menschen früher glücklicher gewesen sein sollen als jetzt.

Um von dem Wesen des Menschen eine richtige Anschauung zu erlangen, müsste jeder Mensch erst selbst zum göttlichen Bewusstsein gekommen sein, dann erst stände ihm eine geistige Wahrnehmung, ein ewiges Gedächtnis zur Verfügung, dann erst könnte er sich der verschiedenen Perioden seiner Evolution, seiner Wiederverkörperungen auf den Planeten und der Zwischenpausen derselben erinnern, denn das irdische Haus, das er augenblicklich bewohnt, war vorher noch nicht da und hat deshalb auch keine solche Erinnerung.

Will nun ein Schüler ohne diese eigene Erfahrung das wahre Wesen des Menschen kennen lernen, so muss er sich an diejenigen Menschen wenden, denen es gelungen ist, in dieses geistige Selbstbewusstsein einzudringen.

Derartige Leute erzählen dann nicht, was sie geträumt haben, oder was ihnen „geoffenbart" worden ist, sondern was sie in dieser Beziehung wirklich gesehen, empfunden, erlebt und erfahren haben, und ist der Schüler selber ein wenig gereift, so wird er bald sehen, wie weit seine eigenen Erfahrungen mit denen des Weiterentwickelten übereinstimmen. Allerdings ist ein solches Wissen noch keine Erkenntnis, immerhin ist es aber ein Licht auf dem Weg, das zum Ziel leuchtet.

Erklärt die Gotteserkenntnis (Theosophie) den Menschen, indem sie demselben lehrt, sich selber zu erkennen, so sei noch darauf Gewicht gelegt, dass diese wahre Wissenschaft auf sich selbst beruht, von keinerlei Meinung, von keinerlei Glauben oder von irgendeiner Autorität abhängt und von keinerlei Überlieferungen äußeren Beobachtungen und dergl. mehr beeinflusst werden kann, jeder sich hierfür irgendwie Begeisternde öffne nur die Fenster des Geistes, und das Licht der Erkenntnis wird in sein Inneres dringen.

Gibt nun jemand auf sich selber Acht, schaut in sich und sucht gerecht zu handeln und zu denken, so wird er bald die Erfahrung machen als habe er zwei Seelen in seinem Körper wohnen, wovon die eine das Gute und die andere das Schlechte zu erreichen sucht, wodurch der Mensch in einen Zustand des Zwiespalts gerät. Auch diese Pforte muss passiert werden, indem man bei jedem Zweifel seinen Willen für das Gute durchsetzt. Geschieht dieses nicht, so weicht man vor dem zum Heil führenden Tor ab und verfällt damit dem bösen Geiste.

Ist der Mensch geist-körperlich ein Bürger zweier Welten, so erkläre ich mir dieses (nach meinen geistigen Lehrern Dr. Franz Hartmann und Dr. Hübbe-Schieiden) damit, dass der eigentliche Mensch ein Bewohner des Himmels und sein Reich die ganze Welt ist, während der irdische Mensch nur ein Bewohner dieser Erde ist und sein Erscheinen hier einem Auftreten in einem Schauspiele vergleichbar, wo seine Rolle nur von kurzer Dauer ist.

Ersterer ist ein Kind des Lichtes und letzterer ein Erzeugnis der Dunkelheit, welche Gegensätze in diesem Leben auch bei jedem Schüler — zu einem Ganzen vereinigt worden sind, aus welchem Grund bei jedem ein heftiger Kampf ums Dasein stattfinden wird, in welchem die eine reine Natur siegen und die andere untergehen muss.

Selbstverständlich werden alle diejenigen, welche den

Durchgang für sich nicht bewerkstelligen konnten und somit weiter im Dunklen umhertappen, auch keineswegs glauben, dass es hinter der Pforte anders sein werde, als noch bei ihnen und töten damit die dunklen Ahnungen, unklaren Vorstellungen sowie Hoffnungen, die sie in sich tragen, selber. Im Wahn, Recht zu haben, suchen sie selbst Höherstehende zu ihrer Ansicht zu bekehren.

In diesem Kampf ums Dasein heißt es aber: „Selbst ist der Mann."

Kein anderer kann für uns diesen Kampf aufnehmen, wir müssen es selber tun, wir müssen hindurch, wenn wir uns höher entwickeln wollen. Wer sich selbst in Wahrheit gefunden hat, fest auf eigenen Füßen steht und keiner fremden Stütze bedarf, wird allein den wahren Sinn des Wortes „Freiheit" begreifen können, die sich hinter der Pforte eines großen Lebensabschnittes auftun wird. Für alle diejenigen, welche nicht frei von Selbstsucht sind, wird ein solcher Hinweis aber stets ein tiefes Geheimnis bleiben. — Stolz, Vorurteil und ein gedankenloses Festhalten an altmodischem Formenzwange drückt nicht allein in China besonders, sondern auch in Europa den Geist des Fortschritts auf diesem Gebiete und den Aufschwung zu einer brüderlichen Liebe nieder. Hier gilt, was Goethe sagt:

„Vernunft ward Unsinn, Wohltat Plage."

Ein Kampf ums Dasein gegen irgendjemanden ist für uns ein ganz sinnloses Beginnen von Menschen, die noch in der kindlichen Täuschung eines Strebens nach persönlicher Glückseligkeit befangen sind; für uns kann dieser Kampf nur ein Ringen nach Erkenntnis sein, ferner nach Verbreitung des Bewusstseins der Wesenseinheit aller, des Gefühls der Solidarität des Geistes in allem Menschentum.

Natürlich ist es leichter in Gemeinschaft zu kämpfen, und zu empfehlen, dass solches Ringen in Gemeinschaft Gleichgesinnter geschehe.

Hinfällig würden danach: Hass, Neid, Lieblosigkeit, Missgunst, Rache, Vergeltungssucht usw.

Leid und Unglück, das uns trifft, sehen wir als Erziehungsmittel an, wodurch wir eher zu unserem Ziele gelangen können.

Wir brauchen dann beim Tod unseres Körpers nicht zu seufzen: „Ach, könnte ich doch mein Leben noch einmal durchmachen, um dies oder jenes anders machen zu können!"

Wer solche Gedanken aber hegen sollte, der wird auch in der Tat bald wiederkommen und es anders machen können, wenn er nur die auf dem Sterbebett bekundete Lust und Liebe hierzu als neue Anlage zu einem neuen Leben ausnutzen wird; — der Wille, die Macht zum Wollen, ist da, — aber auch entgegengesetzte Kräfte, welche Licht wie Freiheit scheuen und solche Begriffe ganz anders deuten, werden gleichfalls vertreten sein.

Gute Gedanken sind unbezahlbar, und glücklich alle diejenigen, die jeden schlechten Gedanken sofort ersticken können.

Infolge stetig guter Gedanken wird der Mensch wahrheitsliebend und kein Heuchler, als welcher er wohl Neigung zu schlechten Taten hat, aus Liebe zum Guten aber stets davon zurückgehalten wird. Wessen Sinne so ausgebildet sind, dass er jeden Menschen als das erkennt, was dieser vorstellt, dem wird die allgemeine Heuchelei im Leben zuwider sein. Mit Staunen kann er wahrnehmen, dass der Zorn bei einem Heuchler auflodert, aber die Überlegung hält ihn davon zurück; Neid krümmt sich vor Schmerz über das, was ein anderer hat, aber Eitelkeit wirft eine Decke darüber, damit es keiner sieht; Geiz weigert sich, Almosen zu geben, aber Prahlsucht zwingt zur Verschwendung; Narren möchten wohl vernünftig werden, aber da sie die Mode mitmachen müssen, werden sie dadurch nur umso größere Narren. Bei Leuten, die zu heucheln verstehen, gibt es weder Liebe noch Sinn zur Wahrheit, sie leben in einer Welt der Täuschung und bleiben auch gar zu gerne darin. Ihre Vernunft haben sie eingeschlossen und diese darf nicht mehr mitsprechen.

All solchen Schein wird der Schüler im Verlauf dieser Studien auf den ersten Blick durchschauen müssen und dann über das Bemühen der Leute lächeln, welche etwas verbergen wollen, was sie so deutlich zur Schau tragen und woran dieselben natürlich — als am eigenen Zwiespalt — früher oder später zugrunde gehen.

Vernunft muss irgendwie vorhanden sein und entwickelt werden können, sonst vermag kein Mensch aus seiner Tierheit zur Menschheit zu gelangen, auch wurde es ein ganz vergebliches Bemühen sein, wollte man Weisheit im Narren oder aus einem Tier einen Menschen entwickeln.

Jedes Menschenkind ist ein Wesen, welches dazu bestimmt worden ist, dass vor allem die Menschheit sich in ihm offenbaren soll, und sobald dieses geschehen sein wird, gibt es keine Lügner, Betrüger, Scheinheilige Heuchler, Diebe, Antisemiten, Anarchisten, Wähler, Wühler, politische Draufgänger und was noch alles hierhergehören würde, mehr, welche sämtlich den wahren Sinn der Worte: Liebe, Gerechtigkeit, Uneigennützigkeit, Wahrheit, Gott usw. verkennen oder missbrauchen.

Üben die soeben geschilderten Leute irgendwelche erhabene Eigenschaften einmal aus, so tun sie es meistens nur zum Schein, und weil man ohne die Erkenntnis der Wiederverkörperung Gottes Wege nicht für gerecht halten kann, so eifern sich diese Widersacher obendrein schon an und für sich gegen eine solche Lehre und üben gern Vogelstraußmanier, sobald die Sonne der Erkenntnis auch bei ihnen zur Geltung kommen sollte.

Es gibt auch Leute, die sich für Politik z. B. nur wenig interessieren und trotzdem Wahrheit und Recht lieben, die den Lauf auf der Welt mit anderen Augen betrachten und bei denen ein aktives Mitgefühl zu verspüren ist. Die mit solcher Eigenschaft ausgestatteten Leute besitzen Gemüt — und erst mit dem Gemüt beginnt der Mensch, Will ein solcher politisch oder staatlich Karriere machen, so wird er hier einfach zugrunde gehen; will er aber als ein wahrer Lehrer wirken, so wird er damit guten Erfolg haben, denn gerade er vermag den Weg zur Herzens- und Verstandsbildung am besten zu zeigen.

Seine Erziehung zur Liebe wird in der Tat die echte, rechte theosophische Erziehung sein, und seine Schüler werden und müssen vorwärts, aufwärts kommen.

Jede Erziehung, wo der Geist eingedämmt wird, ist gar keine Erziehung. Ein Zeichen von Geisteskraft ist es aber, wenn ein Mensch diese in sich verspürt, zur Erkenntnis gelangt und aus eigener Initiation den bislang für wahr gehaltenen Plunder von Anschauungen über Bord wirft und sagt: Jetzt bin ich zu einer besseren Erkenntnis gelangt, habe meine eigene Überzeugung und bin selbst der Mann, der — was er will — auch durchsetzen kann.

Der „Geist" ist der Denker im Menschen, das selbstbewusste Prinzip, welches beides ist, Künstler und Instrument.

Will der Mensch den einsamen Pfad „Yoga" betreten, so tritt er aus dem gemeinsamen Weg seiner Mitmenschen und wird ein selbstbestimmter Pionier der Menschheit. Wer den Willen hierzu besitzt, hat auch die Tatkraft in sich, und seine höhere Bestimmung wird ihm die geeigneten Wege zeigen und die geeigneten Werkzeuge zur rechten Zeit verschaffen.

Yoga aus dem Sanskrit in Deutsche übersetzt heißt: „Die Wissenschaft der Seele". Und jede Person, die ehrlich bestrebt ist, ein moralisches, reines, selbstloses Leben zu führen, bereitet sich unbewusst zur Ausübung dieser Wissenschaft vor und wird so allmählich ein Bewusstsein ihrer geistigen Natur entwickeln, welches sich, wenn nicht schon in diesem Leben, so doch im Folgenden zu voller Erkenntnis entfalten wird.

Dieser einsame Weg, abseits von Seinesgleichen, ist aber keineswegs öde und langweilig, er führt vielmehr durch wunderbare Gegenden, und diese jenseits der geschilderten Pforte kennen gelernt zu haben, wird der Reisende nie bereuen.

Wer sich diese Briefe zur Belehrung erkoren und darnach seine eigene Willenskraft kennen gelernt hat, soll und wird sich ferner auch nicht mehr auf fremde Autoritäten verlassen, sondern in allen geistigen Fragen und Angelegenheiten stets nur den Intuitionen seiner eigenen Vernunft und seinem eigenen Gewissen streng folgen.

Der Schüler darf nichts gering anschlagen oder gar als zwecklos betrachten; er denke über alles was sich ihm dartun sollte, ein wenig nach und manch' anregender Gedanke wird ihm hierbei kommen. Das, was kommt, wirkt und wieder geht in der Natur, geschah schon seit Jahrtausenden, und es wird alles weiter in gleicher Weise entstehen und vergehen. Unser Leben ist daher nur eines der zahllosen Leben, welche das ruhelose Kaleidoskop des Daseins erzeugte. Die Erkenntnis dieser großen Naturwahrheit erweitert unseren Blick und lasst uns das gegenwärtige Leben in seinem wahren Licht erkennen.

Selbstverständlich werden bei jeder gewichtigen Frage wiederum unsere Autoritäten im staatlichen Leben: „Wissenschaft und Religion" auftauchen und das Recht beanspruchen, die entsprechenden Antworten darauf nur allein geben zu können.

Diese beiden Widersacher vorgeschrittener Erkenntnis streiten sich aber auch untereinander, indem die Religion der Wissenschaft Unglauben vorwirft und die Wissenschaft die Religion als Aberglaube bezeichnet.

Existenzberechtigt sind wohl beide Richtungen, aber die Wissenschaft sollte auf ihrem großen Felde für sich bleiben und die Religion als Privatsache behandeln.

Die Scheu und Ehrfurcht vor der Gottheit, die uns Menschen eine eigentümliche Richtung und Beziehung zu dem Göttlichen gibt, schlummert in jeder Brust. Die Auslegung dieses Gefühls führte aber zu verschiedenen Religionen, während es in Wirklichkeit nur eine einzige Religion geben kann und auch gibt.

Die acht großen historischen Religions-Systeme welche nach der Bedeutung ihrer heiligen Schriften auf diesen Namen Anspruch erheben dürfen, stammen alle aus dem Osten und heißen: die vedische in Indien, die avestische des Zoroaster in Persien und die buddhistische ebenfalls in Indien, welche auch die drei arischen Religionen genannt werden. Die drei großen Religionen semitischen Ursprungs sind: die jüdische, die christliche und die mohammedanische. Dann haben wir noch die beiden chinesischen Religionen, die des Konfuzius und die des Lao-tze, sodass es insgesamt acht sind.

Wenn nun auch Theologen Bände auf Bände ihrer Theologie zusammenschreiben, so bleibt Religion an sich nur eine einfache Sache, weil der lebendige Kern der Religion in fast allen Glaubensbekenntnissen als derselbe gefunden werden kann. Stimmen demnach in der Hauptsache alle Religionen überein, so könnte es auch ein Glaubensbekenntnis für alle Menschen geben.

Bei der letzten Volkszählung im deutschen Reiche hat sich ein Bestand von 222 Religionsbekenntnissen ergeben, während vor Jahren in England 183 Bekenntnisse gezählt wurden und man allgemein über eine derartige Zersplitterung höchst erstaunt gewesen ist.

Darnach gibt es innerhalb der schwarz-weiß-roten Grenzpfähle 49 Arten evangelischer und 29 Arten katholischer Christen. Außerdem werden 107 Gruppen anderer Christen gezählt, darunter je 8 Arten von Baptisten und Apostolisten und 29 aus England stammende Sekten. Die Gruppe der Mohammedaner, Buddhisten, Brahmanen, Feueranbeter. Sonnenanbeter und anderer Bekenner nichtchristlicher Religion umfasst 14 Bekenntnisse. Werden nun auch Missionare in Ausland geschickt, so ist dies an und für sich ein gutes, lobenswertes Werk, und wilde barbarische Völker können dadurch zu einer höheren Kulturstufe erzogen werden. Aber für alle Länder und für alle Völker wird die christliche Lehre wieder nicht geeignet sein, denn sie stößt mit der Auslegung mancher Gebote, z. B. des fünften: „Du sollst nicht töten!" auf harten Widerstand bei anderen Völkern.

Als Beweis nehme man nur eine europäische Zeitung zur Hand lese und staune! Man findet hier nichts als Mord und Totschlag, neue Kriegsmaschinen, neue Schlachthäuser, neuen Gaumenkitzel, wofür unschuldige Tiere erjagt, erschossen oder gezüchtet und geschlachtet werden.

Ebenfalls kann sie auch nicht die Macht haben, jedem größeren oder kleineren Sünder für Geld und gute Worte seine Sünden zu vergeben. So etwas gibt es für einen denkfähigen Menschen nicht. Der Priester kann wohl einen reuigen Bekenner seiner Schuld beistehen und dessen Hoffnung befestigen, dass ihm Gott sein Herz erleichtern und die Strafe mildern werde, aber weiter nichts. Vermöge dieses Beistandes ist es auch nicht ausgeschlossen, dass sich ein schuldbeladener Mensch bessere, einen anderen Lebenswandel führe und Gottes Gebote halte.

Wollen wir Gottes Walten recht verstehen, so dürfen wir das Karma-Gesetz niemals übergehen, wonach jeder Mensch das ernten wird, was er aussäte, und was sich einer eingebrockt hat, dass muss er auch ganz allein ausessen.

Mag dem Betrüger im Gegenwärtigen Leben auch manches gelingen, mag derselbe auch durch Kirchenbesuch anderen Leuten Sand in die Augen streuen, seiner gerechten Strafe kann er niemals entgehen, wenn wir auch nicht immer Kenntnis davon erhalten, wie und auf welche Weise die eine oder andere Tat sich bei ihm wieder gerächt haben wird.

Hier denke ich an einen Ausspruch Goethes: „Nicht an jedem Wochenschluss macht unser Herrgott die Zeche, aber er macht sie!" —

Würden wir z. B. die wirklichen Ursachen kennen weshalb ein Selbstmörder sich das Leben nahm, so hätten wir gleich ein Bild seiner Taten vor uns und könnten obendrein daraus ersehen, dass seine Unfähigkeit oder seine Feigheit sein Unrecht zu sühnen, den unseligen Entschluss in ihm zur Reife brachte. Mit der Übertretung des fünften Gebots wird dann der angehäuften Schuld die Krone aufgesetzt. Wir werden auch noch im vierten Brief sehen, welche Folgen durch einen Selbstmord dem Betreffenden erwachsen, indem derselbe glaubt, mit einer solchen Tat sich allem zu entziehen, oder dass damit alles vorbei sei.

Derartige Fälle sind mir verschiedentlich bekannt, und wurde dann der Selbstmörder begraben, so ging ihm noch ein Geistlicher und ein großes Gefolge nach. Das erschien mir ein Widerspruch, andererseits missgönnte ich dem Toten sein Geleit keineswegs, nur konnte eine solche Religion für mich nicht maßgebend sein.

Dass die Bibel, welche die Grundlage der christlichen Religion bildet, verschiedentlich ausgelegt wird, ist uns genügend bekannt.

Der Begründer der christlichen Religion war Christus, ebenso wie Muhamed der Begründer des Islams und Moses derjenige der jüdischen Religion war. Deren Taten waren hohe geistige Leistungen, durch die Gottheit inspiriert. Solche können aber auch von anderen hochgeistigen Menschen erreicht werden.

Ob nun unsere heilige Schrift Original oder in derselben vieles aus anderen heiligen Schriften der Inder etc. enthalten ist, das kann hier als Ansichtssache bei Seite gelassen werden; wir wissen aber, dass die Bibel existiert und dass daran heute noch herumgedeutet wird, und ferner, dass auch Buddha, als zweiter Vorläufer Christi, fast unter gleichen Erscheinungen geboren wurde, wie Christus selbst. Spiritistische Offenbarungen nehmen als Geburtsstunde Christi die Mitternacht des 24. März an, während das christliche Weihnachtsfest in Wirklichkeit ein heidnisches ist, indem die verfolgten Christen ihre Feste möglichst den heidnischen anpassten und zur selben Zeit feierten.

Christus, welchem nächst der Gottesliebe die Nächstenliebe über alles ging, lehrte auch dementsprechend. Seine Macht und Kraft lag in der Gottesfurcht, in Magnetismus und im Hypnotismus, mittelst welcher Kenntnis, — die er im Essäerorden kennen gelernt haben wird, er auf seine Umgebung einwirkte.

Indem er das Beste für die Menschen im Sinne hatte und dazu auch gewiss göttlich beeinflusst worden ist, so nahm ihn das Christentum als eine historische Persönlichkeit an, damit man sein geistiges Wirken, sein Leben und seinen Tod auch richtig verstehen könne. Durch Irrtum endlich zur Wahrheit!

Gegen die Wunder Christi spricht so manches, so auch der Umstand, dass Jesus niemals an zwei Orten zu gleicher Zeit erschienen ist.

Ferner entnehme ich einem Brief des Ältesten der Essäer zu Jerusalem an den Ältesten der Essäer zu Alexandrien, aufgefunden in der berühmten Bibliothek zu Alexandrien, später in Buchform erschienen — wovon ein altes Exemplar mir vorliegt —, dass Jesus als Mitglied des essäischen Bundes und als ein hochgeachteter Mitwisser der Geheimnisse und Pflichten desselben, den Ordensregeln gemäß, in der Verborgenheit wirkte, Ackerbau betrieb und sich einer bestimmten Brüdergemeinde und ihren kommunistischen Grundsätzen anschloss, daneben aber auch öffentlich lehrte.

Trotz der hohen Liebe und Verehrung, welches Jesus im Orden selbst genoss, trotzdem, dass die Essäer selbst in ihm einen besonders begabten Mann Gottes erblickten und sein Lehramt schützten, so scheint doch die letztere Nichterfüllung der auf Lebensverborgenheit gerichteten Ordensregeln in späterer Zeit zur Sprache und Erklärung zwischen Jesu und den Ältesten des Bundes gekommen zu sein, denn in einem Brief wird gesagt, dass Jesus sich wegen seines öffentlichen Auftretens entschuldigt und verteidigt habe, obgleich ihm die vorgeschriebene Weise, im Volk zu wirken, und die Vorschrift, die Quelle des Wissens als Geheimnis zu bewahren, bekannt sei.

Ich denke in anderer Ausgabe über diesen Punkt eingehender

zu sprechen, will hier aber noch betonen, dass ein toter Fleischleib nicht wieder auferstehen und umherwandeln kann, wenn wir auch an die Erscheinung eines Astralleibes glauben können. Auch kann alles das, was Christus getan, im Rahmen des Naturgesetzes geschehen sein, denn würde nur ein einziges Naturgesetz auch nur momentan aufgehoben, so fiele damit die ganze Gliederung von Ursache und Wirkung, wo jede Kraft (jedes Gesetz) der andern Kraft das richtige Gleichgewicht hält, augenblicklich in ein Chaos zusammen.

Konnte Jesus nach seiner Kreuzigung leibhaftig wieder erscheinen, sprechen, essen und trinken, dann ist dies ein Beweis, dass er nicht am Kreuz gestorben ist. Jesus wurde nicht, wie es sonst geschah, mit Keulen zerschmettert, sondern vorsichtig vom Kreuze abgenommen, mit Salben und Flüssigkeiten bestrichen, mit Binden umwickelt und in einer nahen Höhle auf Moos niedergelegt.

Durch die Füße der Verurteilten wurden keine Nägel geschlagen. Wir wissen auch, dass Nicodemus, der erfahrene Therapeut, und Joseph, der zärtliche Freund des Scheintoten, des Nachts zugegen waren, jedenfalls in der Hoffnung auf eine günstige Wirkung der beim Heiland angewendeten Heilmittel. Essäerjünglinge in weißen wehenden Ordenskleidern wurden von dem abergläubischen Volke für überirdische Wesen gehalten.

Eine Wundergeschichte ist auch die Himmelfahrt Jesu. Leute allerdings, welche an eine leibliche Auferstehung aus dem wirklichen Tode glauben können, müssen auch ein körperliches Auffahren in einen Himmel für möglich halten. Aufgeklärte erblicken in der sogenannten Himmelfahrt Jesu ein Ereignis, dem nur eine symbolische Bedeutung zukommt. Jesus ermahnte seine Jünger auf dem Ölberge und segnete sie, während dessen zog der Nebel über den Berg, den die Abendröte färbte, und als die Jünger ihr Angesicht auf die Erde geneigt hatten, da schied Jesus schnell und eilte mit den essäischen Ältesten durch den stärker anziehenden Nebel davon.

In dem ich die Person Christi als „Mensch" auffasse und auch daran festhalte, so habe ich ihn damit noch nicht jedem gewöhnlichen Menschen gleichgestellt.

Von den acht großen Religionen der Welt ist die christliche die zweitjüngste und wohl dazu angetan, das Gottesbewusstsein unter den Menschen zu verbreiten und einzupflanzen, aber nicht berechtigt, sich als eine Macht über die ganze Welt auszudehnen, — was sie übrigens auch nicht wird und auch nicht kann.

Ein Schüler der Theosophie wird das Gute nehmen, wo er es findet und niemals einseitig fremde Religionssysteme verwerfen, die er vielleicht nur dem Namen nach kennen gelernt hat. Verlangt irgendeine Religion Toleranz für sich, so sei sie auch tolerant gegen andere Systeme; und kann sie diese Eigenschaft nicht hegen, so ist sie auch nicht das, was sie vorstellen will. —

Weitergehend sei bemerkt, dass die Zahl 7 vielfach im menschlichen Leben auftaucht, der Mensch hat nicht 5 sondern 7 Sinne und vermag den 6. und 7. Sinn auszubilden. Das Licht setzt sich aus 7 Farben zusammen; man denke an den siebenfach klingenden Ton (c, d, e, f, g, a, h.)

Annie Besant teilt den Menschen in ihrer theosophischen Studie: „Der Mensch und sein Körper" in folgende sieben Zustände ein:

1. der physische Körper,
2. „ astrale „
3. „ mentale „
4. „ spirituale „
5. „ zeitweilige „
6. „ die menschliche Aura und
7. „ der Mensch,

Mit den „Körpern" sind die verschiedenen Hüllen zu verstehen, worin das lebende, bewusste und denkende Selbst, die Individualität (der Mensch) eingeschlossen ist und vermittelst welcher Hülle das Selbst befähigt wird, sich in verschiedenen Regionen des Alls oder auf entsprechender Ebene aktiv zu betätigen.

Dies können wir uns am besten durch Beispiele vor Augen führen. Will man z. B. im Winter auf die Eisbahn gehen, so pflegt man sich warm anzuziehen, und bekleidet sich im Sommer, um ein Bad zu nehmen, nur mit einer Badehose. Will der Schornsteinfeger sein Handwerk ausüben, so tut er es nicht im Frack und weißer Wäsche; will ein Radfahrer eine größere Tour unternehmen, so wird er sich kein Taucherkostüm anziehen und will der Feuerwehrmann helfen retten und löschen, so wird er nicht im Schlafrock und Pantoffeln, mit einer Fliegenklappe in der Hand angelaufen kommen.

Unser Ich (Seele) ist nun mit verschiedenen Körpern bekleidet, und da wir nur unser physisches Kleid unseren physischen Körper sehen und fühlen können, so haben wir vielleicht auch bislang noch niemals daran gedacht, dass uns Mutter Natur in dieser Hinsicht reichhaltiger ausgestattet hat. Schon das physische Kleid besteht aus dem dichten und ätherischen Körper, welche beide niedrigsten Teile oder Prinzipien des Menschen (auch Sthula Sharira und Linga Sharira genannt), auf physischer Ebene wirken, aus physischer Materie Zusammengesetz sind, für die Periode eines physischen Lebens geformt sind und beim Tod eines Menschen zunächst abgeworfen werden und zusammen vergehen. Ist der dichte Körper verwest, so ist auch der ätherische verschwunden. Solange das erstere noch nicht geschehen, hält sich auch der Ätherkörper noch in der Nähe seiner Fleischhülle auf, — daher die sogenannten Geistererscheinungen auf Kirchhöfen, Unglücksstätten usw.

Die physische Materie wiederum hat sieben Unterabteilungen, von denen jede eine weitere Mannigfaltigkeit von Kombinationen innerhalb ihrer Grenzen aufweist. Die sieben Unterabteilungen heißen wieder, die feste, die flüssige, die gasförmige und die ätherische (Äther IV, III, II, I).

Die Körper, in welchen wir zu leben und zu wirken haben, sind nur unsere Werkzeuge, sie existieren für uns und wir nicht für sie, sie müssen von uns verbessert und verfeinert werden, damit wir sie auch für höhere Zwecke auf höheren Ebenen zu gebrauchen vermögen. Es muss hier genügen, dass uns die Konstitution des dichten Körpers augenscheinlich bekannt geworden sein muss und zwar als die feste, flüssige und gasförmige Masse in und am äußeren Körper. Die 4 unsichtbaren Massen: Äther I, Äther II, Äther III und Äther IV machen den ätherischen Doppelkörper von uns aus.

Diese Bezeichnung „ätherischer Doppelkörper" drückt genau die Natur und die Zusammensetzung des feineren Teiles des physischen Körpers aus, und ist so bezeichnend und leicht zu behalten; der Körper heißt also ätherisch, da er aus Äther besteht, und doppelt, weil er ein genaues Duplikat des dichten Körpers ist, sozusagen sein Schatten.

Vermittelst des ätherischen Doppelkörpers läuft die Lebenskraft (Prâna) den Nerven des Körpers entlang und befähigt sie, sich als Boten der motorischen Kraft und der Empfindungen infolge äußerer Eindrücke zu betätigen. Die Kräfte des Gedankens, der Bewegung und des Fühlens wohnen nicht in der physischen und ätherischen Nerven-Substanz, sie sind Tätigkeiten des Ego, welche im inneren Körper vor sich gehen.

Aufgabe des ätherischen Doppelkörpers ist, dieser Energie als physisches Medium zu dienen, und bemerkt sei noch, dass er empfänglich für flüchtige Alkoholbestandteile ist.

Was wir von uns selber hier auf dieser Ebene zeigen können, ist durch den physischen Körper begrenzt, und ebenso ist das durch unseren astralen Körper begrenzt, was wir von uns selbst in der astralen Welt zu zeigen vermögen. Wollen wir uns im Verlauf unserer Studien in noch höhere Regionen erheben, so werden wir finden, dass sich immer mehr vom Menschen kundgeben kann, je mehr er in seiner Entwicklung fortschreitet, und dass er schrittweise höher steigt und höhere Gefühle des Bewusstseins zur Vervollkommnung bringt.

Indem ich auf die Astralebene im 3. Brief noch besonders zu sprechen komme, sei hier vom Astralkörper nur erwähnt, dass wir im gewöhnlichen Leben physisches Bewusstsein zu erwerben suchen, aber auch, dass es eine Wohltat für uns sein muss, astrales Bewusstsein zu erwerben, um darnach höhere Gebiete dieses Bewusstseins betreten zu können, durch weite Weltregionen zu streifen und zum Nutzen und Besten der Menschheit beizutragen.

Haben wir sieben verschiedene Aggregatzustände physischer Materie gefunden, so gibt es auch sieben Aggregatzustände der astralen Materie, die allgemein den physischen entsprechen. Wirklich fest sind diese Zustände natürlicherweise nicht, sondern nur noch feiner als der höchste Ätherzustand (Äther I).

Da ein Schüler das astrale Sehen in sich noch nicht entwickelt haben kann, so sei hier nur bemerkt, dass wir die astrale Welt als eine relative Wirklichkeit und als einen Teil des phänomenalen Weltalls betrachten können, welche mit dem Auge einer geistigen Vorstellung zu betrachten ist, wenn es mit dem astralen nicht geht. Zur Vervollkommnung des Astralkörpers ist einerseits die Reinigung des physischen Körpers notwendig, und andererseits die Reinigung und Entwicklung unseres Intellekts. Unser Astralkörper ist speziell empfänglich für Eindrücke von Gedanken, denn die Astral-Materie reagiert viel rascher als die physische auf jeden Anstoß auf dem Gebiet unseres Denkvermögens. Wie schnell fassen wir z. B. ein Gedankenbild und wie viele Worte müssen wir gebrauchen um dasselbe andern verständlich zu machen!

Auf den Astralebenen existieren ferner Wesenheiten höherer und niederer Art, die durch die Gedanken der Menschen entstanden sind, ferner gibt es dort, in ihrem Astralkörper festgehalten, niedrige gemeine Menschen, die als Elementarwesen nicht mehr zu Menschenwesen gerechnet werden können. Es gibt bekanntlich auch Menschen auf Erden, die, was Gemeinheit und Schlechtigkeit anbetrifft, weit unter dem Tier stehen und als solche auf Menschenwesen selbst in Kamaloka, dem Aufenthaltsort der Menschen gleich nach dem Tode, keinen Anspruch mehr machen können.

Sammelt ein Mensch, seinen Gedanken entsprechend, gute oder böse Elementarformen um seine Person, so suchen die Elementarwesen der astralen Region sich solche Menschen auf, die sich derartigen Lastern ergeben, denen sie (die Elementarwesen) selbst zu Lebzeiten gefrönt haben. Sobald wir in uns das astrale Sehen erzeugt haben, werden wir nicht nur auf Kirchhöfen die ätherischen Doppelkörper Verstorbener erblicken können, sondern auch abscheuliche Elementarwesen in der Nähe von Branntweinschänken, Schlachterläden, Bierstuben und Wildhandlungen auftauchen sehen, ein Zeichen von unglaublicher Verrohung im Übrigen weit vorgeschrittener Menschen. Jeder Schüler kann schon daran einen gewissen Fortschritt seiner Person verspüren, wenn er den Geruch, der aus Schnapsbudiken und Schlachterläden dringt, unangenehm empfindet und schließlich nicht mehr ausstehen kann. In diesem Zustand wird er die seiner Person unwürdigen Stoffe nach und nach gänzlich vermeiden und zum Unterhalt seines physischen Körpers nicht mehr verwenden.

Wenn wir ferner erwachen, und es ist uns, als hätten wir etwas im Traum erlebt und wir können uns trotz Anstrengung nicht mehr daran erinnern, so sind wir mittelst unseres Astralkörpers in der Astralwelt tätig gewesen. Derartige dunkle Erinnerungen verschwinden rasch und tauchen selten wieder auf. Auf diese Weise gelangen oft — aus einer anderen Welt — Kenntnisse zu uns, die wir als aus uns selber entstanden annehmen, und wir kommen oft wie durch ein Wunder zu Lösungen früher unverstandener Probleme.

Hiermit werde ich von unserem Astralkörper genügend gesagt haben, sodass ein jeder von dem Vorgetragenen sich ein Bild machen und dieses sich einprägen kann. Haben wir unseren physischen Körper im Tode abgeworfen, dann bekleidet uns der astrale dermaßen, dass sich die Partikelchen der verschiedenen Aggregatzustände voneinander trennen und sich nach ihrer verschiedenen Dichtigkeit sortieren, wodurch der Astralkörper einen geschichteten Charakter annimmt, sozusagen zu einer Reihe konzentrischer Schalen wird von welchen sich die dichteste an der Außenseite befindet. Wir sind nun immer an diejenige Ebene gebunden, zu der unsere äußere Schale gehört; hat sich diese aufgelöst, so erheben wir uns in die nächst höhere Ebene, und so weiter von einer zur anderen.

Haben wir somit eine Idee von der menschlichen Tätigkeit auf zweien der sieben großen Ebenen oder Sphären in unserem Universum gewonnen, so gehen wir zur dritten großen Ebene über, zu der mentalen Welt des Manas. Wir nennen dieses das „Land der Götter" oder das glückliche, gesegnete Land, auch Devachan oder Devaloka, welches seiner Natur und Beschaffenheit nach nichts mehr mit derjenigen Welt zu tun hat, die Pein und Schmerz verursacht. Diese Sphären gehören dem Menschen, und will er darüber hinaus, so muss er warten und sich so weit entwickelt haben, das er das Einweihungstor durchschreiten darf.

Dieses dritte Reich also, die Mentalwelt, zerfällt wieder in sieben Stufen, eingeteilt in zwei Gruppen, eine zu drei, die andere zu vier Stufen. Die vier niedrigen Stufen bezeichnet man mit *rupa* oder körperhaft, und die drei Oberstufen mit *arupa* oder körperlos, wegen ihrer äußersten Zartheit. Die erste Gruppe, einschließlich ihrer drei Oberstufen, nimmt der als Denkkörper zu bezeichnende Teil unseres Ichs und die zweite Gruppe der Kausal-Körper ein. Bei einem unentwickelten Menschen fällt der Denkkörper ganz fort und bei Kindern ist er nur schwach entwickelt. Ausnahmen treten bei frühreifen, sogenannten Wunderkindern, ein.

Der Stoff des Denkkörpers ist außerordentlich fein, zarter wie die astrale Hülle.

Gestaltet sich unser physischer Körper von Verkörperung zur Verkörperung verschieden nach Nationalität und Geschlecht, so stellen wir uns unseren Denkkörper gleich groß und von gleicher Beschaffenheit seit vorsündflutlichen Zeiten vor. Existiert derselbe also und wächst mit seinen größeren Zielen, so müssen wir durch Fleiß und Mühen, Lust und Liebe zum Lernen und zu allem Guten unseren physischen Körper so in jedem Leben geschult und gedrillt haben, dass sich dieser Denkkörper in uns manifestieren kann.

Der Denkkörper durchdringt den physischen und astralen Körper und umgibt ihn mit einer strahlenden Atmosphäre. Und wie ein gewöhnlicher Mensch in der physischen Welt nichts von der astralen Welt sieht, — trotzdem er mitten in ihr lebt, — bis sich die astralen Sinne bei ihm entwickelt haben, ebenso wird ein Mensch in welchem erst die physischen und astralen Sinne tätig sind, nichts von der Mentalwelt erblicken, bis die Devachan-Sinne gebildet sind obwohl auch Devachan uns auf allen Seiten umgibt.

Wenn wir im wachen Bewusstsein denken und unser physischer und astraler Körper betätigt sich energisch dabei, so haben unsere Gedanken ihren Ursprung im Denkkörper, und es liegt auf der Hand, dass gute Gedanken von ihm magnetisch angezogen und schlechte von ihm abgestoßen weiden. Haben wir dann unseren physischen und auch unseren astralen Körper abgeworfen, dann finden wir in Devachan alle unsere Gedanken wieder. Diese werden hier zum sogenannten Charakter umgearbeitet und dem

Kausalkörper überantwortet. Ebenso werden die auf diese Weise zusammengetanen Fähigkeiten von dem Kinde als angeborene Fähigkeiten wieder mit zur Welt gebracht.

Durch die Ausübung von Gedankenkonzentrationen wächst unser Denkkörper an.

Der Körper des höheren Manas, der Kausal- oder Ursachen-Körper, bildet das sogenannte Lagerhaus, worin alle Schätze des Menschen für die Ewigkeit aufgestapelt werden. In ihn wird das hineingewebt, was von Dauer ist, und die Keime aller Eigenschaften werden hier angesammelt, die zur nächsten Verkörperung übertragen werden sollen. Sorgen wir also dafür, dass alle Früchte unserer Entwicklung derart beschaffen sind, dass, wenn sie uns bei der nächsten Reinkarnation zum Genuss vorgesetzt werden, keine für die notwendige Verdauung unangenehme Folgen zeitigen.

Weiterschreitend gelangen wir in eine so erhabene Region, dass wir sie kaum in der Phantasie betreten können. Hier ist der spirituale Körper zu Hause, und in diesem Körper der Seligkeit vermögen sich Yogis zu betätigen und in ihm die ewige Seligkeit jener herrlichen Welt zu kosten.

Hier wird der verstandesmäßige Glaube zu einer Sache der Erfahrung, und um dieses Tor zu passieren, müssen wir in Weisheit und Kraft eine hohe Nummer erzielt haben und eine Christusliebe zu allen Menschen und allem Getier bekunden können.

Wir kämen dann fünftens zu den zeitweiligen Körpern, in denen wir, wenn entsprechend entwickelt, schon In diesem Leben zeitweilig die uns beengenden Fesseln abzustreifen vermögen und uns je nach Wunsch von der physischen Ebene in die Devachan-Region erheben und dort bewusst wirken können. Man macht sich eine Illusion, zieht die Möglichkeiten herbei, um jenes Bild zu verwirklichen und beschreitet mittelst dieses Kleides diejenige Region, die man ideal zu besuchen wünscht. Der für diese besondere Tätigkeit umgestaltete Denkkörper wird Körper der Illusion oder Mâjâvi-Rupa genannt. In dieser Verfassung könnte man fremde Länder besuchen, auch in die mentale Welt übergehen und hier neue Wahrheiten lernen, sammeln und in wachem Zustande in das physische Bewusstsein zurückführen.

Auf diese Weise lernen wir im Leben etwas Erhabenes, etwas Neues, das uns begeistert und was man unter Umständen auch als göttliche Inspiration bezeichnen kann.

Als sechster Zustand wäre die menschliche Aura anzuführen, welche die Zusammenfassung seiner verschiedenen Körper darstellt, wo also der Mensch vom Gesichtspunkt der Form, der Gestaltung aus betrachtet wird.

Als Atmosphäre oder Wolke, welche jeden Menschen umgibt, dürfte hiernach unsere Aura nicht aufzufassen sein.

Ist das höhere Sehen entwickelt, dann sieht man jeden Körper in voller Tätigkeit. Als Mittelpunkt tritt der physische Körper hervor; sodann der sehr verschieden geartete und gefärbte Astralkörper; ferner der Denkkörper, prächtig in Form und Farbe bei höher entwickelten Menschen, kümmerlich entwickelt bei der großen Menge. Der Kausalkörper ist, wenn vernachlässigt, — nur bei sorgfältigster Untersuchung des Menschen erkennbar, strahlt aber in unbeschreibbar schönen Farbtönen bei einer vorangeschrittenen Seele. Die Macht unserer Gedanken wirkt auf die Aura insofern, als sie sich verdichtet, wenn wir Anstrengungen machen, vor den Gedanken anderer Menschen, die uns schädlich oder wenigstens nicht nützlich sind, uns zu schützen.

Die bleibende Individualität, die ein Leben nach dem andern absolviert, die langsam im Laufe der Jahrhunderte sich entwickelt und von Rechts wegen auf höheren Ebenen zu Hause sein sollte als in der irdischen, das ist siebentes der Mensch selber, jene Wesenheit, die in den geschilderten Körpern funktioniert: das Ich, das Ego, das Selbst, die Seele!

Der Mensch macht seine ersten Erfahrungen durch die Entwicklung seines Selbstbewusstseins auf der physischen Ebene. Dieses sogenannte wache Bewusstsein, welches mittelst des Gehirns und des Nervensystems wirkt und wodurch wir gewöhnlich unser Urteil in Angelegenheiten des Lebens zu bilden pflegen, kennen wir ja alle. Je weiter wir vorwärts geschritten sind, je mehr sich unsere Individualität entwickelt hat, desto mehr werden wir als geistig befähigt angesprochen. Ein unentwickelter Mensch wird entsprechende Gelegenheiten im Leben finden, um sich weiter zu bilden und sein Selbstbewusstsein mit Hilfe eines günstigen Geschicks für höhere Ideale zu entwickeln. Eine Vernachlässigung dieser Selbstbildung würde ein ungünstigeres Geschick (Karma) zur Folge haben und eine Entwicklung geistiger Fähigkeiten immer mehr erschweren. Derartige heruntergekommene und verlotterte Typen findet man nicht selten an Straßenecken gelehnt, oder in Schmutz und Elend hausend und ihr bisschen Verstand in Spirituosen ersäufend. Ferner findet man unentwickelte Menschen auch in anderen Klassen; ihr Selbstbewusstsein hat sich in Eigenliebe und Eigenlob umgewandelt und nur ihr Vermögen schützt sie in diesem Leben vor Elend und Not und moralischem Untergang.

Unerfahrene Leute finden solche Leute oft schneidig und beneiden sie um ihr vermeintliches Glück. In Wirklichkeit sind aber derartige Glückliche nur zu bedauern ob ihrer geringen geistigen Reife.

Haben wir dagegen unser Bewusstsein für höhere Ebenen, sowie unsere Körper dementsprechend entwickelt, so ist es uns bei dieser Tätigkeit unseres physischen Gehirns doch, als ob unser Gehirn zu derselben noch nicht leistungsfähig genug wäre. Dasselbe empfängt nämlich nur Schwingungen. Diese Schwingungen verwandelt das Bewusstsein, das im Astralkörper wirkt, in Empfindungen, und der Denkkörper verwandelt die Empfindungen dann in Vorstellungen, welche danach je nach Willen und Vermögen umgesetzt werden oder nicht. Das eben erwähnte Bewusstsein wird aber auch durch Gedanken erleuchtet, die nicht aus der physischen Welt herstammen, weil wir je nach Beschaffenheit unserer verschiedenartigen Körper ständig mit höheren Ebenen auch unbewusst in Verbindung stehen.

Unsere Bemühungen, uns selber kennen zu lernen, unsere physischen Werkzeuge so umzubilden, so zu verfeinern dass wir sie für höhere Zwecke gebrauchen können, werden zu Anfang mancherlei Irrungen unterworfen sein. Bei Ziehung von Schlussfolgerungen werden Missgriffe vorkommen, auf beschränkte Erfahrungen wird zu viel Gewicht gelegt werden und Fehler stellen sich ein, als gehörten sie dazu.

Wir dürfen uns dadurch nicht entmutigen lassen, nicht die Flinte ins Korn werfen und zum gewohnten Schlendrian zurückkehren, wenn wir ernstlich weiter wollen. Auch der unvollkommenste Versuch trägt schon ein Teilchen des Gelingens in sich. Früher handelte ich nach Impulsen von außen und jetzt nach Entschließungen in mir. Ein folgerichtiges Denken schult aber den Denkkörper, und je besser derselbe entwickelt worden ist, umso fertiger wird auch das physische Werkzeug sein, und dem Rufe des Intellekts sofort entsprechen können.

Haben wir den Menschen auf diese Weise in uns kennen gelernt, so haben wir jenen Punkt im Kosmos erreicht, wo wir ausrufen können: „Tod, wo ist dein Stachel, — Tod, wo deine Macht?" Mit dem Bewusstsein eines Feldherrn, der einen großen Sieg errungen hat, sehen wir kommenden Tagen, ja der ganzen Ewigkeit entgegen. —

Was ich in diesem Brief ebenfalls nicht ganz übergehen darf, ist das Verhältnis der Ehe im menschlichen Leben. Durch sie soll das menschliche Geschlecht erhalten, fortgepflanzt und dessen Wohlsein gefördert werden. Da aber dies wichtigste Gebiet des Lebens, auf Grund falscher sittlicher Anschauungen in der Gegenwart verkannt wird, unsere ganze Erziehung sich ebenfalls wenig darum kümmert und die Unkenntnis darüber nicht behebt, so ist in den meisten Familien die wahre Ehe nur ein Buch mit sieben Siegeln, durch welche Unkenntnis Krankheiten, Siechtum und einer gewissen Degeneration Tür und Tor geöffnet wird.

Die Ehe ist ein Sakrament, aber in welchen Familien kommt solches zum Bewusstsein? Die Ehe ist in erster Linie eine göttliche Einrichtung und soll niemals als Selbstzweck geschlossen werden. Alle in Liebe verbundenen Ehegatten tragen Sorge und Leid gemeinschaftlich, während sie, — haben sie bei der Eheschließung pekuniäre oder andere Gelüste im Auge gehabt, — nachher oft bei erster Gelegenheit wieder auseinanderlaufen. Das Wort „Sakrament" selbst haben sinnliche Philosophen in den Schmutz gezogen, und grauenhaft sind bei uns die vorherrschenden Anschauungen über das Geschlechtsverhältnis. Statt es als den feierlich-ernsten Zugang zum Opfer zu betrachten, durch welche eine menschliche Seele — ein zukünftiger Gott — zur Wiederaufnahme seiner Lebensaufgaben zurückkehrt, statt es in Bezug auf den Zeugungsakt einzig und gewissenhaft darauf zu beschränken, dass wir reine Wohnungen für diejenigen schaffen, die durch die zärtlichsten Bande, durch die liebevollste Verbindung in vergangenen Leben an uns gefesselt waren, — missbrauchen wir es, stempeln es zu einem Akt brutaler Sinnlichkeit.

Bei uns ist im Allgemeinen die Ehe nur ein wenig besser als eine gesetzliche Prostitution; ihr erhabenes, heiliges Amt wird verkannt; ihre reinen schöpferischen Triebe lässt man verwildern, versinnlichen und vollständig verderben. Daher ist es die Pflicht aller Metaphysiker und die Mission der Theosophie, diese Verirrungen zu reformieren, *was nur möglich ist durch eine tiefere Lebensauffassung.* Die Frau ist nicht als ein schwaches, willenloses Werkzeug, geschaffen als Zugang zu einem Paradies der Sinnlichkeit, zu betrachten. Welcher Mann eine ihm wohlgefällige Frau durch Überredung oder Geschenke sich zueignet, ihr dabei vorspiegelt, sie heiraten zu wollen, sie dann aber sitzen lässt, der bindet sich selbst Strafruten für sein nächstes Leben. Es muss uns die Erkenntnis aufgehen, das das Geschlecht, welches in diesem Leben das ihrige ist, in unserem nächsten Leben das unsrige sein könnte, ja das unsrige noch in manchem zukünftigen Leben sein muss, ehe wir eine symmetrische Entwicklung des Charakters erreichen können. Das Gesetz des Karma ist eben allmächtig und unverletzbar. Es stellt stets das gerechte Gleichgewicht wieder her; und gerade durch unser Verhalten gegen das andere Geschlecht, sei es das weibliche oder das männliche, erzeugen wir Charakterzüge, welche durch schlimme Erfahrungen in dem entgegengesetzten Geschlecht während unseres nächsten Lebens einer scharfen Korrektur unterzogen werden dürften.

Wer je die verwirrten Reden der Bewohner einer Irrenanstalt oder die bleichen Gesichter der an namenlos schrecklichen und schändlichen Krankheiten Leidenden gehört und gesehen hat, liest die darauf bezüglichen Polizeiberichte oder Urteile der Scheidungsämter sicherlich nicht mit lächelndem Gesichte.

Auch die Ehe muss auf die frühere Reinheit zurückgeführt werden, um unser verlorenes Paradies damit wieder zu verdienen und seiner würdig zu werden.

Schillers Ausspruch: „Drum prüfe, wer sich ewig bindet, ob sich das Herz zum Herzen findet", ist auch im theosophischen Sinne getan. Im „Talmud" heißt eine Stelle: „Wer eine Frau um des Geldes willen heiratet, bekommt ungeratene Kinder!"

Hierbei will ich noch die Bemerkung machen, dass materiell gesonnene Leute sich bezüglich der Theosophie und des Okkultismus oftmals dahin äußern; dass die theosophischen Schriftsteller besser täten, solche Fragen gar nicht zu behandeln, und wollen somit ihre Anhänger glauben machen, dass sie selbst diese beiden Begriffe viel besser zu erklären wüssten, wenn sie wollten.

Ein Dilettant schreibt aber mitunter bessere Artikel in Theosophie und Okkultismus, als es ein solcher im toten Glauben Befangener zu tun imstande ist. Ersterer wird zu einer Schrift inspiriert, während der andere es in seiner gewohnten Weise tut, wobei es ihm aber selten gelingt, den Leser von der Wahrheit dessen, was er schreibt, zu überzeugen.

Wer von ganzem Herzen bestrebt ist, ein Theosoph zu werden, sich bemüht, okkulte Wissenschaften sich anzueignen und weiß, dass ein wahrer Kulturfortschritt nur dann zu verzeichnen sein wird, wenn alle Menschen auf Gottes Erdboden hierzu befähigt sind, hat den inneren Drang, seine Kenntnis anderen mitzuteilen und zu lehren, und derselbe wird sich auch von den abfälligen Urteilen anderer nicht abhalten lassen, seiner Bestimmung getreu zu bleiben und demgemäß zu handeln. Gautama Shakyamuni, Jesus von Nazareth, Giordano Bruno, Dr. Martin Luther und andere lehrten so, dass es das Volk verstehen musste und hatten gleichfalls ihre Widersacher, die deren Lehren wohl verstanden, aber nicht verstehen wollten.

Die Zeiten des Fanatismus und der Religionskriege sind vorüber, in der die Kultur mächtig gelitten und wo jede geistige Errungenschaft verketzert wurde und im 20. Jahrhundert werden die veralteten religiösen Anschauungen einer klarer werdenden Vernunft immer mehr und mehr weichen müssen, — was jedem denkfähigen Menschen eine aufrichtige Freude bereiten wird.

Indem ich für die Ehe eintrat und den ehelichen Frieden als die Grundlage jedweden ehelichen Glücks betrachtete, hatte ich hauptsächlich die verheirateten Schüler des Okkultismus im Auge. Andererseits wird es nicht möglich sein, zwei Herren zugleich zu dienen, nämlich der Welt und dem Okkultismus.

Ist es auch eine harte Aufgabe für einen Verheirateten, zwischen der urpersönlichen göttlichen Liebe und einer persönlichen irdischen Liebe zu wählen, so müssen Verheiratete doch als Interessenten des Okkultismus auch wissen, was sie sich gegenseitig schuldig sind.

Ein höherer Schüler des Okkultismus wird auch zwischen diesen beiden Wegen entschlossen wählen und gegen Leidenschaften ebenso gefeit sein, wie ein sogenannter geborener Magier, Mystiker oder Okkultist, welche ihre Rechte während einer Reihe von Inkarnationen gesetzmäßig durch zahllose Leiden und Fehltritte erworben haben — heutzutage aber auch selten zu finden sein werden. —

Im folgenden Brief werden wir die „Macht und Kraft menschlicher Gedanken" kennen lernen, welche in unserem Leben eine große Rolle spielen und kommen damit zum praktischen Okkultismus, dem Schlüssel vieler Geheimnisse.

Theosophische und okkultistische Studien

in 12 Briefen

von

Ferdinand Schmidt

Brief 3
Die Macht und Kraft menschlicher Gedanken.

Brief 3.
Die Macht und Kraft menschlicher Gedanken.

> Alles, was ich am heutigen Tage bin, ist das Ergebnis meiner Gedanken, die ich in der Vergangenheit dachte.
>
> Gautama Buddha.

Gedankenkraft ist eine der feinsten und mächtigsten Kräfte, welche nicht nur auf die sichtbare Materie einwirken kann, sondern auch und in noch größerem Maßstabe, auf die unsichtbare Materie. In ihrer bis jetzt noch wenig verstandenen Weise wirkt sie ganz besonders auf den eigenen sichtbaren und unsichtbaren Körper, sowie auf Körper und Geist anderer Menschen.

Ihre Macht wird wohl jeder schon irgendwie gefühlt haben und ist man dadurch in Mitleidenschaft gezogen worden, so ist ein Studium über einflussreiche Gedanken schon der Mühe wert, um außerhalb ihrer Wirkung zu stehen.

Ich habe z. B. politischen Versammlungen beigewohnt, worin begeisterte Reden die Zuhörer fesselten und diese dadurch mitgezogen wurden; während nun die Mehrzahl der Anwesenden durch Beifall zustimmte und eine Minderzahl sich passiv verhielt, weil deren politische Anschauung eine andere war, fühlte ich die Macht der Gedanken des Redners auch auf mich wirken.

Nachdem der Redner schon ein Teil der Zuhörer überzeugt hatte, arbeitete er mit seinen Gedanken auch nicht mehr allein, je mehr Beifall, je mehr Mut und Kraft strömte ihm auch wieder zu.

Ähnlich verhält es sich mit einem Schauspieler.

Ebenso wirkt das Unzufriedensein wie eine ansteckende Krankheit. Wer unter Menschen leben muss mit ihnen handeln und wandeln muss, treffe sie, wo es auch sei, auf dem Markte, in der Straßenbahn, im Eisenbahnwagen oder sonst irgendwo, lange währt es nicht, dann wird einer oder der andere seine Unzufriedenheit über irgendetwas aussprechen. Kann dieses „etwas" nicht geändert werden, so war es auch vollkommen überflüssig, darüber zu reden und den übrigen die Stimmung zu verderben. Ein sogenannter „Klatsch" gehört auch hierher, doch wenn man der Sache genauer auf den Grund geht, so ist der Ärger des Redenden in der Regel nur durch dessen eigenes Versehen oder Fehlgreifen veranlasst worden, sonst hätte er sich eventuell gar nicht darüber aufgeregt.

Häufig geht man Leuten schon deshalb aus dem Wege, um bloß nichts Neues zu hören, worüber diese sich vielleicht in letzter Zeit geärgert haben könnten; gibt man ihnen nicht recht, so hat dieser Umstand deren Galle abermals umgerührt und sie verspüren neuen Grund, sich über einen Menschen mehr zu erbosen.

Wer kennt ferner nicht den lähmenden Schreck, den rasenden Zorn, die Reue, die Sehnsucht, die Liebe? — Wir haben auch diese gefühlt, und diese Gefühle wirken in ihrer Art ganz besonders auf den Zusammenhang aller Atome des Körpers, sowie auch dessen chemische Beschaffenheit, und produzieren hierdurch ganz bestimmte körperliche Empfindungen, welche ihrer Natur nach angenehm oder unangenehm, gesund oder ungesund sein können.

Wollen wir daher unser Leben nicht vergiften oder selbstmörderisch verkürzen, so dürfen wir weder eifersüchtig noch zornig werden, auch dürfen wir schmerzlichen Gefühlen keinen Raum geben.

Geradeso wie wir solche Gedanken in uns aufnehmen, können wir sie auch abweisen und damit unsere Ruhe, Gesundheit und Fröhlichkeit bewahren, aus welchem Grund wir auch nicht neugierig sein dürften. Alles, was man durch Neugierde zu erfahren sucht, bezieht sich häufig doch nur auf den lieben Nächsten und hier ist das Sprichwort angebracht: „Was man nicht weiß, macht auch nicht heiß!"

Die Kenntnis der Gedankenkraft, sowie das Studium, diese

kennen zu lernen, schließt die Neugierde gänzlich aus; ich lasse die Gedanken anderer Menschen insofern auf mich wirken, dass ich die Aussender derselben kennen lerne und lernte somit auch diejenigen, mit denen ich zu tun hatte, der Reihe nach sofort besser kennen, als andere, die selbst jahrelang mit ihnen unter einem Dache gewohnt haben.

Wir haben verschiedene Äußerungen der Gedanken hier bereits vernommen und jeder Arzt kann bestätigen, dass heftige Gemütserregungen störend auf die Funktionen verschiedener Organe wirken, und dass Eifersucht die eigene Leber derangiert. Wir wissen auch ganz genau, dass Furcht die Wangen bleich und Scham dieselben rot färbt; wir wissen ferner, dass durch Schreck unser Blut ins Stocken geraten und dass Zorn die Muttermilch vergiften kann. Alle Gemütserregungen wirken mehr oder weniger auf die Respiration, sowie auf die Zirkulation des Blutes und zwar in Form von: Schaum vor dem Munde, Ausbrechen heißen oder kalten Schweißes, Tränen in den Augen, Gehirnerschütterung, Herzschlag, plötzliche Harn- und Darmentleerungen, sowie Verdauuugsstockungen.

Dass Gedanken und Gefühle Kräfte sind, beweisen ferner physische Einwirkungen mancher Träume und Suggestionen auf den Körper von Hypnotisierten. Ein Hypnotiseur redet seinem Patienten was ein, was diese schlankweg als wahr annehmen.

Fragt mich jemand: „O mon dieu, wie sehen Sie aus, was fehlt Ihnen?" — so müsste ich ein Esel sein, wenn ich dieses auslegen wollte, mir fehle was. Denn wer glaubt, er habe diese oder jene Krankheit, so hängen sich solche Gedanken wie Kletten am Leibe und es wird nicht mehr lange dauern, bis er krank geworden sein wird.

Anstatt gleich entmutigt zu werden, müssen wir vielmehr guten Mutes bleiben und unsere Aufmerksamkeit so viel wie möglich von unserem körperlichen Befinden abwenden.

Die Ursache, woraus voraufgeführte tatsächliche Erscheinungen am Körper zu Tage treten, ist nichts als eine Kraft erzeugt in Gedanken.

Die Gedanken müssen allerdings konzentriert werden können und das ist nur durch einen energischen Willen möglich. Die meisten Menschen legen wenig Wert auf ihre Denkfähigkeit und in ihrem Kopf geht es zu wie in einem Taubenschlag, indem ein Gedanke den anderen ablöst oder verjagt. Die Gedanken in der mentalen Sphäre strömen beständig ein, bleiben nur kurze Zeit und strömen wieder aus; was Wunder, dass man auf solche Weise nie lernt, seine mentalen (innerlichen) Kräfte durch seinen Willen zu beherrschen. Wenn ich hierbei an meine militärische Ausbildung s. Z. denke, so wurde uns förmlich eingepaukt: Der Soldat hat nichts zu denken, er hat nur zu tun, was ihm befohlen wird!" — Natürlich habe ich strikte Befehle befolgt, aber auch gedacht, und weil einem diese Denkfähigkeit sozusagen angeboren ist, galt ich bei einzelnen meiner Vorgesetzten als ein sehr schlechter Soldat.

Dass ich mir mein Denken, Studieren und Praktizieren nicht habe nehmen lassen, verschloss mir den Weg, den der Kriegsartikel No. 55 Absatz 1 mir so schön vor Augen geführt hatte.

Der Mensch muss seine Gedanken zusammennehmen, er muss sie wie Flusswasser eindämmen und so als Kraftmittel für seine höheren Zwecke ausnutzen können. Hingegen wird ein Versuch lehren, wie schwer es hält, einen Gedanken längere Zeit auf einen x-beliebigen Gegenstand zu richten. Ohne langjährige Übung gehorchen die Gedanken der Seele nicht. Kann man einen unangenehmen Gedanken nicht wieder loswerden, so verfolgt er uns Tag und Nacht und lässt uns nicht zur Ruhe kommen. Warum? Weil uns der Gedanke beherrscht, statt wir den Gedanken! Wenn wir das Leben der Seele erst besser verstehen, werden wir auch nur an das denken, an was wir denken wollen, und selbstverständlich lediglich an so etwas, das uns zu irgendeinem Zweck wünschenswert und nützlich erscheint.

> Ein großer Lehrer des Ostens sagt: „Jeder Gedanke des Menschen gelangt nach seiner Entwicklung in die innere Welt, um dort eine aktive Wesenheit zu werden durch Vereinigung mit einem Elementarwesen, mit einer jener halbintelligenten Kräfte des Alls. Er lebt dann als aktive Intelligenz, als eine vom Intellekt erzeugte Kreatur, kürzere oder längere Zeit gemäß der Intensität der ursprünglichen zerebralen (das Gehirn betreffenden) Tätigkeit, die ihn ins Leben rief. Auf solche Art setzt sich ein guter

Gedanke fort als eine Kraft, die das Gute, ein schlimmer Gedanke als ein Dämon, der das Schlimme schafft. So bevölkert der Mensch beständig seine Lebensbahn durch den Raum mit einer im eigenen Welt, den Geschöpfen „seiner Phantasie, seiner Wünsche, seiner Impulse, seiner Leidenschaften, und diese Bahn wirkt wieder weiter auf jede sensitive oder nervöse Organisation, die mit ihr in Berührung kommt je nach ihrer dynamischen Intensität. Der Buddhist nennt dies Schandba, der Hindu „Karma."[1])

Diese Darstellung gibt uns auch ein klares Bild des eigentlichen Wesens des Karma, und wer derselben ein klares Verständnis entgegenbringt, dem wird die Verworrenheit des Lebens mehr und mehr verschwinden und die hauptsächliche Wirksamkeit des Karma klar werden. Dem aufrichtig Suchenden wird dieses als Wegweiser dienen und er auf diesem Weg mehr lernen, als sonst jeglicher Weg im menschlichen Leben überhaupt zu bieten vermag.

Jedes Streben nach Vervollkommnung ohne jegliche theosophische Erkenntnis führt nie zum wahren Ziel. Ein Streber erreicht z. B. sein gestecktes Ziel, er ist an Orden und Ehren reich, aber alt und grau, er hat manchen Zweck durch Mittel erreicht, die anderen Menschen nicht zur Verfügung gestanden haben, jedoch glücklich wird sich ein solcher Mensch nie fühlen. Er interessierte sich nur für seine eigene Person, das große Ganze schien bei ihm nur für ihn da zu sein und deshalb lohnte die verhältnismäßig geringe Befriedigung, die er für sich selbst durch die Errungenschaften eines kurzen Erdenlebens erzielte, kaum die Mühe, wenn all dies subjektiv Errungene, all die Selbstüberwindung, all das Ringen nach der eigenen Läuterung und nach Vergeistigung des Tierischen in uns, wenn alles dieses mit unserem Tode verloren ginge.

Ich habe vielfach gefunden, dass alle diejenigen, welche glauben, wir leben nur einmal und mit dem Tode sei alles vorbei, selbstischer Sinneslust folgten und bei Ihnen jeder Zweck,

---

[1]) „Die okkulte Welt" von A. P. Sinnet. Verlag Edition Geheimes Wissen, Graz.

wodurch sie ihre Ziele erreichen, genehm sei.

Ein Schüler theosophischer Anschauungen und Kenntnisse muss aber wissen, dass wir immer wiederkehren werden in das Leben, immer wieder „jung" und mit neuen frischen Kräften unsern Lauf zur endlichen Vollendung fortzusetzen haben, bis wir letztere erreichen. Für uns heißt es nicht: „Nach uns die Sündflut!" sondern: „Nach uns und auch für uns selbst die Ernte dessen, was wir säen!"

Für uns wird das Zeittotschlagen mit sogenannten „Vergnügungen" und das „Gesellschaftsleben", bei dem niemand weiser und besser wird, ein überwundener Standpunkt werden, und wollen daher unseren Körper und unsere Seele bestmöglichst als Werkzeuge unseres geistigen Strebens ausnutzen. Wir wissen: was einer denkt, das wird er!

Jede Lust, die im Gedankenleben auftaucht, wird zu Wort und Tat früher oder später, je nachdem sie mehr oder weniger durch gleiche Gedanken genährt wird, wenn sie nicht durch andere Lust und andere Gedanken überwunden oder umgestaltet wird.

Ich habe gelesen, dass Professor Crookes in England und auch Andere durch Gedankenkonzentration einen Pendel bewegten, eine beliebige Schale einer Wage auf- und niedersteigen ließen und anderes, was jeder Schüler nach genügendem Fortschritt in dieser Kunst ebenfalls oder in ähnlicher Weise zu erreichen vermag.

Da ich diese Kunst, wenn ich so sagen soll, keineswegs zu irgendwelchen Schaustellungen profanieren will, so versuche ich meine Gedanken hinfort auf den Bau meines Körpers zu konzentrieren, sobald ich Zeit und Lust hierzu täglich verspüre. Unser Körper soll sich in 7 Jahren vollständig in allen Teilen erneuern und hoffe innerhalb dieser Zeit die im Sinne habende Veränderung am Körper lediglich durch die Macht meiner Gedanken zu erreichen. Manches könnte man infolge von Tatsachen auch schon bedeutend früher erreichen.

Unsere Körper sind die sichtbaren Erzeugnisse unserer inneren Gedankenvorratshäuser, indem das sogenannte Unterbewusstsein die Vorstellungen (Suggestionen), die ihm gegeben werden, aufnimmt und verarbeitet sie nach außen hin, entsprechend ihrer

Natur.

Bezüglich dieses .Unterbewusstseins im Menschen will ich noch bemerken, dass es die Fähigkeit besitzt, unabhängig vom Tagesbewusstsein zu denken. Bis zu einem gewissen Zeitpunkt leitete es meinen Körper gemäß der Vorstellungen, die ich bildete und an welche ich glaubte. Als ich aber dieses erst erkannte, muss es seither meinen Körper gemäß den Vorstellungen leiten, die ich ihm gegeben habe.

Die Mittel, um diese chinesische Mauer zu übersteigen, sind Geduld und Ausdauer.

Das vollendetste Wesen ist dasjenige, welches seine Vernunft verwendet zur weisen Leitung und Beherrschung seiner inneren Kräfte. Es kann aus sich selbst machen, was es will, einfach durch Benutzung der geeigneten Vorstellungen (Suggestionen). Das Unterbewusstsein hat volle Herrschaft über die äußere Erscheinung des Menschen und seinen Körper.

Gedanken wie auch Gefühle verursachen ferner einen chemischen Wechsel im menschlichen Körper, sie sind daher eine bestimmte Kraft, wodurch man auch erreichen kann, was man wünscht und will. Ebenso zerstören gesundheitsschädliche Gedanken und Gefühle, indem sie negativ auf die ursprünglichen Schwingungen des Körpers einwirken, welche in gesundem Zustand desselben in verwandtschaftlichen Schwingungen mit denen des Geistes vibrieren. Wenn unser Körper und Geist oder Tun und Denken unseres äußeren Menschen mit der Natur des Geistes harmonieren, so haben wir damit eine Einigkeit mit Gott dem Vater erreicht und alle Schwingungen harmonieren mit unserem Grundton, geschieht dieses nicht, so haben wir selber dadurch Missklang, Unruhe, Schmerz, Krankheit, Unglück und dergleichen mehr in unser Leben gebracht. Eine Schuldverschiebung auf Andere gibt es hierbei nicht. Um mit sich selber zufrieden zu sein und in Harmonie zu leben, ist es daher vorteilhaft, wenn wir uns gute Gedanken bilden, welche schöpferische Eigenart des Geistes man am besten geradeaus mit „Einbildung" bezeichnen kann und solche Gedankenbilder immer zu verwirklichen suchen.

Ist z. B. ein Gedanken- oder Seelenbild durch den Geist geschaffen, so pflanzt sich dieses fort und wer dafür gestimmt oder empfänglich ist, bei dem taucht so ein fremdes Gedankenbild auf, wird festgehalten oder wieder fallen gelassen, je nachdem der Betreffende dafür Interesse hat oder nicht.

Einem Elektriker soll es sogar gelungen sein, Gedanken zu fotografieren und Gedankenbilder sollen auf eigens dazu präpariertem Papier sichtbar gemacht werden können.

Ist der Beweggrund — bei dem Schöpfer eines Gedankens — lauter und rein, liebevoll und wohlwollend, so färbt sich das Gedankenbild entsprechend und wird einem Elementarwesen zugeführt, welches die dem Bild durch den Beweggrund gegebenen charakteristischen Züge annimmt und gemäß der so bezeichneten Linie auch handelnd weitergeht. Ist hingegen der Beweggrund unlauter und unrein, rachedurstig und böswillig, so wird die hervorgebrachte Farbe dem Gedankenbilde ebenfalls ein Elementarwesen zuführen, welches gleicherweise die dem Bilde durch den Beweggrund gegebenen charakteristischen Züge annimmt und auch gemäß der so bezeichneten Linie handelnd weitergeht.

Im ersteren Fall entsteht ein unabhängiges Wesen in der astralen Welt, nämlich ein Wesen wohlwollenden, im zweiten Fall ein Wesen bösartigen Charakters.

Z. B. wird ein zorniger Gedanke einen roten Strahl verursachen, da die Schwingungen eines solchen Gedankenbildes das Rote hervorbringen und dieser rote Strahl zieht Elementarwesen einer zerstörenden, vernichtenden Art an, sie werden in die Richtung des Anreizes fortgezogen und einer von ihnen tritt in das Gedankenbild ein und verleiht ihm eine selbständige Tätigkeit.

Ohne es zu wissen, reden dann die Menschen fortwährend in dieser Farbensprache und rufen dadurch einen Schwärm dieser Elementarwesen um sich herbei, welche ihren Aufenthalt in den ihnen entsprechenden Gedankenbildern nehmen. Auf solche Weise bevölkert ein Mensch den ihn umgebenen Raum, wo er geht und steht, mit seiner eigenen Gedankenwelt; mit den Gebilden seiner Launen, Wünsche, Neigungen und Leidenschaften. Engel und Dämonen unserer eigenen Schöpferkraft umgeben uns auf allen Seiten, bringen unseren Nächsten Wohl und Weh, ja bringen Wohl und Weh uns selbst!

Hellsehende vermögen diese beständig wechselnden Farbenstrahlen in dem Lufträume jedes Menschen zu schauen: jeder Gedanke, jedes Gefühl, wenn es sich in die astrale Welt überträgt, ist dem astralen Auge sichtbar. Personen, welche mehr als die gewöhnlichen Hellsehenden entwickelt sind, können auch noch die Gedankenbilder und die Wirkungen wahrnehmen, welche die Farbenstrahlen unter den Scharen der Elementarwesen erzeugen.

Elementarwesen und Dinge im Weltall gehören dem einen oder anderen der sieben Urstrahlen an und jeder dieser sieben Strahlen hat seine sieben Teilstrahlen usw. in immer weiteren Unterabteilungen. Unter dieser Menge von Teilen, welche ein Weltall bilden, befinden sich Elementarwesen, welche verschiedenen Unterabteilungen und einer Farbensprache angehören, welche ihrer eigenen Farbe entspricht. Aus diesem Grund wird die wahre Kenntnis der Töne, Farben und Zahlen so sorglich gehütet, weil der Wille durch sie mit dem Elementarwesen spricht und weil die Kenntnis Macht verleiht, sie zu beherrschen.

Jeder Ton, Farbe und Zahl ist teilbar, was wir bereits aus der Praxis wissen, und die hier in Betracht kommenden Zahlen sind sowohl vom Ton als auch von der Farbe abhängig.

Der Schüler wird aus dem Vorausgegangenen allmählich begriffen haben, warum die Gedanken eine so große Rolle im menschlichen Leben spielen und wird künftig sein Tun und Handeln hiernach wohlweislich zum eigenen Besten einzurichten suchen.

Wie nun üble und gute Gedanken sich ausbreiten, so ergießen auch die erleuchteten Gedanken einer Weisheitsreligion ihre Lichtstrahlen über die ganze Welt, welche Dunkelheit zerstreuen, die allwaltende Gerechtigkeit enthüllen und allen Ungerechtigkeiten, Ungleichheiten und Unfällen des Lebens zum Trotze ihre Wirkung ausüben wird.

Im praktischen Okkultismus lernen wir höhere Ebenen zu betreten, weil wir wissen, dass es höhere Ebenen gibt und wir uns darauf auch zu betätigen vermögen. Durch eigene Untersuchung setzen wir diese Theorie in Erfahrungen um, und eine einzige derartige Erfahrung öffnet unsere Augen mehr, als die ganze materielle Weisheit, welche solche Möglichkeit nicht zugeben will.

Mittelst unseres grobmateriellen Körpers befinden wir uns auf physischer Ebene, aber es ist uns anheimgegeben, unseren Körper zu verfeinern, um dann auf psychischer Ebene wirken zu können.

Außerdem existiert noch die geistige Ebene, wo sich die drei höchsten Bestandteile des Menschen betätigen und zwar vermittelst des ursächlichen Körpers.

Der Stoff jeder Ebene ist dichter, als auf der nächst höheren Ebene. Auf jeder Ebene sind Geist und Stoff in jedem kleinsten Teil miteinander verbunden; jedes Teilchen hat den Stoff als seinen Körper und den Geist als sein Leben und alle unabhängigen Verbindungen der Teilchen, alle getrennten Gestaltungen jeder Art und jeglicher Bildung sind durch diese lebenden Wesen beseelt, welche gemäß ihrer höheren oder niedrigeren Verkörperung von einander verschieden sind. Jede körperliche Gestaltung ist beseelt und ein in sich verkörperndes Wesen kann das erhabenste Geisteswesen, das niedrigste Naturwesen oder eines der unzähligen zwischen ihnen sich abstufenden Wesen sein. Während unseres zeitweiligen Daseins hier auf Erden haben wir hauptsächlich mit Wesen der psychischen Ebene zu tun, denn diese geben uns den Begierdenleib (Kama Rupa) oder den Empfindungsleib, wie er oft genannt wird.

Wir sprachen auf einer der vorhergehenden Seite von Elementarwesen, die wir durch unsere Gedankenbilder mehr oder weniger heranziehen, das sind diese gestaltenden Naturgeister der Welt tierischen Geistes, auch Rupa Devatos genannt, durch welche die Nervenschwingungen in Empfindungen umgesetzt werden. —

Jeder Brief lässt sich gemäß seiner Überschrift nicht so genau begrenzen, weshalb ich mitunter etwas weiter ausholen musste, um das Vorgebrachte möglichst zu leuchten und verständlich zu machen.

Da im nächsten Brief über „Karma" extra gesprochen werden soll, so wird eine spätere Wiederholung dieses 3. Briefes Bezügliches auch verständlicher sein. Wir müssen die Macht und Kraft unserer Gedanken erst einmal kennen, gelernt haben, um die Natur in uns und um uns von einer ganz anderen Seite, als der alltäglich gewohnten anzuschauen.

Die Natur betrügt uns nie; nur durch unsere Blindheit werden wir betrogen oder betrügen uns auch selbst.

Diese Blindheit ist aber ein Übel, das beseitigt werden kann, und der beste und tüchtigste Arzt sind wir selber, indem wir die Gewohnheit, irgendwelche Übel zu dulden — als ginge es nicht anders — kurzer Hand kündigen und durch Kenntniserweiterung zu Leibe rücken.

Der Übel größtes ist der Stillstand hier. Die Wissenschaft allein geht vorwärts, allerdings am liebsten auf gewohnten Wegen. Die Religion will nicht weiter und doch dabei die größte Mehrzahl ihrer Gläubigen, die Glauben in Kenntnis umzuwandeln streben, zurück zur Kirche zu führen suchen; vergebliches Bemühen, da Religion sich zur Weisheitsreligion zu entwickeln vermag. Der Adel sähe im eigensten Interesse gleichfalls gern, dass alles so bliebe wie es war.

Wir wollen aber nicht stehen bleiben und keine der geschilderten Mächte ist imstande unseren Geist dahin zu belehren, dass ihr Standpunkt ein „non plus ultra" sei.

Eine schon einige hundert Jahre alte Weltgeschichte öffnet uns die Augen, und Tatsachen gelten bei uns mehr als die allerschönsten Deckmäntel mitsamt was dahinter stecken soll.

Für uns bedeutet auf allen Gebieten wachsende Kenntnis auch wachsende Macht. Haben wir uns Kenntnisse erworben, so wohnen diese in uns und demgemäß auch eine entsprechende Macht und Kraft, die uns keine äußerliche Gewalt nehmen noch schmälern kann. Allwissenheit und Allmacht sind eins! —

Wir sehen die Erwerbung von Kenntnissen nicht allein als Vorteil im gegenwärtigen Leben an, nein, wir sehen ein, dass wir schon jetzt in diesem Leben damit beginnen müssen, für ein entsprechendes Dasein im nächsten Leben zu sorgen; dieser Wunsch ist durch die Gewissheit bei uns Wille geworden und dieser Gedanke gilt bei uns als eine unkündbare ewige Hypothek. Wir ernten dann jedes Mal, was wir bewusst säen; wir richten demgemäß unser Wirken darauf ein und haben damit einen Beistand geschaffen, der uns über trübe Tage unseres gegenwärtigen Lebens hinweghebt, etwaige Todesfurcht benimmt und uns vor Selbstmord bewahrt.

Zusammenfassend erkennen wir die bestimmten Prinzipien des karmischen Gesetzes in der Wirkung durch diese geistigen Gebilde als Ursachen wie folgt:

Neigungen und Wünsche werden zu Fähigkeiten,
wiederholte Gedanken werden zu Geistesrichtungen,
Wille zum Handeln wird zu Handlungen,
Erfahrungen werden Weisheit und
schmerzliche Erfahrungen werden Gewissen.

Böser Wille in Gedanken trifft denjenigen, gegen den er sich richtet, auch schon ohne das gesprochene Wort und ohne die getane Handlung. *Aber mehr noch schadet* jeder hässliche Gedanke dem *Wollenden* und *Denkenden* selber!

Unkenntnis schützt bekanntlich vor Strafe nicht — auch beim Gericht — und das göttliche Gesetz „Karma", dem alle Menschen gleichmäßig unterstellt sind, gleicht alle unsere Handlungen durch die Wiedervergeltung .mit gleichem Maße aus.

Indem ich von einigen Beispielen aus meiner Umgebung absehen will, da jeder Schüler auch hierfür in seinem Kreise fortan ein offenes Auge haben wird, fällt mir der Spruch eines alten Einsiedlers ein: „Was der Mensch tut, tut er sich selbst!"

Welche Bewandtnis es damit hat und welche Verwandtschaft zwischen ihm und Karma besteht, wird sich der Schüler aus der kleinen Erzählung allein klar machen müssen.

Vor vielen Jahren lebte im Holze in stiller Klause ein frommer, in der ganzen Gegend hochverehrter Einsiedler, der sich das Gelübde des Schweigens auferlegt hatte und außer seinen Gebeten im Verkehr mit den Menschen nur die Worte auszusprechen pflegte: „Was der Mensch tut, tut er sich selbst!"

Ein in der Nähe regierender Graf schätzte diesen Klausner wegen seiner Frömmigkeit sehr hoch und zog ihn in wichtigen Angelegenheiten zu Rate, obwohl er wusste, dass der fromme Mann außer seinem bekannten Spruch nichts hervorbringen würde. Aber was der Mund des Klausners nicht sprach, das sprachen die Augen des erfahrenen Greises, und schon in mancher verwickelten Lage waren dem Grafen die Gegenwart dieses Mannes und sein mahnender Spruch ein willkommener Fingerzeig zur Vorsicht und zu fruchtbringender Überlegung gewesen.

Einst wollte die Gräfin, eine hochfahrende und übermütige Frau, den Grafen zu einer ungerechten Fehde verleiten, die, wenn sie entbrannte, das Land in Jammer und Elend stürzen musste. Schon war es ihrer Überredungskunst gelungen, den Gemahl für ihren Plan zu gewinnen, als dieser den Einsiedler kommen ließ und ihm das Vorhaben kund gab. „Was der Mensch tut, tut er sich selbst!" sprach der Einsiedler aufseufzend und mit bekümmertem Gemüt. Da trafen diese Worte den Grafen schwerer als zuvor, lebhafter traten ihm die Schrecken des Krieges vor die Seele, die er ohne rechtlichen Grund über dies friedliche Tal heraufbeschwören wollte und fortan wies er alle Verlockungen und Anreizungen seiner Gemahlin aufs Ernsteste zurück.

Darauf ergrimmte jedoch die Gräfin und schwur bei sich, es dem Einsiedler zu gedenken, tat ihm gegenüber indes äußerlich freundlich und schickte ihm nach wie vor das tägliche Brot, welches der wenig bedürfende Greis schon manches Jahr hindurch der Wohltätigkeit des Grafen verdankte.

Kurze Zeit nach jener Umstimmung des Grafen durch den Klausner durchstreiften die gräflichen Kinder, ein paar blühende, stattliche Junker, die Forsten und kehrten hungrig und ermüdet in der Klause ein. Auf ihr Begehr beeilte sich der Einsiedler, den Junkern das beste und frischeste Brot herbeizuholen, welches ihm die Gräfin bereits am frühen Morgen geschickt hatte, und bot es den Junkern mit dem bekannten Spruch: „Was der Mensch tut, tut er sich selbst!" Die Junker lachten über den bekannten Spruch des Alten, ließen es sich wacker munden und machten sich fröhlich wieder auf den Heimweg. Kaum aber hatten sie die Burg ihres Vaters erreicht, als sie unter Zuckungen dahinstarben, denn das Brot, das sie gegessen, hatte die rachsüchtige Gräfin vergiftet, um des verhassten Klausners und seines lästigen Spruchs los zu werden. Die letzten Worte der sterbenden

Junker gaben der Mutter die schreckliche Gewissheit, dass ihre schwarze Tat den Kindern den Tod gegeben; laut klagte sie sich des Mordes an und machte ihrem Leben durch einen Sprung von den Zinnen der Burg ein Ende. Als der herbeigerufene Klausner über den Leichen ein stilles Gebet gesprochen hatte, sprach er laut — aber seufzend — am Schluss seine bekannten Worte: „Was der Mensch tut, tut er sich selbst!"

Es ist traurig, wenn jedem Täter von irgendetwas Bösem die Erkenntnis seiner hässlichen Gesinnung erst durch die krasseste Schädigung seines Selbst kommen muss, und noch trauriger, wenn ein solcher Mensch erkennt, wie es in ihm aussieht und trotzdem Schuld auf Schuld häuft. Je stärker sich aber die böse Lust, der hasserfüllte Gedanke in des Menschen Seele einfrisst, desto nachhaltiger wird er selbst geschädigt.

Und diese Wirkung hört nicht mit dem Tode auf; als eine andere Persönlichkeit wird er die Folgen solches bösen Willens und Gedankens ernten, wie auch andererseits die Früchte jedes edlen reinen Strebens. Sei es auch nur ein Augenblick der Hingabe des Selbstes für andere ohne Gegenleistung gewesen, es war nicht umsonst!

Aber wie viel Wasser wird wohl noch von den Bergen herunterlaufen müssen, bis die Menschen im allgemeinen diese dargelegte Kenntnis begriffen haben werden und ihr ganzes Tun hiernach zu regeln und einzurichten wissen.

Es kommt vor, dass man von anscheinend verständigen Leuten hell ins Gesicht gelacht wird, will man mit ihnen über dieses Thema sprechen; nur Kindern gewährt man oft bis sie allmählich verständiger geworden sind. Und Erwachsene, die gern am Biertisch all' ihre Weisheit auskramen, behellige man unter keinen Umständen hiermit, — mit Perlen pflegt man vorsichtiger umzugehen. —

Da nun alle Menschen, wenigstens die Mehrzahl von ihnen, geistigerweise sehr negativ veranlagt sind, eine Folge ihrer entsprechenden Lebensweise in Präexistenzen, so sind sie auch allen möglichen unsichtbaren Einflüssen ausgesetzt. Will ich etwas erreichen, so muss ich die Macht über mich besitzen, mich nach

Belieben in einen geistig positiven (aktiven) oder negativen (passiven) Zustand zu versetzen.

Wem es im Traum nicht einfällt, seine eigenen Gedanken zu bemeistern oder das Gebiet des Intellekts ebenso zu beherrschen, wie seinen physischen Körper, ist noch weit zurück und er sieht auch nicht, dass sich die Wissenschaft des Wesens dieser großen vorgetragenen Wahrheit auf der Spur befindet.

Man kann sich auch In eine — in uns aufgetauchte — Idee verrennen und wieder schwer davon trennen, sollte diese uns irgendwie leuchten aber irreleiten. Regeln wir all unser Tun nach dem Karmagesetz, so wird Karma auch als Prüfstein für jedwede Idee gelten dürfen und wir uns hiernach getrost zu richten vermögen. Vor einigen Jahren wohnte ein Schauspieler in unserem Haus, der offenbar den Spiritismus über alles erhob und indem er diese Idee als idealste ansah verscheuchte er konsequent jeden anderen Gedanken, der ihn dahin zu bringen suchte, dass Spiritismus nur ein untergeordneter Teil unserer großen Wissenschaft „Theosophie" sei. —

Haben wir erst gelernt, uns ganz *passiv* zu verhalten, also an *gar nichts zu denken*, so öffnen wir dadurch die Türen unserer Seele weit, um die kommenden Gäste einzulassen. Beeinflussen uns alle Gäste gut und gefahrlos, so dürften wir diese Türen stets offen halten, aber es gibt auch für uns Menschen schlimme und gefährliche Einflüsse, wogegen wir wiederum die Türen verschlossen halten müssen.

Schon manches spiritistische Medium ist hieran zu Grunde gegangen. Feinfühlend und offen den höheren Kräften gegenüber, blieben die Türen es auch den niederen und elementaren Gewalten gegenüber, und das Resultat war dann ein jammervolles Ende.

Da wir nun aber alle in größerem oder geringerem Maße passiver Natur sind, ohne es absichtlich sein zu wollen, so halten wir damit unsere Seele den höchsten göttlichen Einflüssen geöffnet. Doch wie gesagt, so schön es ist, göttlich beeinflusst zu werden, so müssen wir auch lernen, uns je nach Umständen aktiv oder passiv verhalten zu können, um bei allen unerwünschten Einflüssen die Türen sofort zu verschließen.

Wollen wir z. B. irgendetwas erreichen, unseren Willen durchsetzen so müssen wir uns positiv machen und dieses erreicht man durch Gedankenkonzentration. Richten wir unsere Gedanken z. B. längere Zeit ausschließlich und mit aller Kraft auf den einen Wunsch, dass ein in der Nähe befindlicher Freund uns besuche, so wird er ganz gewiss auch wirklich kommen. Die große Schwierigkeit hierbei besteht aber eben in der Ausführung dieser Gedankenkonzentration, die wohl nur wenigen gelingen wird, aber durch Übung zu erreichen ist.

Ein anderes Beispiel: Jemand beleidigt uns. Wir geben dann gewöhnlich gekränkten Gefühlen Raum, welche uns in einen körperlich und geistig unruhigen Zustand versetzen. Unannehmlichkeiten erzeugen unangenehme Gedanken und diese lassen bekanntlich so leicht nicht wieder von uns ab, wollen wir uns aber aus solch' unbehaglicher Lage befreien, so müssen wir eben unsere bösen Gedanken durch gute verscheuchen, und sind wir darin fortgeschritten, dann kann uns kein Mensch mehr beleidigen. Sollte ein derartiger Versuch gemacht werden, was nicht ausbleiben wird, denn in dieser Beziehung sind die Menschen sehr freigebig, so schließen sich schon ganz von selber — automatisch - die Türen zu unserem Innern und wir hörten nur etwas, ohne weiter darüber nachzudenken.

Sind wir z. B. krank und wollen wieder gesund werden, so muss unser Streben nach Harmonie und Gleichgewicht in uns die Gesundheit wieder herstellen, natürlich vorausgesetzt, dass überhaupt eine derartige Möglichkeit vorhanden ist. Dieses Streben nach Ausbesserung erlittener Schäden, welches in der Pflanzenwelt und in der Tierwelt überall zu beobachten ist, existiert nicht minder beim Menschen, und zwar in einem weit höheren Maße, da wir diesem Streben wesentlich zu Hilfe kommen können oder auch ihm hinderlich entgegenwirken, je nach Natur unserer Gedanken.

Gemäß der Natur unserer gewohnheitsmäßigen Gedanken bildet sich der entsprechende Charakter bei uns aus, und damit liegt es ganz in unserer Macht, finanzielle und geschäftliche Erfolge zu erzwingen, durch öftere und zweckmäßige Konzentration unserer Gedanken.

Wenn wir z. B. arm sind, so müssen wir aufhören, armutserzeugende Gedanken hervorzukramen, als wie: „Ein armer Mensch kann machen was er will, er kommt doch zu nichts!" oder: „Immer andere Menschen kriegen und kommen zu was, nur ich nicht!" usw.

Hierdurch wird der Betreffende misstrauisch gegen sich selber, verliert an Mut und hat erst Entmutigung bei einem Menschen Platz gegriffen, so hält es ungemein schwer, aus eigener Kraft wieder empor zu kommen.

Hieraus wird der Schüler einigermaßen begreifen, dass Gedankenkonzentrationen keine Spielereien, sondern ernsteste, wohlbedachte Maßnahmen sind.

Ein solches Können verdankt man seinem Herrgott, den man um Beistand bitten muss, wenn irdische Hilfe — wie mit dem Messer — abgeschnitten ist und man hat Grund auszusprechen: „Die Menschen gedachten es böse mit mir zu machen, aber Gott gedachte es gut zu machen und stählte mein Selbst durch eine erleuchtete Erkenntnis, woran jeder Wurf wie Glas zersplitterte und seinen Aussender nur selber treffen musste!"

Negierende Gedanken dürfen uns zum eigensten Wohl gar nicht aufkommen, richten wir dagegen unsere Aufmerksamkeit beständig und systematisch auf Mut, Selbstvertrauen und das eigene Können, so werden auch alle, die diese Hinweise befolgen, ganz allmählich dadurch behaglichere äußere Zustände erreichen.

Haben wir aus uns selber etwas erreicht, so geschah es eben in dieser Weise, indem wir den guten Mut in trüben Lebenslagen nicht verloren haben.

Alle Menschen mit negativem Naturell verdanken häufig ihr körperliches und geistiges Unwohlsein nur fremden Einflüssen, indem solche Gedanken anderer Menschen auf sie eindringen. Halbkranke lamentieren gern mit allmöglichen Leiden, die in Mehrheit auf Einbildung beruhen und somit leicht ihre Ansichten auf andere ihrer Umgebung übertragen.

Hierbei möchte ich auf das bei Reclam jun. erschienene Heftchen hinweisen, das des berühmten Philologen Immanuel Kaufs Schreiben an Professor Hufeland enthält und „Von der Macht des Gemüts durch den bloßen Vorsatz seiner krankhaften

Gefühle Meister zu sein" betitelt ist.

Abgesehen von den Kranken, die sich eine Krankheit einbilden, wissen wir auch, dass wirklich Kranke leicht mutlos und verzagt werden und daher sollten alle entmutigenden Gespräche Kranken — am besten allen Menschen — gegenüber vermieden werden.

Es wird somit verständlich gemacht worden sein, dass z. B. Furcht, Traurigkeit und Verstimmtheit, wie rein physische Sensationen, von positiven oder aktiven Gemütern auf negative oder zeitweilig passive Gemüter übertragen werden können, und dass diese letzteren dann genannten Eigenschaften als ihre eigenen betrachten. Durch Kultivierung" eines geistig positiven Zu-standes, oder durch Gedankenkonzentration auf andere und angenehmere Dinge muss sich jeder Schüler fortan selber zu schützen suchen.

Es ist ferner ein Zeichen von gewisser Nervosität, wer keine Störungen und keinen Spektakel ausstehen, noch weniger dabei arbeiten kann. Solche Leute werden aber im Durchschnitt auch sehr empfänglich für jedwede Gedanken anderer Menschen sein und sich häufig über irgendwas aufregen, was sie selber dann nicht zu erklären vermögen. Eine vorzügliche Übung ist es daher, an Orten zu arbeiten, wo man allen möglichen Störungen ausgesetzt ist; fällt diese Arbeit anfangs auch schwer, so muss man sich eben daran gewöhnen, und schließlich bleiben gewöhnliche äußere Störungen dann ganz unberücksichtigt.

Dr. phil. P. Braun sagt in seinem Buch „*Die Erweckung und Entwicklung der höheren Geisteskräfte im Menschen*", [1] dass es in Indien die Raj-sap-Schlange gebe, welche sich, wenn sie Hunger verspürt, ruhig hinlegt und einen pfeifenden Ton von sich gibt. Mit diesem Ton soll dann auch ihre psychische Kraft des Willens hinausgehen und zwingt damit kleinere Tiere zu ihr heran, welche sie dann verschlingt, ohne sich von ihrer Stelle zu bewegen.

Dies ist nichts anderes als eine Kraft, das Notwendige durch die Macht des konzentrierten Gedankens und des Willens an sich heranzuziehen.

---

1) Verlag Edition Geheimes Wissen, Graz.

Christus fasste diese Wissenschaft im Glauben zusammen.

Wohl dem, welcher glaubt und die nötige Überzeugung in sich erworben hat, dass Gott die Urkraft und der Baumeister aller Welten ist und wir mit ihm eins sein sollen.

Dieser Glaube, dieses Denken und diese Überzeugung wird uns immer helfen und beistehen, wenn wir von guten Freunden und selbst von allen Menschen verlassen sein sollten. Er lässt uns unsere okkulten Kräfte erkennen und anwenden. Er stärkt unsere Zuversicht, die bei Ausübung irgendwelcher Unternehmungen dann auch erfolgreich sein durften. Alles hängt auf Erden eins ins andere, und hat man unter Menschen eine höher liegende geistige Position erreicht, so sieht man selbstverständlich das ganze Durcheinander im menschlichen Dasein mit anderen Augen an.

Durch systematische Gedankenkonzentration kann der Mensch alles, was im Bereiche der Möglichkeit liegt, erreichen, und möglich ist mehr, als wir uns im gewöhnlichen Leben träumen lassen.

Die Kraft der Gedanken ist schneller wie Elektrizität und durchdringt jede grobe Materie; ich schließe z. B. die Augen, denke an einen alten Kameraden in Amerika, und in einem Nu bin ich in Gedanken dort, mitten unter seiner Familie; wie man in Gedanken dort aktiv eingreifen kann, werde ich im Brief über Telepathie [1]) erörtern.

Will man etwas erreichen und bezwecken, so ist es praktisch, sich in einen stillen Raum zu begeben, die Augen zu schließen und an das Erwünschte täglich unentwegt ein oder zwei Stunden lang zu denken und je nach der erlangten Gedankenkraft wird sich das Verlangte früher oder später einstellen. Ein Meister dieses Könnens vermag aber auch seine Gedanken mitten im größten Tumult zu konzentrieren und dadurch auf seine ahnungslose Umgebung einwirken. Ein starres Festhalten eines Gedankens, eine Verbildlichung irgendeines Satzes oder unentwegte Vorstellung einer Person ist nicht absolut notwendig, man kann einen Gedanken auch vielfach ausmalen und sich die Sache amüsanter machen, aber man muss bei der Hauptsache bleiben. Wir stellen uns

---

1) „Telepathie" Brief 9.

das Erwünschte großartig und in ausgedehntem Maß vor, sodass wir darin förmlich aufgehen und nichts hören und merken, was uns irgendwie ablenken könnte.

Auf diese Weise kann man auch mit Erfolg Probleme lösen und selbst anderer Leute Krankheiten heilen. Im Geschäfte konzentriert man die Gedanken auf seine Arbeit und leidet dann nicht an Zerstreuungen und Störungen durch äußere Eindrücke. Uns beherrscht in Verfolg dieser Übungen eine Ruhe und Sicherheit, welche auch anderen Leuten auffallen wird, die mit uns in Berührung kommen und flößen dadurch Vertrauen ein, wodurch wir deren Zuneigung gewinnen und Vorteile erreichen können.

Es gibt ferner z. B. Leute, die von Natur aus hinter Geld her sind, sie vibrieren vom Scheitel bis zur Zehe nach Geld und Geldeswert, und es ist ihnen gleich, wie und auf welche Weise sie dieses eine, das Geld, nur bekommen können und bekommen es auch!

Solche Leute kommen augenscheinlich aus sich selber auch zu was, doch da ihre angeborene Eigentümlichkeit, dieses Sinnen und Trachten nach Geld und Gut, an sich unlauter ist, weil ihnen jede Gelegenheit recht erscheint, so müssen wir bei einem derartig verlockenden Anreiz, dasselbe nachzuahmen, daran denken, dass die Lehre der Wiedervergeltung hierbei auch eine Rolle mitspielt und nicht ausgeschaltet werden kann. Haben die angedeuteten Leute nun vielfach unreell gehandelt, hat ihr blinder Eigennutz weder vor Betrug noch Verleumdung gescheut, so werden wir es häufiger erleben können, dass manch einer derselben auf irgendeine Weise Geld und Gut wieder verlustig geht und dann vielleicht gar arm und bloß das Mitleid Edeldenkender erwecken muss. Hat ein derartiger Mensch seine Rolle in der Gesellschaft damit ausgespielt, so taucht er in den großen Schwärm des Volkes unter und wird bald vergessen worden sein.

Diese Wiedervergeltung (Karma) kann im gegenwärtigen Leben eintreten, ganz bestimmt aber im nächstfolgenden.

Haben wir für eine Familie zu sorgen, so vermag dem einen oder anderen das Leben schwer genug werden und ebenfalls Verlangen nach Geld und Gut in sich hegen. Hier können die Wünsche durch Gedankenkonzentration getrost in Willen umgewandelt werden, nur habe man das hehre Karmagesetz stets vor Augen, um keineswegs die Harmonie in dieser Beziehung einzubüßen.

Ebenso gut diese Gedankenkonzentration unserem Besten zu dienen vermag, können wir solche wirksamen Wünsche auch einem Freunde oder einer Freundin zuwenden. In letzter Beziehung könnte sich mancher Mensch große Vorteile erringen und seine positive Zahl guter Gedanken und Werke ungemein erhöhen, doch scheint das Gegenteil noch in überwiegender Mehrzahl fortzubestehen. Wie selten hört man von irgendeinem anderen Menschen etwas Gutes; wird von einem anderen gesprochen, so werden dessen Schattenseiten grell beleuchtet und an dessen Selbst „kein gutes Haar" gelassen. Dieser Klatsch ist dasselbe wie schlechte Gedanken, und geht es dem anderen ernstlich schlecht, so wird sich darüber unbändiglich gefreut.

Solche Wege führen bei Kenntnis von Gedankenkonzentration aber schnurstracks in die Arme der sogenannten „schwarzen Magie", und da kein Schüler Lust verspüren wird, dafür vielleicht zehn Erdenleben lang in Schmutz und Elend ein trauriges Dasein zu fristen, um durch solche Läuterungen allmählich — aber mühselig — würdigere Positionen zu erreichen, so lässt diese Warnung nicht entschlüpfen!

Beispiele „schwarzer Magie" aus meiner Umgebung will ich aus Pietät hier nicht erwähnen, dafür aber eine mysteriöse Geschichte kurz wiederholen, wonach jemand aus einer Gesellschaft nach Hause zurückgekehrt war und vor dem Schlafen gewohnheitsgemäß noch ein wenig lesen wollte. Nachdem derselbe einige Seiten überflogen hatte, fühlte er sich ungemein müde und eine so eigene, den ganzen Körper krampfhaft umfassende Beklommenheit an sich und dann auch das Bewusstsein schwinden. Wie lange der Betreffende in diesem Zustande verharrte, konnte er nicht sagen, aber dass der geschilderte Zustand plötzlich wieder zu weichen begann, der alpartige Krampf gab ihm seine Glieder ruckweise frei, so dass er auch seine Augenlider wieder öffnen konnte. Würde dieser Erzähler sich in seinem Bette wiedergefunden haben, so hätte gewiss eine Blutstockung oder ein sonstiges Unwohlsein vorgelegen. Im Gegenteil, nach Rückkehr seiner geistigen Regsamkeit fand sich der Unglückliche auf einem abgelegenen Boden des Hauses vor und eben im Begriffe, sich zu erhängen. Mit frostzitternden Händen befestigte er gerade einen vom Balken herunterhängenden Strick um seinen Hals.

Da sich dieser Mann dann später doch eines Nachts erhängte und keiner seiner Angehörigen einen triftigen Grund hierzu angeben konnte, kommt hier das Voraufgegangene besonders in Betracht. Der Mann hatte einen Feind, letzterer bekannt mit seiner eigenen Willenskraft, zwang seinen Nebenbuhler fest in Gedanken, dass er sich erhänge. Das erste Mal mag der — mit schwarzer Magie Bekannte — seinen Willen allmählich nachgelassen haben oder auch der Unglückliche, welcher nur mit einem Hemd bekleidet war, infolge der Kälte noch rechtzeitig erwacht sein, wenige Augenblicke hätte es allerdings nur noch bedurft, und der Betreffende hätte sich schon beim ersten Versuch erhängt.

In demselben Buch [1]) finde ich noch ein ähnliches Beispiel, und zwar in der Erzählung „Der Mörder wider Willen." Hiernach habe ein Landgerichtsrat Mühlberg seinen besten Freund und Schwager Dr. Paul in R. erschossen. Beide waren von Jugend auf Spielkameraden und dann Studiengenossen gewesen, und eine innige Freundschaft zwischen ihnen war allgemein bekannt. Nach der geschehenen Tat kam Mühlberg zunächst zur Beobachtung, und Ärzte bejahten und verneinten eine eventuelle Geistesgestörtheit. Nach langen Verhandlungen wurde der Täter endlich freigesprochen und alles war darüber erfreut, aber nur Mühlberg selbst nicht.

Es gibt für aufgeklärte Menschen eben nichts Beunruhigenderes als eine Tatsache, welche mit den Mitteln des menschlichen Verstandes scheinbar nicht zu ergründen ist, und welche sich dem Vermögen aller Forschungen entziehen. Als dann jemand auftauchte und die Sache mit Mühlberg aufklären wollte, wurde derselbe — horribile dictu — nicht geglaubt und angenommen, der so Ungeheures Vortragende leide an einer fixen Idee.

Wie mancher begeht auch heute noch unter Beeinflussung seiner Person irgendein Verbrechen, das Gesetz fällt mit seinen Krallen über den vermeintlichen Verbrecher her und bestraft ihn,

---

1) „Mysteriöse Geschichten" von Friedrich Thieme.

während der wirkliche Übeltäter sein Ansehen weiter genießt und weiter andere eventuell schädigt.

Solches sind Fälle aus der „schwarzen Magie", die aber auszuüben sich kein Schüler theosophischer Wissenschaft herbeilassen wird, da ihm das Karmagesetz mit feuriger Hand davor verwarnt.

Eine geeignete Belehrung für den Schüler über diese schwarze Magie, sowie über deren Folgen, konnte hier nicht ganz fortgelassen werden; denn die Kenntnis der Gedankenkonzentration würde sich nicht allein auf gute Werke erstrecken, sondern sich infolge von Beleidigungen, Unannehmlichkeiten seitens unsympathischer Menschen unter Umständen zu weit versteigen, dem hiermit ebenfalls vorgebeugt werden soll.

Wer diese Kraft kennen gelernt hat, wird sie auch anwenden, und der größte Nutzen für uns besteht darin, dass wir eben infolge solcher Kenntnisse gefeit sind gegen eine derartige Gedankenmacht, die uns im kenntnisarmen und negativen Zustande leicht übel mitzuspielen vermöchte.

Die ersten Versuche, die ein Schüler machen wird, werden wohl praktisch am eigenen Körper ausgeführt werden, und zwar in Bezug auf kleine Veränderungen, Verbesserung der eigenen Gesundheit und Stählung gegen Beeinflussungen aller Art. Gedankenkonzentration auf gewisse Körperteile bewirken physische Umwandlungen und Veränderungen je nach dem bestimmten Willen.

Der Arzt Johann Hunter sagt darüber, dass er dadurch ein bestimmtes Gefühl in irgendeinem Körperteil hervorrufe, indem er seine Aufmerksamkeit dorthin richte. Und Daniel Tuke gibt das Beispiel dafür an, dass eine Frau in Philadelphia, deren Brüste fast gar nicht entwickelt waren, ihre Aufmerksamkeit beständig für eine Stunde morgens und nachmittags 14 Wochen lang auf ihre linke Brust richtete. In dieser Zeit wurde die Brust 4½-mal so groß wie die rechte. Dann richtete sie ihre Aufmerksamkeit in gleicher Weise auf die rechte Brust, mit dem Resultate, dass diese in 9 Wochen gerade so groß wurde, wie es jetzt die linke war.

In den „Lichtstrahlen aus dem Talmud" [1]) von Rabbiner J.

---

1) Universal-Bibliothek.

Stern finde ich im 42. Kapitel folgenden Ausspruch:

„Bei einem armen Mann, dem seine Frau nach der Entbindung starb, soll es vorgekommen sein, dass er Milch in die Brust bekam, so dass er sein Kind selbst stillen konnte. Ein Rabbi sagte: Wie würdig muss dieser Mann gewesen sein, dass die Naturgesetze seinetwegen geändert wurden. — Nein, sagte ein anderer, weit würdiger wäre er gewesen, wenn die Naturgesetze um seinetwegen nicht geändert worden wären."

Was hier von Naturgesetz gesagt wird, kommt meines Erachtens nicht in Betracht, jeder Mann hat die Veranlagung mit zur Welt gebracht, milchhaltige Brüste zu tragen, und wenn es auch keine Mode ist, dass Männer Kinder nähren, so sagt mir mein Verstand, dass die Veranlagung hierzu beim Manne auch eine weit höhere Bedeutung haben wird, als über diesen Punkt nur mit Stillschweigen hinwegzugehen. Hat der erwähnte arme Mann sein Kind säugen können, so werden Wunsch und Gebet bei ihm voraufgegangen sein, und wer seine Gedanken mit dem Willen auf seine Brüste richten würde, dass diese wachsen, so kann der Betreffende das gleiche Resultat erzielen. Was z. B. natürlich ist und was nicht, wird uns kein Mensch bestimmt erklären können, und was der Fall bei dem einen Manne gewesen, kann auch bei jedem anderen Manne möglich sein.

Durch geeignete Gedankenkonzentration kann ich auch dieses erreichen, und es erscheint als eine ganz natürliche Tatsache, richte ich meine Gedanken längere Zeit auf diesen Körperteil, so wird ein stärkerer Blutzufluss dorthin gelenkt und ein Blutpartikelchen nach dem andern dort mehr abgesetzt werden und das Anwachsen der Brüste: „Wirklichkeit."

Bekannter dagegen ist der Fall, dass, wenn jemand verreisen will und derselbe am nächsten Morgen früh aufstehen muss, er auch rechtzeitig zu erwachen wünscht. Man gebe sich die Autosuggestion, um 4 Uhr morgens aufzustehen, und der Schlaf wird zu rechter Zeit unterbrochen.

Nach all' dem Vorgebrachten ist es von großer Wichtigkeit für uns, zu wissen und davon überzeugt zu sein, dass eine Lust, die im Gedankenleben auftaucht, auch zu Wort und Tat früher oder später werden muss, je nachdem diese Lust mehr oder weniger in gleiche Gedanken von uns genährt wird.

Aus diesem Grund will ich im nächsten Leben etwas Bestimmtes sein und werden, und darin meine jetzige Hoffnungsfreude und Lust zum Austrag gebracht haben. Diese im nächsten Leben eintretende Wirklichkeit wird allerdings entsprechend des Karma in ausgedehntester Weise freigegeben oder mehr oder weniger beschränkt.

Kann man seine Gedanken konzentrieren und auch kleine Erfolge aufweisen, wird es auch nicht mehr so schwierig sein, das Selbstdenken zeitweise ganz einzustellen, und damit den Geist in den passiven Zustand zu versetzen, in welchem er in Rapport mit dem höheren und inneren Wissen kommt. Man wird dann die Bekanntschaft mit einem ganz neuen Bewusstseinszustande machen, welches auch Überbewusstsein genannt werden könnte, worin unsere Seele eins ist mit dem All, und in welchem Zustand sie Kenntnis von überirdischen Dingen zu nehmen vermag. In dieser Verfassung erschließen sich dann der menschlichen Seele selbst die tiefsten Gedanken Gottes, sie tritt aus dem engen äußeren Ich in das innere unbegrenzte göttliche Wesen.

Zum Schluss des Briefes übergehend, sei noch gesagt, dass man auch recht gut theosophische Ansichten hegen und pflegen kann, ohne mit praktischem Okkultismus irgendwie direkt zu tun haben zu wollen. Indem ich diese Möglichkeit hier erwähne, so empfehle sie aber gerade nicht, denn das einseitige Anhängen würde wenig Zweck haben, es sehe einer sogenannten Scheinheiligkeit sehr ähnlich, oder als wenn Leute nur dem Namen nach Vegetarianer, Temperenzler, Tierschutzvereinler usw. sind.

Ein Tierschutzverein z. B., dessen Mitglieder der Jagd huldigen; die gegebenenfalls nicht den Mut haben, gegen eine Tierquälerei einzuschreiten, z. B. Katzen- und Spatzen-Schießen, Gänsenudeln, Vivisektion usw. erscheint meines Erachtens in dem Licht, wie ich eben beleuchtete.

Die Kenntnis der Theosophie bedingt sogar okkulte Fähigkeiten, und da die letzteren ungemein mannigfach und zum eigenen Wohle vorteilhaft angewandt werden können, wird jeder Schüler auch darauf aus sein, das wahre Verhältnis zwischen Okkultismus und okkulten Künsten kennen zu lernen.

Okkulte Wissenschaft begreift auch jene Künste in sich, welche auf der Wissenschaft von der Uressenz aller Dinge in den Naturreichen, wie Mineral-, Pflanzen- und Tierreich beruhen, und sich deshalb mit Dingen beschäftigen, die dem materiellen Teile der Natur angehören, mag die Essenz derselben noch so unsichtbar und bisher der modernen Wissenschaft entgangen sein. Alchemie, Astrologie, okkulte Physiologie, Chiromantie existieren in der Natur, und die exakten Wissenschaften, vielleicht so genannt, weil sie in diesem Zeitalter der paradoxen Philosophie als das Gegenteil erfunden wurden, haben schon eine ganze Anzahl von den Geheimnissen obiger Wissenschaften entdeckt.

Mag die heutige Naturforschung es sich auch zum Gesetze gemacht haben, keine Lehre zu dulden, die durch Erfahrung nicht erwiesen, noch als notwendig gefordert ist, und mit dem Gedanken und deren Kombinationen allein nicht auskommen, so geht dem einen oder anderen Anhänger dieser wissenschaftlichen Methode, die Tatsachen liefert (z. B. statistische Untersuchungsmethode) hin und wieder doch ein Licht auf und sieht den Schleier, womit die Natur unsere Sphäre begrenzte, auch nur als eine geographische Landgrenze an, die mit Leichtigkeit überschritten werden kann. — Es ist ein schöner Glaube, daran festzuhalten, dass dasjenige Land — wo man geboren — das beste der Welt sei, besser ist es aber, dieses nicht zu laut werden zu lassen, namentlich wenn man nicht weiß, wie es in anderen Ländern aussieht. Politische Tageszeitungen sind hier nicht maßgebend.

Was ich hier vorgetragen, das habe ich natürlich nicht alles aus mir selber geschöpft, sondern den Gedanken der Weisen und Edelsten der Menschen, der größten Denker und Dichter, entlehnt. Wer sich besser und weiser dünkt als alle diese, der mag über die vorgetragene Macht und Kraft menschlicher Gedanken spotten. Wer aber etwas bescheidener von sich selbst denkt, dem wird das Vorgetragene genügenden Stoff zum weiteren selbsteigenen Denken geben.

Ich habe in dieser Arbeit meine ganze Freude gefunden, noch dazu mir praktische Resultate zur Seite standen und ich von dem, was ich gesagt habe, überzeugt bin.

Theosophische und okkultistische Studien

in 12 Briefen

von

Ferdinand Schmidt

Brief 4
Über Karma.

Brief 4.
Über Karma.

> Wie aus der Ferne längst vergang'ner
> Zeiten Spricht dieses Mädchens Bild zu mir.
> Aus „Der fliegende Holunder" von Wagner.

Unter Karma versteht man jenes große Lebensgesetz, durch welches einem Menschen genau mit demselben Maß gemessen wird, mit dem er selbst gemessen hat.

Die Lehre von der Wiedervergeltung (Karma) ist kein leerer Wahn, wenn sie sich auch mit keinem religiösen Dogma, mit keinem Himmel und Hölle, oder sonstigen symbolistischen Schreckgespenstern zu befreunden vermag.

Geht es uns z. B. schlecht im Leben, so haben wir auch gar kein Recht darüber zu klagen; alles Gejammer, dass uns Glück versagt sei, nutzt nichts; schieben wir die Schuld hieran auf andere Menschen oder selbst auf Gott; so ändert das an der Sache ebenfalls nichts; an uns selbst liegt es immer, wollen wir vorwärts in der Welt.

Wer sich nun selber nicht zu täuschen pflegt, höre nach seiner inneren Stimme, der Stimme seines Gewissens, denn das Gewissen gibt uns eine Ahnung von Gottes Gerechtigkeit und selber ist es demnach eine Ahnung von Karma.

Der Begriff des Gewissens ist ein Problem, dessen Tiefe noch lange nicht annähernd ergründet ist, und das aus dem Reich des Sinnlichen hineinragt in jenes, das man übersinnlich nennt.

In Shakespeares „König Richard" sagt einer der beiden Mörder, die von Gloster gedungen sind, den Herzog von Clarence aus der Welt zu schaffen: „Ich will nichts zu tun haben damit; (mit dem Gewissen) es macht einen zum Feigling. Man kann nicht stehlen, ohne dass es einen anklagt; man kann nicht schwören, ohne dass es einen zum Stocken bringt; man kann nicht bei seines Nachbars Frau liegen, ohne dass es einen verrät. Es ist ein tölpelhafter, schamhafter Geist, der einen Aufruhr im Busen stiftet, und einem eine Menge Schwierigkeiten verschafft. Seinetwegen gab ich einst eine Börse mit Gold zurück, die ich zufällig fand; es macht Jeden, der es behält, zum Bettler, es wird aus allen Städten und Flecken vertrieben als ein gefährliches Ding, und Jeder, der gut zu leben gedenkt, sucht seiner zu entraten und auf sich selbst zu vertrauen". —

Wohl demjenigen, dem sich sein Gewissen jederzeit offenbart, ein günstiges Karma scheint ihm beschieden zu sein, gute Elemente aus der psychischen Ebene scheinen auf ihn einzuwirken, und jederzeit wird ihm diese Stimme den besten Rat erteilen können.

Wenn die Vergangenheit war, muss die Gegenwart entsprechend ihrer Vorgängerin sein, nutzlos ist es, den Tadel auf diesen oder jenen heute hier Lebenden zu richten. Es kann nie etwas Gutes aus dem Missbrauch dieser oder jener Klasse hervorgehen, da wir bei dem Elend, dem sozialen Unrecht ebenfalls eine gewisse Schuld am Blute unseres Bruders tragen und haben alle Teil an diesem gemeinsamen Übel. Der Bewohner einer engen Gasse und der Fürst, der Mann des Mittelstandes und der Edelmann, sie alle haben zusammengewirkt in der Vergangenheit zur Ansammlung eines Schlammes, der ihrer Unwissenheit, ihrer Unvernunft, ihren Vergehungen entstammt.

Karma hängt daher, und wie wir anerkennen müssen, eng mit der Reinkarnation zusammen; soll nun das Übel der Armut und des Elends beseitigt werden, so müssen alle Menschen dem Hass entsagen, weil wie Buddha sagte: „Hass wird niemals besiegt durch Hass, sondern weicht nur durch Liebe".

Sind wir in unserem Leben erst zu der Erkenntnis gekommen, dass wir im Vorleben jedenfalls nicht so gehandelt und gewandelt haben, wie es recht gewesen wäre, weil unser jetziges Leben manches zu wünschen übrig lässt und es in mancher Hinsicht noch weit besser hätte sein können, so werden wir unser Leben auch fernerhin so gestalten, dass wir möglichst allem Unfrieden aus dem Wege gehen und für jedwede gute Sache gemäß unseres inneren Ratgebers, dem Gewissen, eintreten. Dass eine Handreichung nach allen Seiten in dieser Beziehung nichts Leichtes ist, weiß ich wohl zu würdigen, aber indem wir diese Notwendigkeit kennen, werden wir möglichst hiernach handeln und hinzuwirken suchen.

Reinkarnation lehrt uns, dass Seelen, die sich wiederverkörpern wollen, zu derjenigen Umgebung hingezogen werden in die sie hineinpassen. Seelen, mit Neigung zur Lasterhaftigkeit, Bosheit oder Trägheit haben Männer und Frauen von ähnlich lasterhaftem Charakter zu Eltern, die die Materie ihres eigenen Körpers vergiftet und denselben aufnahmefähig gemacht haben für die Schwingungen einer lasterhaften Seele. Solche Eltern schaffen dann Bedingungen zur Inkarnation, von Seelen schlimmster Art, wenn diese eine körperliche Wohnung suchen. Die hohen Wesen, welche die Inkarnation leiten und die Wahl der Eltern treffen, heißen Lipika und sind als die Herren des Karma zu betrachten.

Da wird beispielsweise in dem Winkel eines verrufenen Stadtteils in einer Bettlerfamilie ein Kind geboren; niemand weiß woher die Seele kam; niemand kannte den Prinzen, Minister oder die hochstehende Persönlichkeit, den sie früher belebte. Auch das Kind hat von seiner Präexistenz keine Ahnung. Es lächelt freundlich, weil es noch die Nachklänge seines Daseins im Himmel fühlt, aber bald verwandelt sich seine Freude in bitteres Leid. Statt der Milch zum Aufbau seines Körpers erhält es Branntwein, wodurch sein Gehirn verkümmert wird; unter Schelten und Prügel wächst es auf und wird systematisch zum Betteln und Stehlen erzogen. Es kennt dann nicht den in ihm gekreuzigten Geist, es weiß von nichts als von seiner eigenen Tiernatur; die Befriedigung seines Hungers und seiner tierischen Leidenschaften sind sein höchstes Ideal. Ein solches Menschenkind lernt dann in der Schule nur das, was man wissen muss, um andere übervorteilen zu können, und in den Religionsstunden, was man scheinen muss, um zu betrügen. Zwar fehlt es ihm nicht an Moralpredigten, allein solches Kind besitzt Scharfsinn genug, um zu sehen, dass diese Leute selbst nicht an ihre Lehren glauben oder sie wenigstens nicht befolgen. Anstatt des Essens erhält es fromme Sprüche, die für ihn keinen Sinn haben; anstatt seine Talente zweckentsprechend zu verwenden, wirft man solchen Menschen hinaus. Auch appelliert die ganze Moralpredigerei nur an seine Furcht: „Wenn du dies oder das tust, so wird dir dies oder das zur Strafe geschehen!" und der Betreffende denkt sich dabei, dass es dagegen ein sehr probates Mittel gibt, nämlich sich nicht erwischen zu lassen. Nunmehr beginnt erst die richtige Verbrecherlaufbahn eines solchen Menschen; die Gesellschaft, zu der er ein vollgültiges Mitglied ist, welche ihn aber verdummte, schimpft dann voller Entrüstung über solch einen rohen Patron. Seine Seele leidet zwar schwer, jedoch die sogenannte Wissenschaft hat ihn soweit aufgeklärt und ihn glauben gemacht, dass der Mensch gar keine Seele habe, sondern nur eine verbesserte Auflage des Affengeschlechtes sei.

Ausgestoßen von der Gesellschaft, verfolgt von der Polizei, wird er ein Feind der ganzen Gesellschaft; er erblickt in den Wohlhabenden und den Begüterten seine Unterdrücker, und in den über ihm Stehenden seine Tyrannen. Strafen verhärten sein Gemüt und lernt dabei nichts als Rachegefühle.

Kommt er dann gelegentlich mit einem Leidensgefährten zusammen und erfährt einen Zug wahrer Menschlichkeit, so bewirkt eine solche Erfahrung in ihm eine größere Veränderung als alle Moralpredigten, Strafen und ev. sogenannte Besserungsanstalten, er erkennt einen Lichtblick seiner eigenen besseren Natur, der ihn zum Nachdenken bringt. Der magische Zauber des guten Beispiels hat ihm den Weg der Selbstbeherrschung gezeigt, er erkennt die Abscheulichkeit seiner Verbrechen, wird wieder Mensch im besseren Sinne und richtet sein Dasein auch fernerhin dementsprechend ein,

Wie wir sehen, muss jeder Mensch *selber* zur Einsicht kommen, dass seine Handlungen denen eines würdigen Menschen nicht entsprochen haben, um dadurch den Aufstieg zu einer erleuchteteren Stufe seines Daseins zu beginnen.

Der eigentliche Mensch ist ein Bewohner des Himmels und sein Reich die ganze Welt, die uns der gestirnte Horizont nur zum Teil veranschaulicht. Der irdische Mensch ist dagegen nur ein Bewohner des Planeten: Erde; sein Reich ist nichts weiter als eine Theaterrolle, die er in einem kurzem Erdenleben abspielt.

Wer keine weitergehenden Wünsche hat, als diese Zeit so angenehm wie möglich dahinfließen zu lassen, keine besonderen Ideale pflegt und Todesgedanken möglichst aus dem Weg geht, gleicht einem zahmen Wild, das im großen Tiergarten der Natur einförmig dahinlebt, bis auch seine Stunde zum Abschiednehmen geschlagen haben wird.

Eine derartige Zufriedenheit ist dem Stumpfsinn ungemein ähnlich und bei solchen Leuten — auch trotz einer zur Schau tragenden Schlauheit — eine unglaubliche Dummheit auf allen Gebieten wahrzunehmen.

Der Unsterblichkeitsgedanke ist aber bei allen Völkern zu finden, allerdings in verschiedenster Auslegung, — wenn auch durch eine Parenthese, deren Klammern Geburt und Tod heißen, scheinbar unterbrochen, — in Wirklichkeit aber immer wieder auftauchend und sich immer wieder geltend machen.

In diesem Sinne begreife ich mein Tun, indem ich in diesen Briefen derartigen Gedanken Ausdruck gebe, obgleich ich andererseits recht gut weiß, dass diese theosophische Anschauung und die Lehre der Wiederverkörperung nur zum Teil Anerkennung finden wird, aber weit mehr noch ein gewisses Staunen (Angaffen ohne Nachgedanken), spöttisches Lächeln, ja selbst heftigste Abwehr.

Es gibt verhältnismäßig nur wenig Menschen, die nach wahrer Freiheit verlangen und innere Kraft sammeln können, um alle Fesseln der Erziehung, Angewohnheit und der Unlust zum Selbstdenken abzustreifen. Gerade dieses Gebiet, Okkultismus und Theosophie, bietet dem nach Erkenntnis Suchenden so unendlich viel, das zur eigenen Förderung, Hebung des Selbstes usw. beizutragen vermag, aber weil schlechte Gewohnheiten, Liebhabereien aller Art abgestreift werden müssen, kann sich der kurz denkende Verstand der meisten Menschen mit diesem Wissen nicht recht befreunden.

Dagegen werden Hypnotismus beschreibende Lehrmittel besser gekauft, weil darin gelehrt wird, wie man Andere überflügeln und übervorteilen kann. Spiritistische Schriften sollen Verkehr mit verstorbenen Angehörigen anbahnen können, Skriptoskope sollen einen derartigen, schriftlichen Verkehr herstellen und was noch ersonnen werden mag, aber mit Theosophie haben diese Studien dann nichts gemein.

Man könnte durch Schauerromane, erdichtete, gruselige Mordgeschichten usw. mehr verdienen, weil dergleichen lieber gelesen wird. Doch wie gesagt, diese Briefe sollen ihren Zweck auch erfüllen, sie werden solche Leute finden, die hiernach irgendwie verlangt haben und damit diese wenigen durch das goldene Tor zur wahren Freiheit geleiten. Ich habe vor Jahren ebenfalls nach einer derartigen Erkenntnis gerungen und schließlich das gefunden, was ich suchte und was mit meinem Innern übereinstimmte. Dankbare Gedanken meinerseits fließen denen auch heute noch zu, die mir ihre Kenntnisse dieser Art uneigennützig zu teil werden ließen, denn mir sind dadurch Vorteile im Leben gegeben, woran ich sonst wohl nicht gedacht hätte. Ich will nur hier den einen Vorteil erwähnen, den ich sonst nur selten zu finden gewohnt bin, nämlich: Frieden am eigenen Familienherde. —

Alle Menschen haben das Bild der Wiederkehr von Geschlecht auf Geschlecht stets vor Augen, aber merkwürdig, den Gedanken wollen sie nicht aufnehmen, dass sie selber *keine Ausnahme* in diesem Kreislauf machen.

Sie verlangen zum Teil triftige Beweise für die Karmalehre, als ob man selber als Mensch dem Frager direkt sagen könne, er sei in seinem Vorleben das und das gewesen, habe Gutes oder Böses getan und wurde gemäß seines jetzigen Verhaltens im nächsten Leben da und da — das und das sein.

Allerdings gibt es für höher entwickelte Menschen die Möglichkeit sich ihres Vorlebens zu entsinnen, womit aber einem materiell denkenden Fragensteller keineswegs gedient sein würde.

Es gibt zwei Forderungen, welche Befriedigung erheischen, wenn eine Lehre genügen soll; die Forderungen des Gemütes und des Verstandes.

Fordert das erstere z. B. eine ausgleichende Gerechtigkeit in der Weltordnung, so ist dies als ein angeborenes Verlangen gewiss ebenso berechtigt, wenn nicht noch berechtigter, als die Forderung, dass alles Geschehen mit den von uns bisher beobachteten sogenannten Naturgesetzen in Einklang stehe.

Die Karmalehre genügt nun dem Gefühl, denn sie gibt die harmonische Auflösung aller schrillen Dissonanzen eines Einzeldaseins, sie genügt auch dem Intellekt bis zu den Grenzen des durch Erfahrung erreichbaren Wissens.

Ein volles Genügen freilich ist undenkbar, so lange wir eben Menschen sind und als solche vom Materialismus mehr oder weniger festgehalten werden.

Nehmen wir unseren Verstand zu Hilfe, so können wir uns recht gut sagen, dass wir, um unsere Unvollkommenheiten abzulegen, zum mindesten viele Menschenleben gebrauchen. Schon allein der Umstand, dass ein jeder Mensch in einem Leben nur einem Geschlechte, dem männlichen oder dem weiblichen, angehört, also in dem einen Lebenslaufe nur einige der spezifischen Erfahrungen dieses einen Geschlechtes machen kann, zeigt schon, wie beschränkt und unbefriedigend alles sittlich-geistige Streben nach Vollendung für denjenigen sein muss, der dieses Streben auf sein einmaliges Erdenleben beschränkt wähnt.

Für mich wäre es schrecklich, wenn mit meinem Tode auch mein ganzes Sinnen und Trachten, Wollen und Wünschen nach einer Höherentwicklung begraben werden sollte. Das habe ich aber schon lange gewusst, geahnt und gefühlt, dass eine höhere Entfaltung des Menschengeistes hier auf Erden möglich ist, ohne dieselbe unsere Seele überhaupt nicht das volle Maß ihrer normalen Entwicklung erreichen kann. Ich sagte mir immer, das — was andere Menschen können und wissen, — dürfte ich ebenfalls erreichen, und da ich fest glaube, dass alle Dinge hier auf Erden möglich sind, habe ich mir auch von keinem Menschen meinen Mut nehmen lassen und weiter studiert, geforscht und diese einschlägigen Kenntnisse zu erwerben gesucht.

Wenn ich heute daran zurückdenke, nämlich an diejenigen Personen, welche mir vor langen Jahren ihre weisen Ratschläge aufdrängten, so freue mich auch heute noch, mehr auf meine innere Stimme gehört zu haben als auf jene Stimmen, die heute mit ihrer Weisheit zu Ende gekommen sind, weil sie das nicht begreifen wollten, was ich meinerseits für das Richtigste schon früher gehalten habe. Mögen die hier Erwähnten nun auch noch so oft zur Kirche gehen, ich weiß ganz genau, dass sie just so gedankenarm wieder aus der Kirche kommen, wie sie dort hineingelaufen sind. Würden sie theosophischen Kenntnissen oder Ansichten huldigen, wäre ihnen manches in der Kirche verständlicher, schöner, interessanter und ihnen ein einziger Kirchgang vorteilhafter, als der ganze gewohnheitsmäßige Kirchenbesuch.

Wenn alles bewusste Leben bei einem Menschen erloschen ist, wenn alle Schwingungen der aufgegebenen Persönlichkeit verklungen sind, von allem Bewusstseinsinhalt nichts mehr, sondern nur die Fähigkeit verblieben ist, in höherem Maße neue Kräfte zu entwickeln, dann treibt das Karma oder was das gleiche ist, der Daseinsdurst der individuellen Seele diese zu neuer Verkörperung. Eine bewusste Auswahl in unserem Sinne der sich dann neu bietenden Formen kann nicht stattfinden, wohl aber ein unbewusstes Reagieren auf diejenige, welche genau der erreichten Entwicklungsstufe entspricht. Aber auf immer höherer Stufe stehen die Formen der Verkörperung, denn die äußere Formentwicklung von der Monere bis zum höchst entwickeltsten Organismus geht Hand in Hand mit der Kraftsteigerung der in ihnen sich darstellenden Wesenheiten. Ob sie dann mit der Gestalt des Menschen abschließt?

In uralten Texten indischer Weisheit ist das wiedergefunden, was nicht nur unsere Denker und Dichter uns immer wieder mahnend zurufen, sondern was uns jedes fallende Laub, jede Raupe und Schmetterling, jeder Blick in die uns umgebende Natur lehrt.

Nicht einmal während der Dauer einer Sekunde ruhen die bildenden und zerstörenden Kräfte im Weltall und in unendlichen Qualen des Entstehens und Vergehens winden sich unzählige Wesen. Aus all diesem Wogen der Entwicklung aber entsteht die Erkenntnis von dem Leide dieser daseinsdurstigen Welt und ein Verlangen nach höherer Erkenntnis. Ist diese Bahn aber erst einmal betreten, dann folgen den Pionieren ganze Scharen Erkenntnis verlangender Menschen nach und ein sogenanntes goldenes Zeitalter beginnt damit einzutreten.

Die Menschen werden dann die geistige Höhe der Atlantiner erreichen und zu erhalten suchen, und wenn sie sich dann für eine höhere Welt im großen Sternenmeer am Himmel entwickelt haben werden, so wird der von uns bewohnte Planet nur eine jeweilige Station für so und so viele Verkörperungen unserer Seele gewesen sein und zwar auf unserer großen Weltreise von Gott zu Gott.

Unsere jetzige Kultur hat sich durch verkehrte Anschauungen, in leider alle Interessenten theosophischer Ideale und Ziele mitleben müssen, auf eine unhaltbare Höhe erhoben. So wird es auch keineswegs bleiben; und was nützt es, wenn Menschenführer betonen, dass sich das Gute belohne und das Böse bestrafe, und *handeln selber nicht darnach?*

Außerhalb dieser Komödie des Menschen im irdischen Dasein gibt es keine willkürliche Bestrafung oder Belohnung, wie vielfach weiß gemacht zu werden pflegt, sondern es gibt nur die bestimmten Folgen bestimmter Ursachen, wodurch wieder neue Ursachen geschaffen werden, die zu den unendlichen Verwickelungen des Schicksals den Anlass geben, aus denen das Karma des Menschen besteht. Dies ist ganz allein das Gesetz des Geistes in der Natur, dass alles wieder aus der Vielheit zur Einheit zurückgeführt wird, und hierzu bedarf es der nur durch die Überwindung selbstgeschaffener Missklänge ermöglichten Wiederherstellung einer Weltharmonie.

Aus Anni Besants „Uralte Weisheit" entnehme ich kurz das Nachfolgende und mit Interesse für meine dargelegte Anschauung in der Karmalehre:

„Die Elemente gelangen in den menschlichen Körper hinein, wobei je nach der Natur des „Betreffenden das Eine oder Andere vorwiegt, so steht jedes menschliche Wesen mit diesen Elementarwesen in Beziehung, wobei diejenigen sich ihm am freundlichsten erweisen, deren Element in ihm vorwiegend vertreten ist. Die Konsequenzen dieses Umstandes werden oft beobachtet und gewöhnlich einem besonderen „Glück" zugeschrieben. Jemand hat eine „glückliche Hand" Pflanzen zum Wachstum zu bringen, Feuer anzumachen, unterirdisches Wasser zu finden usw.

„Die Natur drängt uns beständig ihre okkulten Kräfte auf, aber wir merken es nicht."

Wenn man dieses erst weiß und die Blindheit der Menschen im Allgemeinen deutlich wahrzunehmen vermag, so sieht man anerkennend ein, „gegen die Dummheit kämpfen Götter selbst vergebens."

In einem der Upanishaden steht geschrieben:

„Der Mensch ist ein Geschöpf des Nachdenkens; das, worüber er im Leben nachdenkt, wird er im nächsten Leben selbst."

Wer z. B. sich keine Vorstellung von der Macht der Gedanken und ebenso in Bezug seiner Zukunftswünsche machen kann, bei dem zeigt sich das Karma gemäß seiner geistigen Gebilde wie folgt. Ein solcher Mensch formt in seinem Leben eine unzählige Menge geistiger Bilder: einige sind fest und klar, verstärkt durch stetig wiederholte geistige Eindrücke, andere sind schwach, unbestimmt, so schnell vergessen wie gebildet; im Tode findet sich dann die Seele von Tausenden solcher geistigen Gebilde umringt, welche sowohl durch ihr Wesen, als auch durch ihre mehr oder weniger klare Erkennbarkeit sich voneinander unterscheiden. Einige sind geistiges Streben, Sehnsucht nach dienender Liebe, Suchen nach Erkenntnis und Gelübde für ein höheres Leben; andere sind rein verstandesmäßig, Gedankenperlen, Herbergen der Ergebnisse tiefen Studiums; wieder andere sind bewegt, leidenschaftlich Liebe, Mitleid, Zartheit, Frömmigkeit oder auch Ärger, Ehrgeiz Zorn, Stolz, Gier atmend; andere leiblicher, durch ungebändigte Begierde gereizter Hunger, Gedanken der Gefräßigkeit, Trunkenheit, Sinnlichkeit. Das Bewusstsein jeder Seele ist mit solchen geistigen Gebilden, dem Ertrage eines geistigen Lebens, bevölkert; nicht ein Gedanke, sei er auch noch so flüchtig gewesen, fehlt in diesem Reigen. Jede Seele schleppt alle diese geistigen Gebilde mit sich und durch die Todespforte in die astrale Welt hinein.

Der Ort der Begierden (Kama-Loka) hat viele Plätze, und die Seele findet sich gleich nach dem Tode mit ihrem vollständigen Begierdenleibe (Kama-Rupa) belastet; alle durch die leidenschaftliche Menschenseele (Kama-Manas) geformten geistigen Gebilde, welche schwerer und tierischer Art sind, üben ihre Macht auf den niedrigsten Ebenen dieser astralen Welt aus. Eine enthüllte Seele ärmlichen Charakters wird nun auf diesen Gebilden fußen und sie ausüben und sich so vorbereiten, dass sie dieselben leiblich in ihrem nächstfolgenden Erdenleben wiederholt. Ein Mensch, welcher sinnlichen Gedanken nachgehangen und derartige geistige Gebilde geschaffen hat, wird nicht nur zu irdischen, sinnlichen Begierden vollen Szenen hingezogen werden, sondern wird sie auch durch fortwährende gedächtnismäßige Wiederholung zu immer stärkeren Trieben und zu künftiger Begehung ähnlicher Sünden geeigneter machen. Ebenso geht es mit anderen geistigen Gebilden, welche anderen Ebenen des Kama-Loka angehören und deren Stoff durch die Begierdennatur unterstützt wird. Erhebt sich dagegen die Seele von den niederen Ebenen zu den höheren, so verlieren die geistigen Gebilde, welche aus den Stoffen der niederen Ebenen erbaut sind, diese Elemente und werden dadurch im Bewusstsein „latent."

Die Gewandungen des Begierdenleibes werden nach und nach abgeworfen und in abgemessenen Zeiträumen entwickelt sich unser „Ich" dann immer mehr aufwärts. Von Kama-Loka schreitet die Seele nach Devachan, wo sie ihre besseren Bestrebungen wiederfindet und aus welcher sie sich für ihr künftiges Leben machtvolle Beziehungen aufbaut.

Alle geistigen Gebilde werden durch das Gedächtnis als Erfahrungen aufgespeichert, welche die Seele auf ihrer Lebensreise gemacht hat und entnimmt durch sorgsames Nachdenken ihren Erfahrungen die nötige Belehrung.

Alle Kenntnisse und Erfahrungen bringt die Seele wieder mit zur Welt, jedoch nur als Veranlagung und kann sich im Übrigen im irdischen Körper ihres Vorlebens nicht entsinnen. Auch dieses Letztere ist eine wohlweise Einrichtung unseres gewaltigen Schöpfers, den wir, je höher wir uns entwickeln, immer besser in seinen Werken erkennen. Es müsste ja ein schreckliches Dasein aller Menschen hier auf Erden sein, wüssten sie, was sie für ein Leben in ihrem früheren Sein geführt hätten und was sie dort säeten. War jene Aussaat nun nichts Gutes, so wird eine bevorstehende uns aussichtslose Ernte unsere ganze Hoffnung begraben müssen, welche Macht und Eigenschaft somit manchem Menschen noch als Halt gedient hätte. Derjenige, der z. B. Mord und Totschlag begangen, käme gar nicht zur Ruhe, denn jeder Tag könnte ihm die Vergeltung bringen, der er seinem Karma nach unterliegen muss; ein Mädchen, im Vorleben entgegengesetzten

Geschlechts und als solcher manche Frau verführt habend, müsste das gleiche Schicksal am eigenen Leib voraussehen, womit es s. Zt. gefehlt und das Vertrauen anderer betrogen. Es ist daher besser, wenn wir unsere Präexistenz nicht kennen, denn würden wir unsere Vorleben überblicken können, so wüssten wir auch, was uns bevorstände, ist es was Gutes, so ginge damit der Reiz des Angenehmen verloren, und ist es was Schlechtes, so müssten wir tagtäglich in Angst und Schrecken leben, bis überhaupt das bestimmte Leid eintreten würde.

Wie ich vorhin sagte, bringen wir bei jeder Verkörperung unserer Seele hier auf Erden alle früher erworbenen Kenntnisse als *„Veranlagung"* wieder mit zur Welt. Als mein Sohn als 3 bis 4-jähriger Junge einst mit seinen Bleisoldaten spielte, sie aufbaute und sagte: „So, dieser hier schließt nun die anderen alle tot, bum — bum" usw., da kam mir der Gedanke, woher weiß der Bengel überhaupt etwas von „Totschießen", ein wirkliches Gewehr hatte er ebenfalls nie gesehen und dergl. mehr. Solch' kleine Tatsachen sagten mir, dass das Kind auf mancherlei Art bezeugen kann, dass es bereits eine Kenntnis aus seinem Vorleben wiederzugeben vermag, ohne selber ein bewusstes Wissen bezeugen zu können.

Das Kind eines Schlachtermeisters in Braunschweig konnte die Zeitung lesen, worüber sich die Amme oder die Großmutter entsetzt haben soll; Gelehrte sahen es als Vererbung an, während es als besondere Veranlagung anzusehen ist, was mehr oder weniger in jedweder Form vorkommen kann. Der fünfjährige Schachmeister Dolo Falk, Galizien, konnte bereits im Alter von 4 Jahren alle Regeln des Schachspiels. Ganz gewöhnliche Leute, Arbeiter, haben mitunter Kinder mit großer Anlage zur Musik, ohne dass die Eltern derselben kein Instrument spielen und noch weniger eine Note kennen.

Derartige Fälle werden jetzt wohl zu verstehen sein, daher weiter.

Es wird gewiss auch interessieren etwas über die Bestimmung des Geschlechtes bei der Wiederverkörperung zu erfahren. Eine Trennung des Geschlechts, die wir bei den Menschen, wie überhaupt im Tier- und Pflanzenreiche wahrnehmen, wird im

Allgemeinen nur für ein Verfahren der Natur zur Erhaltung der Art angesehen. Die menschliche Seele oder das höhere Ich, welches sich verkörpert, ist an sich geschlechtslos, da aber die den Zyklus der Notwendigkeit durchwandernde Seele durch Verkörperung in diese menschlich-tierischen Formen herabsteigt, um diese Ebene bewusst zu gewinnen, auf der die zweifache Wirkung des einen Lebens, die Entwicklung in aktiver Tätigkeit ist, so muss sie notwendig in Körper einkehren, in denen das eine Mal die negative Äußerung dieses einen Lebens, das andere Mal die positive Äußerung desselben überwiegt.

Obwohl also selbst geschlechtslos, verkörpert sich unsere Seele das eine Mal in einer Reihe männlicher, das andere Mal in einer Reihe weiblicher Körper, entsprechend ihren notwendig abwechselnden Bestrebungen, bewusstes Gleichgewicht auf der molekularen Ebene herzustellen. Sie kann niemals alle Möglichkeiten des Lebens oder Bewusstseins hier kennen lernen, ohne die beiden Pole zu berühren, — ohne die beiden Seiten des *einen Lebens* hier zu erproben.

Von diesem höheren Gesichtspunkt aus betrachtet, löst sich uns das Geschlechtsproblem verständlich genug. Das eine Mal in einem männlichen, das andere Mal in einem weiblichen Körper sich wiederverkörpernd, erweitert die menschliche Seele symmetrisch das Gebiet ihres Bewusstseins und speichert die Ergebnisse dieser Erfahrungen an beiden Polen des Lebens auf ihrer eigenen stabilen Ebene auf.

Durch eine solche Erkenntnis des wahren Verhältnisses zwischen unserer Seele und unserem Körper und durch die Lehre, dass die Seele in ihrer eigenen Wohnung geschlechts- und leidenschaftslos ist, liefert uns demnach die Theosophie nur einen anderen Gesichtspunkt, von dem aus wir eine breitere und philosophischere Anschauung des menschlichen Lebens, seiner Pflichten, Verantwortlichkeiten und Gelegenheiten gewinnen. Die Erkenntnis des Karma- oder Kausalgesetzes, dass uns die weitere Erkenntnis der Tatsache aufnötigt, dass sich die menschliche Seele notwendig nach diesem Gesetz reinkarnieren muss, wird das Verhältnis der beiden Geschlechter in den reinen und heiligen Zustand zurückführen, aus dem es durch Unwissenheit herabgewürdigt worden ist.

Indem wohl heute die meisten Menschen nach Vollkommenheit streben, obgleich ihr Idealismus ein zersplitterter ist, so erkennen wir jenes Streben gern an, sehen darin aber nur das eifrige Suchen nach einer wahren Erkenntnis und das Reifwerden Einzelner nach und nach für reine Theosophie, ohne den Beigeschmack irgendeines Religionssystems. Im irdischen Leben gibt es keine absolute Vollkommenheit, und weil Vollkommenheit nichts mehr und nichts weniger als Stillstand bedeutet, so wäre eine solche auch keineswegs wünschenswert, noch dazu wir genügend gelernt haben, das Stillstand — Rückgang ist und unser Lauf sich dadurch nur allmählich wieder abwärts richten würde.

Aus diesem Grund dürfen wir unser Ziel auf einer höheren Ebene zu suchen haben und nicht hier auf der Erde. Wünscht z. B. der gottesfürchtige Jude dereinst bei seinen Vätern versammelt zu werden und der wahre Christ in seinen Himmel zu gelangen, so weichen unsere idealen Wünsche insofern ab, dass wir auf der großen Bahn unserer Evolution eine Stufe der Erkenntnis nach der andern zu erreichen haben, und an Erfahrungen reich, durch Selbsterkenntnis geläutert und rein zu Dem zurückzukehren, Der uns zu diesem Zweck in irdische Regionen wiederum ausgesandt hat und uns in neue schönere Regionen wiederum aussenden wird, um dort mit Macht und Kraft selber zu schaffen und zu zerstören.

Schaut mein geistiges Auge in jene Ideale hinein, so verkenne damit aber keineswegs, dass ich selber noch ein Gast hier auf Erden bin und damit zu rechnen habe. Uhland sagt diesbezüglich:

„Du kamst, du gingst mit leiser Spur,
Ein flücht'ger Gast im Erdenland;
Woher? wohin? wir wissen nur:
Aus Gottes Hand in Gottes Hand."

Uralte und moderne Sprüche gleichen sich mannigfach, jedoch wird der höhere Sinn meistenteils außer Acht gelassen und immer an das Materielle gleich gedacht, wodurch das darin enthaltene Schöne durch dokumentierte Gier und Selbstsucht gleich entfärbt zu werden pflegt.

Wer kennt nicht den Spruch? „Jeder ist seines Glückes Schmied!" — und sehe sich einmal die Glücklichen an, die ein armer Mensch als glücklich preist und diejenigen, die ein reicher Mensch für glücklich hält. Weist unser Planet ein „wahres Glücklichsein" nicht auf, so dürfen wir aber getrost eine Annäherung versuchen und damit zum Wenigsten das Gute gewollt haben.

Hat jemand hundert Erdenleben damit ausgefüllt, hier Allotria zu treiben, dann hat ein solcher Mensch auch gar kein Recht sich zu beklagen, dass er nur die Früchte einer materiellen Zone genießen könne.

„Steh auf! — Erwache! — und steh nicht still, bis das Ziel erreicht ist", (Katha Upa I. III. IV.), kann man diesem nur zurufen und immer wiederholen. —

Nach dem Voraufgegangenen wie auch nach der Wissenschaft der Magier: ist der Mensch einzig und allein der Schöpfer und der Richter seines Geschickes. Er kann bekanntlich frei und ganz nach eigenem Ermessen handeln und wirken im Umkreise seines Verhängnisses, ebenso wie ein Reisender auf der Eisenbahn oder auf dem Dampfschiff sich frei nach Belieben bewegen kann in seinem Coupé oder in seiner Kabine. So wenig wie der Zugführer oder der Schiffskapitän verantwortlich sind für das Treiben der Reisenden, die sie vorwärts führen, so wenig ist auch Gott mitschuldig an den etwaigen Vergehungen und Verbrechen der Menschen.

Geht es uns also im gegenwärtigen Leben nicht so, wie es wohl gehen sollte und müssen wir sehen, dass es anderen Leuten bei ihren Unternehmungen glückt, während es bei uns missglückte, so dürfen wir Gott nicht als Schuldigen halten, sondern in uns gehen, ihn um Beistand bitten und fortan unser Leben gottwohlgefälliger einrichten, und so wie wir uns schon auf dem Wege einer Besserung befinden, wird es um uns und mit uns bald besser werden.

Berücksichtigen wir den 1. Satz dieses Briefes, so sei hier dasselbe mit anderen Worten wiederholt, indem der unsterbliche Geist eines Menschen in jeder Existenz diejenigen Fehler büßt, welche er in einer früheren begangen hat. Wir erzeugen unser zukünftiges Geschick also während unseres jetzigen Erdenlebens!

Beim Tode des materiellen Körpers oder bei dessen Entseelung begibt sich die Seele aus einem niederen in einen höheren

Zustand, sie evolviert; und im Gegensatz hierzu geht die Seele bei ihrer Reinkarnation in einen niederen Zustand über, sie involviert.

Während dieser Reihe von Evolutionen und Involutionen verfolgt das physische, astrale und psychische Universum seinen Lauf vorwärts in Zeit und Raum derart, dass dieses Aufeinanderfolgen von Auf- und Absteigen, das die Seele durchmacht, nur für sie bemerkbar und ohne Rückwirkung auf den allgemeinen Fortschritt des Universums bleiben.

Dieses zeigt auch das Beispiel eines Dampfers (Universum), welcher seine Fahrtrichtung fortsetzt, ohne Notiz zu nehmen von dem Auf- und Absteigen der Passagiere nach der Brücke hinauf und nach den verschiedenen Abteilungen von Kabinen hinunter, die in dem Schiff eingerichtet sind. Die Freiheit der Reisenden ist eine vollkommene, obgleich dem Weiterdampfen des Schiffes natürlich unterworfen.

Während einer Reihe von Evolutionen (Tod) und Involutionen (Geburt), welchen unsere unsterbliche Seele unterliegt, durchschreitet das Menschenwesen verschiedene soziale Klassen, je nach seinem Verhalten in früheren Existenzen.

Zwischen den einzelnen Wiederverkörperungen genießt nun die unsterbliche Seele denjenigen Grad von Glückseligkeit, welcher dem Ideal entspricht, das sie sich während ihres letzten Menschseins geschaffen hat.

Die Zeit dieser Glücksperiode hängt von dem Ideale ab und dem Wunsche, wiederverkörpert zu werden. Tritt das letztere ein, so wird das Karma der Betreffenden gleichzeitig mit zur Geltung kommen und zwar z. B. ein Herrscher im Vorleben, welcher seine Gewalt missbrauchte oder eine reiche Persönlichkeit, welche von dem zur Verfügung gehabten Reichtum einen schlechten Gebrauch machte, reinkarnieren sich in einen Körper von Menschen, welche beinahe während ihres ganzen Lebens mit niedrigem Geschick zu kämpfen haben.

Ein solches Missgeschick kommt also keineswegs von Gott, es kommt vielmehr von dem Gebrauch, den die unsterbliche Seele von ihrem Willen in den vorhergegangenen irdischen Existenzen gemacht hat. Während dieser Inkarnation aber wird die Seele im Stande sein, durch Geduld in ihren Prüfungen und durch Ausdauer im Kampf die verlorene Position wenigstens zum Teil, wiederzugewinnen. Der Fortschritt besteht demnach für das Allgemeine, und infolgedessen auch mittelbar für jedes Sonderwesen.

Jeder Mensch ist demnach fähig, innerhalb seiner sozialen Stellung in dieser Beziehung auf- oder niederzusteigen, bewusst oder unbewusst. Geschieht dieser Auf- und Abstieg unbewusst, so herrscht selbstverständlich bei solchen Menschen eine materialistische Anschauung vor, die ihresgleichen höchstens als ein physisches Wesen mit einem unerklärlichen Etwas, ebenfalls Seele benannt, bezeichnen und sich bezüglich ihres Lebens aber häufiger wünschen: „Einmal und nicht wieder!"

Haben diese recht und schlecht gelebt, so tritt ihre Wiederverkörperung erst nach langen Zeiträumen ein. Als Beispiel nehme die römischen Stierkämpfer an, dieselben interessierten sich für körperliche Muskelkräfte und Schaukämpfe. Heute gibt es solche Kraftmenschen auch und diese fühlen sich besonders zu öffentlichen Schaukämpfen und Preiskämpfen hingezogen, weshalb ein derartiger Rückschluss bei solchen Menschen mit einseitig beschränktem Ideal wohl angeführt werden dürfte.

Anders verhält es sich bei theosophischer Anschauung; hier wird bewusst vorwärts geschritten und wir wissen: was der Mensch denkt, das wird er, und wie er in seinem Herzen denkt, so ist er.

Geheimwissenschaften und alle Religionen haben den einen Berührungspunkt gemein, dass sie eine Fortdauer des Lebens nach dem körperlichen Tod des Menschen als oberstes Prinzip aufstellen.

Was eine Religion zum Glaubenssatze erhebt, ist bei einem Okkultisten ein Wissenszweig. Nicht aus philosophischen Schlussfolgerungen oder religiösen Offenbarungen stützt letzterer seine Überzeugung, nein, vielmehr aus genauen Definitionen des Menschen, welche die Grenzen der philosophischen Forschungen weit überschreiten. Aus diesem Grund könnte eine denkfähige Bevölkerung keinen besseren und aufrichtigeren Freund besitzen, als einen wahren Okkultisten.

In meinem Zimmer habe eine verblasste Karte hängen, die ich bereits vor Jahren einmal irgendwo abgezeichnet habe, welche ich hier in etwas erweiterter Form wiedergeben werde; sie enthält zu dem Vorhergesagten veranschaulichende Beispiele. [1])

Hieraus ist uns die Wirklichkeit des Erdenlebens ersichtlich und zwar so, als könne uns als Mensch hier unten ein ewiger Himmel nicht beschieden sein. Es gibt hier auf Erden aber nichts, was nicht möglich gemacht werden könnte und es liegt wieder an uns selber, unser Dasein für die Zukunft wenigstens aufzubessern, da unsere Leben fortlaufend und aneinander gekettet sind, so ist auch der Reinigungs- und Entwicklungs-Prozess unseres Ichs fortlaufend und muss durch viele aufeinanderfolgende Erdenleben hindurch weitergeführt werden. Wir befinden uns somit in der Entwicklung, sollen erkenntnisreicher und erfahrener werden und können jedes Mal nach Ablauf eines Erdendaseins mit höchsten Idealen die astrale Welt passieren und in die göttliche Welt, dem sogenannten Himmel, zurückkehren, bis wir für eine höher entwickelte physische Welt in dem ungeheuer großen Weltenraume reif geworden sein werden.

Wie aus der voraufgeführten Tafel ersichtlich, befindet sich zwischen der Elementarwelt und der göttlichen Welt die Astralwelt. Letztere auch Kamaloka genannt, ist kein sehr empfehlenswerter Aufenthalt für uns, aber nicht zu umgehen.

Indem ich schon die Fragen zu hören vermeine: „Was ist denn das eigentlich, die Astralwelt?", so will ich auch dieses erklären.

Die astrale Welt ist eine bestimmte Region des Universums (Weltall), welche die physische (Elementarwelt) umgibt und durchdringt, da sie aber aus einer anderen Materie besteht, ist sie für unser gewöhnliches Wahrnehmungsvermögen nicht fassbar. Und zwar deshalb, weil unsere physische Materie aus 7 Aggregatzuständen besteht, nämlich aus der festen, flüssigen, gasförmigen und 4 ätherischen, wovon eine immer feiner als die vorige ist, wie fein muss demnach die Materie der Astralwelt wieder sein?

---

1) Siehe beigeheftete Karte

Alle physischen Atome haben ihre astralen Umhüllungen, weshalb die astrale Materie auch sozusagen die Hohlform der physischen bildet und ausmacht und da ein Schüler das astrale Sehen in sich noch nicht entwickelt haben kann, so ist es nötig, die relative Wirklichkeit der astralen Welt anzunehmen und sie mit dem Auge der geistigen Vorstellung zu betrachten.

In unserem physischen Leben gibt es ja auch viele Dinge, die wir nicht sehen, sondern erst mittelst Apparaten, dem Mikroskop, dem Spektroskop etc. beobachten können; so ungefähr verhält es sich auch mit der Astralebene.

Einen Astralkörper besitzen wir alle, auch arbeiten wir fortwährend durch ihn, aber nicht in ihm, getrennt vom physischen Körper. Wir bekommen z. B. Eindrücke von irgendwas, dieses sind aber Empfindungen im Astralkörper und werden dann erst oder dadurch vom Verstande wahrgenommen. Der Astralkörper ist speziell empfänglich für Eindrücke von Gedanken, weil die Astral-Materie rascher, als die physische, auf jeden Anstoß auf dem Gebiet des Denkvermögens reagiert. Verfeinern wir unseren physischen Körper, so geschieht dasselbe auch mit unserem Astralkörper, der ebenfalls aus 7 Aggregatzuständen zusammengesetzt ist, allerdings aus Astralmaterie.

Haben wir unseren physischen Körper abgeworfen oder vielmehr durch den Tod verloren, so hebt sich ein zartes leuchtendes Abbild desselben von ihm ab und tritt in die Astralwelt über. Haben wir niedrige, tierische Gesinnungen gehegt, so wird unser Astralkörper viel von der gröbsten und dichtesten Art der Astralmaterie besitzen, und somit auf der niedrigsten Stufe von Kamaloka zurückgehalten werden. Solange bis diese Schale sich hier aufgelöst hat, müssen wir in dieser Region der astralen Welt gefangen bleiben und ist dann die äußerste Schale soweit zerfallen, um ein Entfliehen zu gestatten, gehen wir damit zur nächsten Stufe der Astralwelt über usw., bis es uns nach und nach möglich sein wird, die göttliche Sphäre zu erreichen. Kamaloka gilt als die Region des Aufenthalts eines jeden Gestorbenen zunächst nach seinem Tode, allerdings wird der bessere Mensch während seines Durchgangs durch diese Ebene friedvoll schlafen und keine der unangenehmen Begleiterscheinungen empfinden.

Im Matth. V. 26 heißt es; „Wahrlich, du wirst nicht von dannen herauskommen, bis du auch den letzten Heller bezahltest."

Ein guter Mensch wird von einem Durchgehen durch Kamaloka somit nichts verspüren, da sein Bewusstsein aufgehört hat, durch solcher Art Materie Ausdruck zu suchen, und so wird es auch in der astralen Welt keine Berührungspunkte finden.

Geht der Mensch aus Kamaloka nach Devachan hinüber, so hat er seine Astralmaterie abgestreift und damit seine Neigungen und weltlichen Wünsche auf dieser Ebene zurückgelassen, sie bleiben latent, bis eine Wiederverkörperung erfolgen wird.

Es ist möglich, dass wir unseren Astralkörper schon jetzt von unserem physischen Körper zeitweilig trennen können. Wir verlassen z. B. unseren physischen Körper und besuchen einen entfernt wohnenden Freund; ist derselbe hellsehend, so kann er unseren Astralkörper erblicken, andernfalls können wir unser Vehikel, wenn ich mich einmal so jetzt ausdrücken will, dadurch leicht verdichten, dass wir aus der Atmosphäre Teilchen physischer Materie heranziehen und uns so genügend materialisieren, dass uns unser Freund mit physischen Augen erblicken kann.

Man redet mitunter auch von Seelenaustausch und versteht darunter, dass zwei Bekannte sich für ein- und dieselbe Sache so interessieren, dass sie darin aufzugehen scheinen. Es wird aber auch ein Seelenaustausch in Wirklichkeit möglich sein und zwar insofern, dass zwei auch entfernt wohnende Bekannte auf obige Weise ihren physischen Körper verlassen und dann jeder Besitz von dem Körper des anderen nehmen kann.

Mir ist ein Beispiel bekannt und ich hätte große Lust, dieses Experiment gleichfalls einmal zu probieren, was bislang allerdings immer daran scheiterte, dass mir diese gleichgesinnte und auch hierzu befähigte Persönlichkeit leider nicht zur Verfügung stand.

Betreffs der Möglichkeit erwähne ich hier noch, dass es häufig vorgekommen ist, wenn eine Person gerade den physischen Körper beim Tod abgeworfen hat und vorher den starken Wunsch hegte, noch einmal zu Jemanden hinzugelangen, auch bei demselben erschienen und wieder verschwunden ist.

Jeder Schüler lasse es sich gesagt sein, dass unser Erdenleben nur den kleinsten Teil menschlicher Wirksamkeit einnimmt, es ist also das gerade Gegenteil von dem, was allgemein angenommen wird.

Dr. med. Gerard Encausse „Papus" (Paris) erklärte die Astralwelt ungefähr folgendermaßen: Man denke sich einen Bildhauer, der die Idee gefasst hat, eine Statuette zu machen, wozu er, um diese Idee zu verwirklichen, Stoff gebraucht, z. B. etwas Ton. Dann könnte das Formen beginnen, aber wenn der Künstler nun einarmig oder gelähmt sein würde, was könnte er dann wohl zustande bringen? Es wird dahin gelangen, dass die Vorstellung der Statuette in seinem Gehirn hübsch ist, wie nur irgend möglich; andererseits wird der Ton fix und fertig zur Darstellung eines Kunstwerks daliegen; da aber die Vermittlerin, die Hand, weder dem Gehirn gehorcht, noch auf die Materie einwirken kann, so kommt auch nichts zustande.

Damit also die Idee des Künstlers sich in dem Stoff manifestiere, ist die Existenz eines Vermittlers zwischen der Idee und dem Stoff notwendig. Nehmen wir nun an, der Stoff wäre durch die Arbeit bewältigt, hätte sich den Eindrücken der knetenden Hand gefügt und die Arbeit wäre fertig. Was ist dann in Summa diese Statuette? Ein physisches Bild der Idee, welche der Künstler in seinem Gehirn hat. Die Hand hat in gewissem Sinne die Rolle einer Form gespielt, in der der Stoff modelliert wurde und das ist so wahr, dass wenn durch einen Unfall die Ton-Statuette in Stücke ginge, der Künstler die ursprüngliche Idee immer in seinem Gehirn wieder vorfände, und eine neue Idee mehr oder weniger entsprechende Statuette herstellen könnte. Es existiert aber noch ein Mittel, um dem Verlust der Statuette sofort nach ihrer Fertigstellung definitiv vorzubeugen. Durch Herstellung einer Gussform erhält man bekanntlich ein Negativ dermaßen, dass das aus dieser Form hervorgehende Bild immer die ursprüngliche Gestalt besitzt, ohne dass der Künstler etwas dazu tut. Es genügt demnach, wenn nur ein einziges Negativ der ursprünglichen Idee existiert, um aus der Verbindung desselben mit dem Stoff eine ganze Zahl von untereinander identischen positiven Bildern dieser Idee hervorgehen zu lassen.

Jede organische oder unorganische Form, welche sich unseren Sinnen darbietet, ist eine solche Statuette eines großen

Künstlers, welcher Schöpfer genannt wird, oder vielmehr einer höheren Welt, welche wir die Welt der Schöpfer nennen wollen.

In dieser Welt der uranfänglichen Schöpfungen aber gibt es nur Ideen und Prinzipien, geradeso wie in dem Gehirne eines Künstlers.

Zwischen der höheren unsichtbaren und unserer sichtbaren physischen Welt existiert nun ein Zwischengebiet, das die Aufgabe hat, die Eindrücke jener höheren Welt in sich aufzunehmen und sie durch ihre Wirkung auf die Materie zu verwirklichen, geradeso wie die Hand des Künstlers die Eindrücke des Gehirns auf die Materie übertragen soll. Dieses Zwischengebiet zwischen dem Prinzip der Dinge und den Dingen selbst ist das, was man im Okkultismus die astrale Welt nennt.

„Astral" heißt: sternenartig und wird schon seit Jahrhunderten gebraucht, um überphysische Dinge zu bezeichnen. Diese Bezeichnung mag auch s. Zt. von den Beobachtern wegen der leuchtenden Erscheinung der astralen im Gegensatz zur physischen Materie gebraucht worden sein.

Man stelle sich aber keineswegs diese astrale Welt als eine metaphysische Region vor, die nur durch Schlussfolgerungen zu erreichen ist, und es ist nicht oft genug zu betonen, dass in der Natur alles genau ineinanderpasst wie beim Menschen z. B., und dass jedes Baumblatt seine astrale und seine göttliche Welt mit sich trägt. Die Notwendigkeit einer Analyse nötigt uns nur, Dinge zu trennen, welche vollständig mit einander verbunden sind. Jedes Ding wird demnach zuvor in der göttlichen Welt im Prinzip geschaffen, d. h. der Fähigkeit nach zu sein, analog der Idee beim Menschen.

Dieses Prinzip gelangt sodann in die astrale Welt und stellt sich dort als Negativ dar, das heißt, Alles, was im Prinzip hell war, wird dunkel und umgekehrt, was dort dunkel war, wird hier hell; das was sich nun darstellt, ist aber genau genommen nicht das Bild des Prinzips, sondern der Abguss dieses Bildes. Ist einmal dieser Abguss erreicht, so ist auch die Schöpfung „im Astralen" beendigt.

Nun erst beginnt die Schöpfung auf physischem Boden der sichtbaren Welt, indem die astrale Form auf die Materie wirkt, und lässt die physische Form erstehen, wie oben jene Statuetten aus ihrer Form hervorgehen. Und ebenso wenig, wie eine Form das Bild ändern kann, welches sie reproduziert, kann auch das Astrale die Typen ändern, die es erstehen lässt. Um deren Gestalt zu ändern, müsste man eine neue Form schaffen, was Gott unmittelbar und der Mensch mittelbar vermag.

Soweit hier über die Astralwelt. Zurückkommend auf die Karma- und Reinkarnationslehre, sei hier ferner erwähnt und durch Beispiele erläutert, dass diese Lehre auch in der Bibel enthalten ist.

Der Kirchenvater Hieronymus schreibt in seinem Brief an Demetrias, — (*Huet: Origeniana.* Ad. Franck: Die Kabbala, deutsch von Ad. Gelinck, Leipzig 1844, S. 178; auch Franck: Dictionnaire des sciences philos. Art. Metempsychose), — dass die Wiederverkörperung lange Zeit unter den ersten Christen als eine esoterische Überlieferung gelehrt und den Auserlesenen mitgeteilt wurde.

Eine derartige Überzeugung ist ferner in mehr oder weniger klaren und vollständigen Vorstellungen von einer ganzen Reihe hervorragender Kirchenväter vertreten und erst unter Justinian auf dem 5. ökumenischen Konzil zu Konstantinopel im Jahre 553 n. Chr. für eine Ketzerei erklärt worden.

Eine Wiederherstellung dieser Erkenntnis halte ich für ein unabweisbares Bedürfnis unserer ganzen geistigen Kultur, noch dazu alle zum selbständigen Denken und Wollen herangereiften Kreise heute sehr mit Recht klare Erkenntnis der Verhältnisse fordern, um die es sich hier handelt. Und ganz natürlich, erst wenn der Mensch begreift, in welcher Lage er sich eigentlich befindet und wie sie entstanden ist und täglich neu entsteht, erst dann kann er einsehen, dass er sich aus dieser unbefriedigenden Lage befreien kann, ja befreien muss und wie er sich aus ihr befreien wird.

Das Weltgesetz Karma verlangt es, dass heutzutage unsere Kulturwelt erst ihre natürliche Vernunft wiedergewinnen muss, um das Streben nach Erlösung zu begreifen.

Der Apostel Paulus hat im mehrfach herangezogenen Satze: „Was der Mensch säet, das wird er ernten" (Gal. 6, 7) ganz besonders diese Wiederverkörperungslehre ausgesprochen, für welche Tatsache bisher keine andere Sprache, als das Sanskrit, ein besonderes Wort hatte, nämlich: Karma.

Aber auch im Alten Testament kommt diese für jeden feinsinnigen Menschen auf der Hand liegende Erkenntnis an zahlreichen Stellen zum Ausdruck. So heißt es im:

Jesajas 3, 10: „Prediget von den Gerechten, dass sie es gut haben, denn sie werden die Frucht ihrer Werke essen."

Jesajas 26, 15: „Aber deine Toten werden leben und mit dem Körper auferstehen."

Hosea 8, 7: „Sie säen Wind und werden Ungewitter ernten."

Sprüche 22, 8: „Wer Unrecht säet, der wird Leiden ernten und wird durch die Rute seiner Bosheit umkommen."

Hiob 4, 8: „Wie ich wohl gesehen habe, die da Leiden pflügten und Unglück säeten, die ernteten sie auch."

Hiob 19, 25—27: „Gott wird mich aus der Erde auferwecken; und nachdem diese meine Haut verweset, werde in meinem Fleisch Gott sehen. Denselben werde ich sehen, und meine Augen werden ihn schauen und kein Fremder."

Psalm 90, 2—3: „Herr Gott, Du bist unsere Zuflucht für und für! Der Du die Menschen lassest sterben und sprichst: Kehret wieder Menschenkinder!"

Heskiel 34, 23: „Dann will ich (der Herr) ihnen einen einzigen Hirten erwecken, der sie weiden soll, nämlich meinen Knecht David; der wird sie weiden und soll ihr Hirte sein."

Heskiel 37, 5—6: „So spricht der Herr an diesen Gebeinen: Siehe, ich will einen Odem in euch bringen, dass ihr sollt lebendig werden. — Ich will euch Adern geben und Fleisch lassen über euch wachsen und mit Haut überziehen, und will euch Odem geben, dass ihr wieder lebendig werdet."

Maleachi 6, 5: „Siehe, ich will euch senden den Propheten Elia, ehe denn da komme der große und schreckliche Tag des Herrn."

2. Makkabäer 7,23 u.29: „Es wird der, der die Welt und alle Menschen geschaffen hat, euch den Odem und das Leben gnädiglich wieder geben." So redet die Mutter zu ihren 7 Söhnen, die Antiochus hinmartert, und dann zu dem jüngsten; „Darum fürchte dich nicht vor dem Henker, sondern stirb gerne, wie deine Brüder, dass dich der gnädige Gott samt deinen Brüdern wieder lebendig mache und mir wieder gebe."

Wird hiergegen nun geltend gemacht, dass in solche Übersetzungen ein Sinn hineingedeutet worden sei, der in den hebräischen Originaltexten gar nicht enthalten ist und dass neuere Übersetzungen ganz anders lauteten, so könnte man dem im Wesentlichen zustimmen. Diese Auslegungen seien darum auch hier nicht als kanonische des „Alten Testaments" angeführt, sondern lediglich als Ausdruck des Erklärungsbedürfnisses derjenigen späteren Zeit, aus der sie herrühren.

In unseren 10 Geboten steht, dass die Missetat der Väter heimgesucht werden soll an den Kindern bis ins 3. und 4. Glied, womit nur eine Vererbung ausgedrückt wird und worin ein Vater eine üble Wirkung seiner bösen Tat im Leiden seiner Kinder und Enkel empfinden muss. Immerhin schließt dieses keineswegs die Anerkennung der Tatsache aus, dass ihrerseits auch die Kinder und die Enkel selbst im früheren Leben sich solcher Handlungen und Gedanken schuldig gemacht haben, die ihnen diese von ihrem Vater „ererbten" Leiden als eine gerechte Folge zugezogen haben. Hierher passt

Hesekiel 18, 20: „Welche Seele sündiget, die soll sterben. Der Sohn soll nicht die Missetat des Vaters tragen, ebenso wenig wie der Vater tragen soll die Missetat des Sohnes, sondern des Gerechten Gerechtigkeit soll über ihm selbst sein, und des Ungerechten Ungerechtigkeit soll über diesem sein."

Dass das Bewusstsein der Unsterblichkeit und der Wiederverkörperung aber zu Zeiten Jesu herrschte, darüber gibt uns das „Neue Testament" deutliche Beweise.

Johannes, Evangelium, Anfang des 9. Kap.: „Jesus sah einen, der blind geboren war. Und seine Jünger fragten ihn und sprachen: Meister, wer hat gesündigt, dieser oder seine Eltern, dass er blind geboren ist?

Dieses Blindgeborensein ließ ein Karma des Betreffenden vermuten.

Die Anerkennung einer sittlich-geistigen Ursachenwirkung des Karma, die auch im Gerechtigkeits-Bedürfnis jedes Menschen seinen natürlichen Ausdruck findet, bildeten auch die Grundlage aller Lehren Jesu von Nazareth.

Dass Jesus diesen Grundgedanken weniger betont, lag daran, dass derselbe für seine Hörer nicht erst was Neues war. Weitere Beispiele:

Matthäus, Kap. 5—7: Bergpredigt.

Matthäus, XI, 11; u. 14; XVII, 12—13: Wahrlich, ich sage euch: Unter allen, die von Frauen geboren sind, ist nicht aufgekommen, der größer sei, denn Johannes der Täufer. Und (so ihr es wollt annehmen) er ist Elias, der da soll zukünftig sein. Ich sage euch; Es ist Elias schon gekommen: und sie haben ihn nicht erkannt, sondern haben an ihm getan, was sie wollten! Da verstanden die Jünger, dass er von Johannes, dem Täufer, zu ihnen geredet hatte."

Matthäus Kap. XVI, 13—14 und Markus VII, 27—28: „Da kam Jesus in die Gegend der Stadt Cäsarea Phillippi, und auf dem Wege fragte er seine Jünger; Was sagen die Leute, dass ich sei? Sie antworteten: Etliche sagen, du seist Johannes der Täufer; die anderen: du seist Elias: du seist Jeremias oder der Propheten einer."

Markus VI, 14 — 16 und Lukas IX, 7—9: Es kam vor den König Herodes Alles, was durch Jesus geschah, und er sprach: Johannes der Täufer ist von den Toten auferstanden; darum tut er solche Taten. — Etliche aber sagten: Elias ist erschienen; etliche aber: Es ist der alten Propheten einer auferstanden."

2. Kor. 9, 6: „Wer da kärglich säet, der wird kärglich ernten, und wer im Segen säet, der wird auch im Segen ernten.

Römer, 6, 23: „Der Tod ist der Sünde Sold."

Römer, 8, 13: „Wenn ihr nach dem Fleische lebet, so werdet ihr sterben; wenn ihr aber durch den Geist des Fleisches Triebe überwindet, so werdet ihr leben."

Sollten diese Stellen aus dem Alten wie aus dem Neuen Testament hier als Beispiele noch nicht genügen, weil der Sinn dem der früheren Übersetzung nicht entspricht, so lasse hier noch aus der hebräischen Geheimlehre, Kabbala, welche die Grundzüge der ganzen esoterischen Weltanschauung und daher außer dem Gesetze des Karma auch die von ihm untrennbare Erkenntnis der Wiederverkörperung enthält, das Nachstehende folgen:

„Alle Seelen sind der Wanderung unterworfen, und die Menschen kennen nicht die Wege des Heiligen (der Gottheit), sie wissen nicht dass sie vor Gericht gezogen werden, ehe sie in diese Welt eintreten, wie auch nachdem sie diese ver-

lassen haben; sie kennen nicht die vielen Umwandlungen und geheimen Proben, die sie zu bestehen haben usw."
wie es im Sohar (II, 99 b und 199 b) heißt.

Diese Wiederverkörperungen menschlicher Individualitäten nennen die Kabbalisten: Gilgul haneschamoth, d. h. wörtlich zu Deutsch: Fortwälzung. —

Wer nun diese Lehren verstanden hat und wem sie zu Herzen gegangen sind, der muss, ob er es will oder nicht will, bald oder später ein anderer und auch ein besserer Mensch werden, er kann unmöglich darauf lossündigen und sich bewusst selber schädigen, was ja auch übrigens kein noch so materiell gesonnener Mensch tun würde.

Ferner hätten zweifellos Tyrannen und Fanatiker, Sklavenhändler, Jesuiten, Hexenmeister und andere nie ihre Gräueltaten ausgeübt, wären sie Theosophen gewesen. Wir würden die Gräuel, welche das Martyrium der Christen im Zirkus des Nero darstellen, heute kaum für möglich halten, täten es nicht die Geschichtsanalen noch kund.

Wenn ich an schreckliche Tage der Vergangenheit zurückdenke, so tauchen bei mir unbestimmte Bilder aus der spanischen Inquisition auf, woraus ich das unbestimmte Gefühl in mir verspüre, als habe ich zu jener Zeit gelebt. Ungemein großes Interesse hege ich ferner für die Geschichte der Jane Eyre, welche aus dem Birch-Pfeiffer'schen Schauspiel „Die Waise von Lowood" genügend bekannt sein wird. Als ich dieses Stück zum ersten Mal sah, rollten vor meinen Augen, wie aus der Ferne längst vergangener Zeiten, bekannte Szenen vorüber. Diese Jane kannte ich, ebenso die Furcht vor dem ungezogenen Bengel. — Die stille Fensternische, — das rote Zimmer, — der scheinheilige Gottesmann, der Jane in der Schule auf den Tisch steigen ließ und sie als eine Potenz aller Schlechten hinstellte, — der Lord, der Missionar, welcher Jane in seinem efeuumrankten Gartenhaus Obdach gewährte, das Studium der indischen Sprachen usw., mehr Bilder, als das Stück enthielt, mehr als Bell [1])

---

1) *Curier Bell*, Pseudonym von Charlotte Brontë, engl. Schriftstellerin.

in ihren Roman hineingeflochten hatte.

Ich betrachte dieses Interesse objektiv und behalte übrigens die eventuellen Konsequenzen für mich. Sagte mir jemand, es sei besser, sich nicht in solche Regionen zu versteigen, so fühlte ich daraus, dass derselbe dieses Gebiet einfach aus Denkfaulheit nicht betritt, während auch dieser Umstand für mich neuen Anreiz ergab, gerade derartige Lichtblicke aus vergangener Zeit nicht wie ein Irrlicht verschießen zu lassen. Es kann dieses übrigens auch jeder machen, wie er will; man bindet auch nicht jedem sein Innerstes auf die Nase, damit sich dieser darüber lustig machen kann, noch dazu ich selber weiß, dass es nur wenig Menschen geben mag die sich aller Einzelheiten ihres vorhergegangenen Daseins erinnern können, gerade so, als man sich heute erinnert, was man gestern getan hat.

Dem Schüler okkulter Wissenschaft wird dieser Hinweis aber eine gewisse Anregung geben und sein eigenes Urteil bilden, wenn ihm sein Konversationslexikon, dem Allesbesserwisser, manches anders erklärt oder materiell beleuchtet.

Herr Dr. Franz Hartmann hält beispielsweise den Grafen Cagliostro, äußerlich bekannt als Giuseppe Balsamo und in vielleicht demselben Cagliostro, äußerlich bekannt als H. P. Blavatsky, als eine doppelte oder mehrfache Persönlichkeit. Wissenschaftlich kann dies allerdings nicht demonstriert werden, aber philosophisch ist es erklärlich. Wer z. B. aus dem Hause, in welchem er geboren wurde, niemals herausgekommen ist und kein anderes bewohnt hat, der kennt auch nur dies eine; wer aber von einem Hause in ein anderes umgezogen ist, kann über beide Häuser Aufschluss geben. Wer ferner nichts von Reinkarnation weiß, macht sich auch keine Gedanken über solche Möglichkeiten, auch sollen sich solche Menschen überhaupt erst in 1 bis 2 Tausend Jahren wiederverkörpern und ihre Fortentwicklung daher eine umso mehr in die Länge gezogene sein. Selbstredend wird in diesem Fall eine Erinnerung an das letzte Erdenleben ungemein erschwert, noch dazu die Verhältnisse, unter denen eine Persönlichkeit dabei auftritt, so ganz voneinander verschieden sind.

Ein Okkultist dagegen, der es bis zu einem gewissen Grade geistigen Selbstbewusstsein und damit verbundener Freiheit des

Handelns gebracht hat, kann sich unter Umständen, sobald er vom Leben Abschied nimmt, sogleich wieder in einer anderen Persönlichkeit inkarnieren; sei es in einem neugeborenen Kinde oder in einem erwachsenen Menschen, der im Sterben begriffen ist. In einem solchen Fall tritt die Seele des Okkultisten an die Stelle der Seele des Sterbenden, und der neubelebte Körper lebt wieder auf. Hierher gehören die wiederholten Inkarnationen des großen Lama in Tibet, wie sie von bekannten Weltreisenden und Abgesandten europäischer Staaten beobachtet und berichtet worden sind; dann gibt es aber auch einen Austausch von Individualitäten zwischen zwei Personen, wie ich schon einmal erwähnt habe und worüber zwar gelacht werden mag, ein Mystiker aber keiner Beweise bedarf.

Nehmen wir beispielsweise an, dass ich mir in meiner jetzigen Inkarnation vollkommen bewusst wäre, wer ich in meiner vorherigen Inkarnation war, unter welchen Verhältnissen ich lebte und wie ich starb, so wäre da sicherlich kein Raum für einen Zweifel für mich übrig; aber einem anderen könnte ich es doch nicht beweisen, und wenn er obendrein von diesen Gesetzen nichts weiß, würde er mich, wenn ich etwas davon verlauten ließe, höchstens für nicht ganz richtig im Schädel halten. Unter welchen Umständen Schweigen das allerrichtigste sein wird, noch dazu es so viele Plappermäuler gibt, die fast über alles lachen, was sie nicht verstehen, und dann aus einer Fliege einen Elefanten zu machen pflegen.

Im Ev. Matthäi 7, 6—8 heißt es: „Ihr sollt das Heiligtum nicht den Hunden geben, und eure Perlen sollt ihr nicht vor die Säue werfen, auf dass sie dieselben nicht zertreten mit ihren Füßen, und sie wenden und euch zerreißen. — Bittet, so wird euch gegeben; suchet, so werdet ihr finden; klopfet an, so wird euch auf getan. — Denn wer da bittet, der empfängt; und wer da suchet, der findet; und wer da anklopfet, dem wird aufgetan." —

Cagliostro, von dem ich vorhin erzählte, ist laut Konversationslexikon ein Scharlatan und Betrüger gewesen und fast alle Menschen glauben es und beten es nach, die gewohnt sind, ihre ganze Weisheit aus genanntem Lexikon zu schöpfen. Wenn z. B. Cagliostro beschuldigt wird, „entsetzlich gelogen" zu haben, wenn er sagte, dass er „bei der Hochzeit von Kana einer der Gäste gewesen, dass er schon vor der Sündflut gelebt und mit Noah in die Arche gegangen sei", so weiß jeder Okkultist, was er von solcher Aussage zu halten hat.

Unter diesen Umständen ist es auch erklärlich, dass dasjenige was Cagliostro Gutes getan hat und was zu seinen Gunsten geschrieben worden ist, von Dunkelmännern beiseite geschafft wurde.

Die Person, in der er auf die Bühne des Lebens trat, hieß Giuseppe Balsamo, welcher in Italien geboren war, während Cagliostro behauptete, aus Indien zu stammen und in seiner Jugend von seinem dort lebenden Verwandten (Meister?) Unterstützungen erhielt. Balsamo war das Haus und Cagliostro zog darin ein, aber wie sollte er den Schriftgelehrten und Pharisäern s. Z. dies begreiflich machen? — Und heute? Die Kultur ist vorgeschrittener, aber von dem Vorgetragenen verstehen die gelehrten Verfasser von religiösen Schriften, wissenschaftlichen Werken und irdischen Gesetzbüchern im Durchschnitt wenig oder gar nichts, und wenn der Eine oder Andere diesem Kult wirklich obliegen sollte, wer würde es verstehen und glauben?

Indem ich dieses Gebiet hier beschreibe, so geschieht es natürlich für Verständige und Schüler, welche okkulte Dinge zu begreifen vermögen und begreifen lernen wollen.

Was ich hier nicht fortlassen möchte, ist, dass die Lebensgeschichte von Cagliostro und diejenige von Frau Helene Petrowna Blavatsky, geb. Gräfin Hahn † 8. V. 1891, in vielen Beziehungen parallelisieren, indem ein und derselbe Charakter in zwei verschiedenen Persönlichkeiten hervortritt. In beiden Personen existiert eine Doppelnatur und beide sind nicht das, was sie äußerlich zu sein scheinen; beide führen ein bewegtes Leben und machen Reisen in Länder, die nur selten der Fuß eines Europäers betritt; beide bezeichneten Indien als ihre wahre Heimat, und beide werden von der Unwissenheit im Gewände der Gelehrtheit verfolgt und verleumdet. Derartige Gelehrte nebst ihrem ganzen Anhang erklärten beide für Scharlatane und Schwindler und weshalb? —

Weil sie weit über dem Niveau der Alltäglichkeit stehen und sich infolge ihrer höheren Begabung erbitterte Feinde unter den Halbgelehrten gemacht hatten, weil solche auch heute noch nicht das geringste Verständnis für okkulte Phänomene besitzen. Beide besaßen ferner gleiche Eigenschaften, verkündeten der Welt eine Wissenschaft, für welche diese überhaupt noch nicht reif zu sein scheint und wurden deshalb entweder verhöhnt und andererseits vergöttert.

Cagliostro soll am 26. August 1795 im Gefängnis auf der Engelsburg in Rom gestorben sein, ohne dass über seinen Tod etwas Zuverlässiges vorläge, wogegen aber von sehr zuverlässiger Seite behauptet worden ist, dass Cagliostro sich längere Zeit nach diesem angeblichen Todestage im Hause von H. P. Blavatskys Großeltern in Russland aufgehalten, und dass während seines dortigen Aufenthalts sich sonderbare Dinge zugetragen hätten. Z. B. hat Cagliostro einmal mitten im Winter einen Teller voll Erdbeeren für einen Kranken, der hiernach Verlangen trug, auf mystische Weise herbeigeschafft. Es ist keineswegs ausgeschlossen, dass die H. P. Blavatsky des vorher in G. Balsamo inkarnierten Cagliostro war und erwähnt sei noch, dass Herr Dr. Franz Hartmann einmal H. P. Blavatsky um ihr Porträt gebeten hat, worauf er anstatt des gewünschten, dasjenige von Cagliostro erhielt.

Ob dies nun Zufälligkeiten sind oder Bestätigungen für die hier angenommene Möglichkeit des Körperaustauschs einerseits und der Reinkarnation andererseits, darüber mag sich jeder Schüler sein eigenes Bild erzeugen und denken wie er will.

Zum Schluss empfehle den Roman „In seinen Fußstapfen" von A. v. d. Elbe (Grote'sche Sammlung von Werken zeitgenössischer Schriftsteller) zu lesen, worin sehr schöne Stellen vorkommen und hier das Gesagte beleuchten könnten. Die Geschichte dreht sich um die Person des Hans Töbing, Sohn des Bürgermeisters Hyronimus Töbing in Lüneburg zu Anfang des 17. Jahrhunderts. Der erstere trat gegen die Sülfmeistergilde auf, welche auch das Stadtregiment in Händen hatten, und wurde eines Nachts auf dem Rotenwall infolge eines Rekontres mit der Stadtwache erstochen.

Er kam als Sohn des Stadthauptmannes David Stern in selbiger Nacht wieder zur Geburt, lernte Buchdrucken und trat dann in seine ehemals verlassenen Fußtapfen wieder ein. Eines Tages hatte er im Haus des Bürgermeisters zu tun und auf Seite 262 heißt es dann:

„In angenehmen Gedanken an das reizende junge Bäschen versenkt, betrat Hans das nie gesehene Haus des Bürgermeisters. Er musste sich in die Gegenwart seiner Aufgabe zurückschwingen. Aber wie ein Bild aus oft geschauten Träumen, wie eine neue Verschleierung der Wirklichkeit umfing ihn der Raum, welchen er eben betrat. Wo hatte er nur dies große Halbrund dieser bunt ausgemalten Diele, diese braunen Löwen als Schildhalter zu beiden Seiten des schön geschwungenen Treppengeländers, die farbigen Wappen in den Fenstern gesehen?

„Er kennt den Fruchtbaum des Töbings, aber so lebendig und wirklich ist dies Sinnbild ihm nie entgegengetreten wie heute in diesen hohen Dielenfenstern, die, aus 100 kleinen bleigefassten Scheiben gebildet, in der Mitte das bunte Wappen umschließen. Und dort der prächtige Schrank; auf den Türen sind Adam und Eva geschnitzt und dazwischen der Fruchtbaum; er weiß, dass, wenn man jenen Apfel zur Seite schiebt, das Schlüsselloch zum Vorschein „kommen wird. Er kennt das alles und besinnt sich doch nicht, woher?

„O seltsam traumhaftes Empfinden! —"

Wie manchem Menschen mag Ähnliches schon oft passiert sein, ohne sich darüber auch nur die geringste Erklärung geben zu können.

Nach erlangter Überzeugung von Karma und Reinkarnation wird uns leichter zu Mut, als sei uns ein schwerer Stein vom Herzen gefallen, und unser Leben beginnt einen anderen Wert in sich darzutun. Beim Verlangen, sich früherer Erdenleben zu entsinnen, hüte man sich vor Einbildungen und Täuschungen; die Umstände, wie derartige Erinnerungen zutage treten, sprechen ein gewichtiges Wort allerdings mit, aber auch diese treffen nicht allemal zu.

Dieser Brief über „Karma" wird für jeden Interessenten gewiss mehr oder weniger von Bedeutung sein und zur geistigen Weiterentwicklung beitragen, in der Hoffnung, dass er gesegnete Folgen zeitigen werde, will ich ihn hiermit beschließen.

Wiederverkörpe-

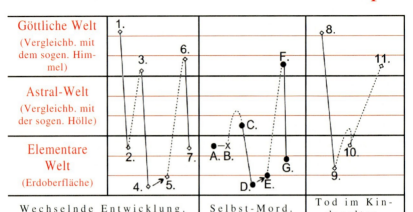

Göttliche Welt (Vergleichb. mit dem sogen. Himmel)			
Astral-Welt (Vergleichb. mit der sogen. Hölle)			
Elementare Welt (Erdoberfläche)			

Wechselnde Entwicklung.

1.
Seele in der göttlichen Welt, im Zustande der Glückseligkeit.

ad 1 nach 2.
Involution der Seele zur Verkörperung.

2.
Inkarnation in den Körper eines reichen und mächtigen Mannes. Das von diesem Mann während seines Lebens erzeugte Geschick, sei nun ein verhängnisvolles.

3.
Tod desselben und Evolution seiner Seele nach der göttlichen Welt. Hier Verwirklichung seines niederen, während seines Lebens vorgeschwebten Ideals.

4.
Wiederverkörperung der Seele in den Körper eines von Missgeschick (Lohn des Vorlebens) verfolgten Menschen.

ad 4—5.
Während dieser Inkarnation gewinnt die Seele wieder eine höhere Stufe, als diejenige, welche sie in dieser Verkörperung anfangs einnahm.

6.
Involution nach der göttlichen Welt hin. Verwirklichung des während dieser Leidenszeit verfolgten Ideals.

7.
Wiederverkörperung in einer höheren sozialer Umgebung.

Selbst-Mord.

A.
Ein der höchsten sozialen Klasse angehörender Mensch begeht Selbstmord.

B—C.
Seine Seele evolviert nur in die astrale Welt und wird dort von Elementar-Geistern verfolgt.

D.
Beinahe unmittelbar darauf folgende Wiederverkörperung in der tiefsten sozialen Klasse, öfter noch in einem schwächlichen, missgestalteten Körper.

E.
Während des Lebens verhältnismäßige Weiterentwicklung. (Resignation im Leiden).

F.
Evolution der Seele nach der göttlichen Welt hin.

G.
Reinkarnation in einer ziemlich hochstehenden Klasse.

Tod im Kindesalter.

8.
Ausgang einer Seele zur Verkörperung.

9.
Inkarnation.
Der Körper ermöglicht es der Seele nicht, ihre Laufbahn zu beginnen. Das Kind stirbt.

10.
Unmittelbar darauf folgende Reinkarnation n. kurz. Durchgang. Eine hochstellte soziale Klasse entschädigt die Seele für ihre früh erduldeten Leiden.

11.
Evolution zur göttlichen Welt.

rungs-Reihen

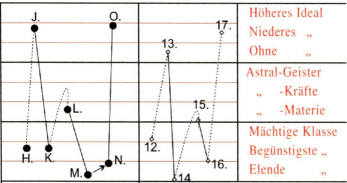

	Höheres Ideal
	Niederes „
	Ohne „
	Astral-Geister
	„ -Kräfte
	„ -Materie
	Mächtige Klasse
	Begünstigste „
	Elende „

Karma eines Mädchenverführers.

H.

Bemittelter Mann im bürgerlichen Kreise verführt junge Mädchen und lässt sie im Elend sitzen. Lebt, älter werdend, nicht gerade fromm, aber auch nicht sündhaft; junge Frauen sind sein ideal, und stirbt.

I.

Evolution seiner Seele zur göttlichen Welt gemäß seines allgemeinen Ideals.

K.

Reinkarnation in gut situierten bürgerlichen Kreis und zwar in einem weiblichen Körper. Wird als erwachsenes Mädchen verführt und geschändet. Empfindet Verachtung u. Unglück hart, und geht ins Wasser.

L.

Kurzer Aufenthalt in der Astralwelt.

M.

Wiederverkörperung als Mädchen bei arm. Leuten.

N.

Muss tüchtig arbeiten im Leben; ist geduldig und fromm.

O.

Evolution zur göttlichen Welt

Karma eines Duellfreundes.

12.

Adelige Persönlichkeit. Lebt standesgemäß und verachtet niedriger Stehende. Erschießt als Offizier im Duell kaltblütig seine Gegner; handelt als Staatsanwalt bewusst unrecht oder fühlt sich zu Bedrückungen irgendwelcher Art berufen.

13.

Nachdem ein solcher Mensch gestorben ist, evoluiert er gemäß seiner Anschauungsweise in die göttliche Welt. Verwirklichung seines Ideals, Standesdünkel, kein Ideal.

14.

Reinkarnation in der von ihm früher verachteten Klasse, empfindet nun selber offenbare Bedrückungen, Zurücksetzungen etc. ungemein hart. Sieht ein, dass nichts dagegen auszurichten vermag und wird durch Leid gebessert. Nachdem er sich so höheren Idealen zugeneigt hat, verunglückt er auf irgendwelche Weise oder wird als Soldat, als Treiber oder bei einer sonstigen Dienstleistung erschossen.

15.

Evolution in der Astralebene.

16.

Wiedergeburt im bürgerlichen Kreise.

17.

Evolution zur göttlichen Welt gemäß seines selbstgeschaffenen Ideals usw.

Theosophische und okkultistische Studien

in 12 Briefen

von

Ferdinand Schmidt

Brief 5
Über Psychometrie

Brief 5.
Über Psychometrie.

> Achte niemand gering und halte nichts für unmöglich; jeder Mensch hat seine Stunde, jedes Ding hat seinen Ort.
> Aus „Lichtstrahlen aus dem Talmud".

Habe ich im 4. Brief betont, dass unser Leben neuen Wert gewönne, wenn nur erst das Gesetz des Karma und der Reinkarnation erkannt sein würde, so sei Eingangs dieses Briefes voraufgeführt, dass Unwissenheit ein seelischer Fehler ist, denn die Seele erkennt von Dingen außerhalb ihres Berufes nichts und weiß von deren Natur gar nichts. Unglückliche Seelen tragen ihren Körper als Last, hier tritt sie nie als Herrscherin auf, sondern stets als die grausam Beherrschte.

Unter Psychometrie versteht man so viel wie Seelenmesskunst, nämlich Schwingungen zu fühlen, wahrzunehmen oder zu erkennen, welche auf der psychischen oder sogenannten Seelenebene existieren. Indem der Mensch alle Abstufungen der Materie, von der gröbsten bis zur fernsten, in sich vereinigt, so finden auch alle möglichen Schwingungen in ihm ein Medium oder so viel wie eine Substanz, durch welche sie auf ihn einwirken können. Durch Einwirkungen verschiedener Schwingungen vibrieren gewisse Substanzen, und diese Vibrationen können somit zu seinem Gefühlszentrum oder Bewusstsein gelangen, und hier als Sensationen wahrgenommen werden.

Jeder Mensch lässt diese Schwingungen, an sich eine Kraft, auf sich einwirken, und wird somit zu einem Instrumente, ohne sich etwas dabei zu denken oder vielmehr, ohne dieses recht bewusst zu werden, wenn ein anderer darauf spielt.

Schon im Brief „Über Macht und Kraft menschlicher Gedanken" haben wir besonders den positiven Zustand kennen gelernt, im Anschluss daran auch den negativen, jedoch müssen wir hier den negativen Zustand noch extra kennen lernen, aber bewusst.

Im Krieg gibt es einen gewissen Aufklärungsdienst, welcher den Zweck hat, namentlich die Schwächen des Gegners kennen zu lernen, der Zweck liegt auf der Hand, und ebenso werden wir mächtig, indem wir bestehende Kräfte kennen, entwickeln und gebrauchen zu lernen suchen. Das Gleiche kann man auch erreichen, indem man sich zeitweilig, zu passender Gelegenheit, quasi als gespanntes und gestimmtes Instrument für andere hinstellt.

Bislang wurde man immer nur das gewahr, worauf man seine Aufmerksamkeit richtete, vergaß auch bei irgendeiner interessanten Arbeit die ganze Welt um uns herum und schenkte auf uns eindringenden wichtigen Dingen so gut wie gar keine Beachtung. Natürlich stumpft man bei solch gewohnheitsmäßiger Verfassung allmählich ab, reagiert auf schwach wirkende Schwingungen weniger und auf höhere geistige schließlich gar nicht mehr.

Z. B. wird jeder edle Mensch auch die Empfindungen der unbestimmten Scheu und Angst eines Viehes vor der Schlachtung in sich verspüren müssen, sollte er zufällig einem solchen Akt beiwohnen, während der abgestumpfte Schlächter kaltblütig sein blutiges Werk erledigen wird, ohne auch das geringste Mitleid dabei zu empfinden. Dass es so ist und so sein muss, wird das fleischverkonsumierende Publikum mehr oder weniger gegen mein Beispiel einwenden, weil ihnen ein Stück Fleisch lieber ist, als die ganze Seelenmesskunst. Ferner ist diese Wissenschaft, ich kann ruhig „Wissenschaft" dazu sagen, wegen eingefleischter materieller Anschauungsweise, nur wenig zu erkennen, sonst würde man nicht fast mitten in der einen oder anderen Stadt „Schlachthäuser" errichten. Diese komfortabel eingerichteten, modernen Abschlachthäuser schützen in gewisser Hinsicht vor Erkrankungen der Bevölkerung, sind für Okkultisten ein notwendiges Übel unter Menschen, in Wirklichkeit aber samt dem ganzen Schlachtereigewerbe überflüssig.

Jeder Schüler, der sich mehr und mehr scheuen wird, Leichenfleisch zu essen, befindet sich auf dem richtigen Wege, um die ihm umgebende materielle Zone verlassen zu können, er dokumentiert. durch Willen und Tat, dass er nicht auf derselben Ebene stehen zu bleiben gedenkt, auf der er groß geworden. Er muss dann in seiner Evolution ganz von selber lernen, mit Interesse seine Aufmerksamkeit den höheren geistigen Schwingungen zuzuwenden und wird hierbei wenig Verlangen spüren, sich nach früheren Fleischtöpfen zurückzusehnen. Vorwärts! heißt sein Panier.

Bekanntlich wendet jeder Mensch in der Welt seine Aufmerksamkeit in erster Linie dem zu, wodurch er seine Existenz begründen kann und hat zu diesem Zweck eine Reihe von Schul-, Lehr- und Wanderjahren hinter sich. Von außen her erhält er Anregungen und auch wohl Inspirationen, die er dann wieder in sich verarbeitet und verwendet. Alles was dann in sein Fach schlägt, interessiert ihn und ist für diese Art Schwingungen feinfühliger geworden, während dagegen Schwingungen anderer Art, eine solche Wirkung nicht erzielen und meistenteils unbeachtet bleiben. Ist der Betreffende dabei z. B. lasterhaft, so wird er auch lasterhafte Eindrücke mit Vorliebe in sich aufnehmen, und so ist es mit religiösen, geschichtlichen, militärischen, politischen und anderen Eindrücken dann ebenfalls.

Finden irgendwelche Verbrechen statt, z. B. Brandstiftungen, so üben diese Eindrücke auf alle diejenigen eine gewisse Wirkung aus, die hierfür vom Hause aus besonders veranlagt zu sein scheinen und erwecken einen derartigen Gedanken bei solchen Menschen, die das erwähnte Verbrechen dann nachahmen und deren Zahl vermehren.

Während ich diesen Brief schreibe, stehen die Zeitungen voll von Misshandlungen raffiniertester Art, welche sich beim: Militär eingebürgert zu haben scheinen. Da ich selber lange Soldat gewesen und bei der Marine gedient habe, so kamen dort ebenfalls Rekrutenmisshandlungen vor, allerdings nicht in solcher Weise, auch änderte sich oft schnell so ein schlagfertiger Unteroffizier, merkt er, dass er einer solidarischen: Menge Untergebener gegenüber stand. Auf dem Schulschiff Undine verprügelte ein bärbeißiger Maat die Jungens ganz entsetzlich mit dem Tauende, als merkwürdige Folge stellte es sich heraus, dass dieser Maat mehrere Male nachts seinen linken Seestiefel nicht hat finden können und hatte das Vergnügen, sich in kurzer Zeit dreimal neue Stiefel zu kaufen. Als ihm dann ein alter Maat einen freundschaftlichen Rat ins Ohr flüsterte, ließ er die Hauereien unterwegs und sein linker Stiefel blieb ihm so sicher wie der rechte.

Zurückzukommen auf die Periodizität verschiedenartigster Verbrechen, indem eine derartige Tat sich verschiedentlich hier und da wiederholt, so werden natürlich auch etliche Ausüber abgefasst und eingesperrt. Werden diese dann gefragt, warum sie das getan, so gaben sie meistenteils zur Antwort, dass sie dies selber nicht wussten und müssen sich bestrafen lassen, weil sich das dickbäuchige Gesetz nur am Täter hält. Geschilderte Leute lassen sich sehr leicht beeinflussen, sonst würden sie nicht etwas nachäffen, um damit nur einen unbestimmten Trieb zu frönen. Diese könnten ebenfalls durch irgendeinen Urheber zu irgendeiner Tat unbewusst gezwungen werden, ohne gleichfalls das „Warum sie das verbrochen?" triftig begründen zu können.

Ein Kenner der schwarzen Magie könnte z. B. wollen, dass irgendeine ihm unliebsame Persönlichkeit etwas strafbares vollführe, diesem kommen dann die Gedanken dazu wiederholt, er überlegt und eines guten Tages schreitet er bei passender Gelegenheit zur Tat. Kommt dies im gewöhnlichen Leben in krassester Weise auch wohl seltener vor, so könnten wir als Instrumente Anderer aber trotzdem irgendwie dienen; vielleicht bezahlten wir für eine Sache was, die uns gar nichts angeht, oder gehen jemandem unsere Stimme, der uns in Wirklichkeit auch nicht im geringsten interessieren dürfte, und welche Fälle ich sonst noch anführen könnte.

Aber als Kenner der Psychometrie kann uns dergleichen nicht passieren; die Gedanken und Wünsche Anderer oder ein allgemeines Interesse kämen uns im negativen Zustande ebenfalls zum Bewusstsein, aber keineswegs als Glaube, dies sei unser Eigenstes aus uns selber und müssten demgemäß mitwirken. Ganz im Gegenteil, wir wissen die Ursache, den Grund, und schreiten damit zur wohlweislichen Prüfung; ist die betreffende Sache dann an sich unlauter, unrein, so verwerfen wir sie sofort, ist sie dagegen von Bedeutung (nach unserer Überzeugung) und in einem höheren Interesse liegend, so könnten auch wir uns daran beteiligen.

Somit lassen wir uns nicht ohne Weiteres beeinflussen, ohne dass uns gerade nachgesagt werden könnte, wir beständen eigensinnig auf unseren Kopf.

Indem ich hiermit einen Teil okkulter Wissenschaft beleuchtet habe wodurch der Schüler seine Fähigkeiten entwickeln kann, in den Seelen und Charakteren der Menschen, in der Natur und der Naturgeschichte der Tiere, der Pflanzen und Mineralien zu lesen, so hoffe zum Wenigsten das nötige Interesse entfacht zu haben, um erfolgreich weitergehen zu können.

Zwischendurch sei noch erwähnt, dass im Gegensatz zur Psychometrie die Psychologie alles dasjenige einschließt, was zur Seele gehört samt ihren Fähigkeiten und Tätigkeiten, samt ihren Verbindungen und Beziehungen zum Körper und körperlichen Zuständen. Ferner, dass die Seele, unsere innere, leitende Kraft, auf ihrer eigenen Bewusstseinsebene ebenfalls der Ernährung bedarf, wie der Körper, um zu wachsen und zu gedeihen. Ihre Nahrung sind die Gedanken.

Dieses hat auch schon Christus erkannt, indem er sagte: „Der Mensch lebt nicht vom Brot allein".

Da es uns nun im Allgemeinen nicht so geht, wie es wohl gehen sollte und wir Alle mehr oder weniger mit Widerwärtigkeiten zu kämpfen haben, so haben wir sicherlich in unserer Vergangenheit falsch gedacht und unserer Seele falsche Ideen einverleibt, welche Schuld wir zwar, kommen wir zur Einsicht, zuerst auf unsere Erzieher abzuwälzen pflegen, was erstens wiederum nicht schön ist und zweitens zur eigenen Besserung auch kein Tüttelchen beitragen würde. —

Es ist etwas Herrliches, in sich selber höhere geistige Fähigkeiten entwickelt zu haben, und für Alltagsmenschen auch gar nicht zu beschreiben. Solche Leute lachen über alles, was über ihren Horizont liegt und ist es gar ein Spießbürger, so wird er über das, was er nicht kennt und nicht versteht, vor wie nach seine Glossen reißen, und da dieses unsere Weiterentwicklung nicht hemmt, brauchen wir uns dadurch nicht inkommodieren zu lassen.

Lasst uns frühere Lehrsysteme, was eigentlich nur ein Einpauken von ganz bestimmten Lehrsätzen war, mcm gerade verwerfen, weil auch wir mit ihrer Hilfe einige Sprossen der unendlichen Leiter, welche bis zum Thron Gottes reicht, haben mühselig erklimmen können. Wünschen wollen wir aber und wenn es geht auch dazu beitragen, dass alte eingewurzelte Lehrsysteme einer künftigen weisen Bildungsmethode Platz mache, einer Methode, welche einzig darauf hinzielt, die schlummernden Ideen und Fähigkeiten der Schüler zur selbständigen Äußerung zu erwecken.

Um nun überhaupt höhere geistige Fähigkeiten in uns selbst zu erwecken, und dito höhere geistige Wahrheiten zu unserem Bewusstsein zu bringen, müssen wir vor allem unsere ganze Aufmerksamkeit auf sie lenken und die Macht unserer Seele kennen lernen.

Als Ebenbild Gottes besitzt auch der Mensch ungeheure Macht! Und doch, wie hilflos und schwach steht er nach außen hin da? — Sein äußeres Bild, der Körper, ist den Naturkräften unterworfen, und diese sind bekanntlich sehr oft gefahrbringend für ihn. Als Geist unsterblich stirbt doch sein Körper. Warum? — Mit Menschenverstand sind diese Sphinxfragen auch niemals zu .beantworten gewesen, wer aber der stillen Stimme des Geistes lauscht, der wird die Antwort darauf rinden. Der aus dem Geist hervorgegangene Verstand muss sich naturgemäß dem Geist unterordnen und auf dessen Eingebungen horchen.

Um mit der Außenwelt in aktive oder passive Berührung zu kommen, musste sich der Geist ein materielles Werkzeug, den Körper, erschaffen und lange Zeiten hat der Geist geduldig an der Vollendung dieses physischen Körpers gearbeitet. Der eigentliche Mensch ist daher der Geist selber und die sichtbare Person ist nur ein zeitweiliger Ausdruck des Geistes, ein mehr oder weniger dauerhaftes Seelenkleid.

Jahrtausende gebrauchte der Geist, um den Körper so zu schaffen, wie wir ihn jetzt so ziemlich kennen gelernt zu haben glauben. Zuerst arbeitete er in demselben, wie er es heute noch in größerem oder geringerem Maße in der Tierwelt tut, nämlich dem Körper unbewusst. Erfahrung macht klug und somit bildete sich nach und nach ein eigenes Bewusstsein, meistens durch die Eindrücke, die er durch die sich entwickelnden fünf Sinne erhielt und durch Erfahrungen und Beobachtungen im Reiche des Materiellen entwickelte sich sein Verstand. Er lernte durch Beobachtungen Schlüsse ziehen und durch immer wiederkehrende Vorkommnisse in der Natur auf induktive Weise die Gesetze der Natur kennen. Sobald diese erkannt sind, kann er auch wieder auf deduktive Weise von den Ursachen auf die Wirkungen schließen. Da der Geist den Ursachen näher steht, so schließt er auch immer nur von der Ursache auf die Wirkung, während der Körper mit seinem sinnlichen Bewusstsein mehr den Wirkungen näher steht.

Als Geist weiß der Mensch alles, aber als Geschöpf muss er lernen, weshalb man die äußere Welt auch als eine Kindergartenschule für den Körper betrachten könnte. Ein Mensch lernt nie aus und gleicht stets dem Geist, den er begreift. Die Seele ist das Medium zwischen Körper und Geist und umfasst alles Wissen, was sich der Mensch als Geschöpf angeeignet hat; in der Gesamtsumme dieses Wissens drückt sich dann die menschliche Natur aus.

Der Körper wird in allen seinen Handlungen von der Seele kontrolliert, letztere empfindet daher alle Freuden und Schmerzen desselben als die ihrigen und solange sie sich nicht mit ihrem wahren und ewigen Ich, ihrem unsterblichen Geiste, beherrschen lernt, wird sie sich auch schwach und machtlos, namentlich allen Naturgewalten gegenüber, fühlen müssen.

Um von ihrer geistigen Macht Gebrauch machen zu können, muss sie vor allen Dingen aus ihrem Sinnenschlaf, in welchem das sinnliche Bewusstsein sie umfangen hält, erwachen. Hat sie sich mit dem Geiste vereinigt, so ist das die Erlösung, wovon schon ältere Brüder der Menschen und die Weisen gepredigt haben, und welchen Zweck alle religiöse Gebräuche, alle Übungen wahrer Mystiker und Okkultisten in erster Linie im Auge haben.

Hat die Seele das sinnliche Bewusstsein einerseits und das höhere geistige andererseits erkannt, so steht ihr das Recht der Wahl zu. Wir möchten dann zunächst wohl gerne zwei Herren dienen, aber da dies unmöglich ist, so müssen wir eben unsere Aufmerksamkeit von dem sinnlichen Bewusstsein ab- und auf das höhere hinlenken. Will unsere Seele ihre höheren geistigen Kräfte äußern, so muss sie sich zeitweise gegen alle sinnlichen Eindrücke zu schützen suchen, womit ich auf eine bereits vorgetragene weise Gedankenkonzentration zurückweisen möchte.

Die Seele ist der Herrscher über unseren Körper, aber solange sie nicht an ihre Macht über äußere Zustände des Menschen glaubt, solange kann sie derartige Kräfte auch nicht willkürlich gebrauchen. Sie ist einem schlafenden Riesen vergleichbar, welcher ebenfalls erst aus dem Schlafe geweckt werden müsste, um von seiner Kraft Gebrauch machen zu können.

Diese schlummernden Seelenkräfte können wir durch geeignete Suggestionen erwecken, und ein objektiver Glaube an diese Kräfte ist dabei notwendig. Der Glaube ist eine ständige Suggestion für die Seele, nach welcher sie handelt, weshalb z. B. fortwährende Suggestionen oder Vorstellungen von Krankheiten solche schließlich im Körper hervorrufen, und ebenso fortwährende Vorstellungen von Gesundheit, einen kranken Körper in einen gesunden umzuwandeln vermag.

Sagt z. B. ein Kranker: „Für mich gibt es keine Hilfe mehr", so kann der Arzt verschreiben was er will, anschlagen wird es nicht, weil der Kranke selber nicht an seine Genesung glaubt, mitunter auch aus Eigensinn nicht an die Wirksamkeit irgendwelcher Mittel glauben will.

Als ich mit meiner militärischen Laufbahn vor Jahren energisch Schluss machte, ich war nämlich für 12 Jahre bei der Marine verpflichtet, sagten unwillkürlich gutmütige Kameraden: „Aber Mensch, was willst du denn bloß anfangen? — Ins Wasser springen? —" oder direkte Vorgesetzte, wovon ich noch heute für einige eine hohe Meinung bewahrt habe, mich für verloren hielten, mein Dasein für zwecklos betrachteten und so auf mich direkt oder indirekt ungünstig einwirkten. Ich wollte aber den Tanz nicht mehr mitmachen, noch dazu ich dasjenige, was ich erreichen wollte, nicht mehr beschreiben sollte, und dasjenige, was ich erreichen sollte, mit meinen Intuitionen von Anfang an nur wenig übereinstimmte, und deshalb setzte ich meinen Willen durch.

Wer sich im Joch hat einspannen lassen, muss mitziehen, andernfalls wird nachgeholfen!

Als ich endlich mein eigener Herr geworden war und keinerlei Zwang mehr fühlte, verscheuchte ich allmählich alle noch haften gebliebene Militärbilder und nahm die Gegenwart wahr, je nachdem sich mir dieselbe darbot. Hierbei entwickelten sich meine Geisteskräfte und meine Ideen fassten Fuß; ich bin ich und ich wem was ich will, ich zwinge meinen Körper zu dem, was ich will und indem ich mir andere Ziele erkoren habe zertrete ich das, was sich mir in den Weg stellt und kann trotz meiner langjährigen Dienstzeit heute behaupten dass ich mich für keine Parade, Uniform oder gar einen Kriegerverein auch im Geringsten interessiere. Derartige Ideale sind verschwunden und weit — weit schönere an deren Stelle getreten und wodurch? — Durch eigenen Willen!

Wenn ich also eine Idee im Geiste festhalte so strömen alle mentalen Energien in die Form der Idee und beherrschen meine materiellen, nämlich meine Nerven- und Muskelkräfte, wodurch dann meine stete Idee bald Tatsache werden muss, welcher Vorgang wiederum „Wille" genannt wird.

Je intensiver ich nun meine Gedanken auf eine Idee richte, desto rascher tritt dann auch eine Verwirklichung ein.

Nachdem ich erkannt habe, dass ich meinen Körper bewussterweise zu beeinflussen vermag, kann ich durch erzielte Tatsachen meinen Einfluss auch im Reiche des Geistes geltend machen und zwar auf meilenweite Entfernungen hier auf Erden. Ich höre und sehe nach Belieben, wie, wo und was ich will, lese die Gedanken anderer Menschen und suche seither die Ursache mancher Dinge zu ergründen. .

Man macht hierbei an sich selber eine eigentümliche Erfahrung. Bekanntlich hat man gegen Persönlichkeiten von Ansehen einen gewissen „Respekt im Leibe" und würde diesen unter anderen Umständen auch beibehalten haben, aber jetzt gebe ich auf das Äußere nichts mehr, nachdem einem das Innere klar zu Tage getreten ist. Es kommt vor, dass ich Personen nur als umherwandelnde Körper erblicke, die mitunter auch mit Orden und Ehrenzeichen dekoriert und an Macht und Ansehen reich sind, mir aber eine arme verkümmerte Seele erkennen lassen, zu der das Äußere der betreffenden Persönlichkeit nicht harmonieren will.

Natürlich behält man seine Wahrnehmungen für sich, was allein die Höflichkeit gebietet und anderseits würde man auch, falls ein Kriminalfall vorliegen sollte, nicht geglaubt, weil materielle Menschen derartig geistige Fähigkeiten selten anerkennen.

Bekommt man unter vorgedachter Höherentwicklung seines Geistes mit seinem geistigen Auge das Innere anderer Menschen zu Gesicht, so spielen — wie angedeutet — das Ansehen, das Auftreten und das Sichpräsentieren einer Person keine Rolle mehr für uns. Wir richten uns nicht mehr nach der Sympathie oder Antipathie, die uns jemand einflößt, sondern fortan nachdem, was wir mit geistigem Auge wahrnehmen. Die befreite und zum Bewusstsein gekommene Seele eines armen Menschen kann somit allmächtiger sein, als diejenige einer hochgestellten Persönlichkeit. Bezüglich der Verteilung derartiger Gaben rufe man sich den Inhalt des vorigen Briefes im Gedächtnis zurück.

Jeder Schüler, der dieses Gebiet des Wissens nicht verlässt und weiter übt und weiter forscht, wird gleichfalls zu der Überzeugung kommen, dass seine Seele imstande ist: Wunder zu verrichten.

Ich denke hierbei an keine Zaubereien, um sich im Volk damit einen Namen zu machen, sondern habe die höheren und ernsteren Fähigkeiten unseres Geistes im Sinne, die nicht profaniert werden dürfen.

Wer z. B. Gesellschaften als clown d'amour forciert oder nach Ehrenämtern in Vereinen seine Netze auswirft, der wird auch die Zeit erleben, wo ihm ein anderer seinen Posten streitig machen wird und er Platz machen muss. Zitiert er dann einem alten Freunde auch den Satz aus Goethes „Faust": „ . . . es irrt der Mensch so lang er strebt", so ist er nach seiner Abdankung noch gerade so klug wie vorher.

Jeder, der ferner für den Lebensunterhalt seiner Familie zu sorgen hat, steht mitten unter Menschen und hat mit ihnen zu kämpfen, weshalb er sich auch nicht von Allem zurückziehen kann. Zieht man sich ganz und gar zurück, so hat dieses seine Nachteile gerade so gut, als wenn man die Vereinsmeierei aus dem ff huldigen würde. Erfahrung macht klug und lässt uns die goldene Mittelstraße beschreiten.

Habe ich Bedürfnis „unter Menschen" zu gehen, so gebe ich diesem Verlangen gerne nach, will ich aber meine Seelenkräfte gebrauchen, so brauche ich Ruhe und Stille und *keine* Menschen. In der Stille liegt Kraft und in ihr wird die Stimme vernommen, die sonst draußen im Verkehr leicht übertönt zu werden pflegt. Wird der Körper und die Sinne stille, so wird der Geist in uns tätiger und vermag sich in einen Zustand des Fühlens, des Horchens oder des Sehens auf der psychischen oder geistigen Ebene erheben.

Alle Inspirationen kommen aus der Stille. Ruhe ist die 1. Bürgerpflicht.

Und um unseren Körper in den Zustand der Ruhe zu versetzen, übe man Gedankenkonzentration; Vorgeschrittene versetzen sich in einen passiven Zustand schon allein durch ihren eigenen Willen. Bei Beginn solcher Übung setze man sich anfangs behaglich und bequem nieder und spanne alle Muskeln ab, fange an zu erschlaffen und denke an eine x-beliebige Sache ununterbrochen. Die physische Regungslosigkeit muss man aber zunächst täglich ca. 2—30 Minuten lang geübt haben. Hierbei lernen wir unsere Offenheit und Bereitwilligkeit kennen, womit wir den — auch zu jeder anderen Zeit — aus der äußeren Welt zu uns gelangenden Eindrücken entgegenkommen, und ferner die Schwierigkeiten, welche unsere Absicht zuerst immerfort vereiteln. Ganz besonders werden unsere eigenen, unnützen, umherschweifenden Gedanken, welche die Aufmerksamkeit von der Richtung, in welcher wir diese zu fesseln wünschen, abziehen und wir diese eindämmen und zu zügeln lernen müssen. Unsere Empfänglichkeit für gröbere Vibrationen und unsere Aufmerksamkeit für die schwerfälligen Schwingungen dieser Welt müssen wir ausschalten können und uns ferner ganz nach Willkür in den passiven Zustand hineinzuversetzen vermögen, um unser Empfindungsvermögen für die zarten Schwingungen des Tastsinns, des Hörens und Sehens aufnahmefähig zu machen.

Haben wir diese Schwierigkeiten überwunden, so wird die psychometrische Empfindung, die spiritualistische Vision, wie das Hell-Hören, (gesteigertes Gehör im hypnotischen Zustand) von unserem Wollen abhängen, indem wir uns für höhere, feinere oder innere Schwingungen passiv verhalten.

Im Gebet bitten wir Gott um Beistand und Erleuchtung und

alle verschiedenartigen, religiösen Methoden und Übungen haben nur das eine Ziel im Auge, nämlich: die Richtung der Aufmerksamkeit auf höhere Dinge, indem man den sinnlichen Eindrücken die Tür verschließt.

Kein richtiges passives Verhalten ist das, wenn man sich vielleicht ein geistiges Bild dessen macht, was man vielleicht zu sehen, zu hören oder zu empfinden wünscht, im Gegenteil soll man sich einfach empfänglich verhalten für das, was kommen mag.

Die Stimme der Stille wird am besten vernommen, wenn alles um uns her Friede und Schweigen ist. Die inspirierende Erleuchtung erscheint uns plötzlich, wenn wir absorbiert, momentan für Eindrücke der Außenwelt tot sind. Stirbt ein Mensch, so zieht er sich gänzlich aus der äußeren oder materiellen Sphäre zurück, und dann ist es ihm möglich, seine ungeteilte Aufmerksamkeit den Dingen und Vibrationen des spirituellen Universums zuzuwenden.

Bleibt unsere Geistestätigkeit von äußeren Sinneseindrücken ungehemmt, so können auch wir gleich einer hypnotischen Versuchsperson die Gedanken anderer lesen, Freunde und Bekannte in der Ferne sehen, feindliche Machinationen durchschauen und diese durchkreuzen, oder Dinge und Ereignisse Tausende von Meilen entfernt erkennen.

Derartige interessante Vorkommnisse im Laufe der letzten Jahre aus meiner Umgebung hier in Lüneburg erzähle ich vielleicht später einmal, wenn die betreffenden frommen Heuchler „das Zeitliche" gesegnet haben werden. Eine eigenartig vergnügte Stimmung durchzieht meinen Körper, wenn die Betreffenden mich mit einer unklaren Scheu zu beobachten scheinen.

Da aber Beispiele das Vorgetragene am besten erläutern, so will ich hier ein Naturereignis aus dem Jahre 1894 erwähnen, bei welchem es sich um das Leben einiger Menschen handelte und die öffentliche Aufmerksamkeit in hohem Grade in Anspruch genommen worden ist. In die sogenannte Luglochhöhle, in der Nähe von Semriach, waren Leute eingedrungen, um diese zu erforschen. Während sie nun darin tätig waren, schwoll der in die Höhle fließende Bach dermaßen an, dass ihnen dadurch der Ausgang versperrt wurde. 8 Tage lang wurden alle Mittel in Bewegung gesetzt, um die nur mit wenigen Lebensmitteln versehenen Gefangenen aus ihrer üblen Lage zu befreien. Man suchte den Bach abzuleiten, zu stauen und nachdem durch allerlei Versuche, deren Misslingen man hätte voraussehen können, viel kostbare Zeit verloren gegangen war, begann man durch Bohren und Sprengen sich einen Weg in das Innere der Höhle zu suchen, was aber umso schwieriger war, als man die Richtung, in welcher man vordringen sollte, nicht kannte. Schließlich gelang es die Richtung zu finden und die Gefangenen zu befreien, und zwar war dieses einem Traum des Fräulein Leopoldine Luksch in Wien zu verdanken, welches dieselbe auch in einem kleinen Buche näher beschrieben hat: „Wunderbare Traumerfüllungen", (durch Fickers Verlag zu beziehen).

Es geht daraus hervor, dass die von Fräulein Luksch gemachten Angaben tatsächlich dazu dienten, die Richtung zu bezeichnen, in welcher man vorgehen musste, um zu den Eingeschlossenen zu gelangen, und dass ohne ihre Angaben oder ohne die Befolgung derselben die Gefangenen in der Luglochhöhle höchst wahrscheinlich verhungert wären.

Ganz natürlich haben dann auch die Wahrträume von Fräulein Luksch keine offizielle Anerkennung gefunden und es ist selbstverständlich, dass nachher andere Leute das Verdienst für sich in Anspruch nahmen, die Richtung aus sich auch gefunden zu haben.

Die Genannte hat kommende Ereignisse häufig im passiven Zustande wahrgenommen oder durch Träume angedeutet erhalten. Sie sah z. B. voraus, dass dem Kronprinzen Rudolf von Österreich ein Unglück zustoßen würde, und versuchte ihn zu warnen; natürlich wurden ihre Warnungen nicht beachtet. Sie sah voraus, dass der Präsident der französischen Republik, Carnot, einen Unfall erleben würde und reiste nach Frankreich, um ihn zu warnen, wurde aber nicht zugelassen. Sie sah den Tod des Erzherzogs Albrecht und anderer hochgestellten Persönlichkeiten voraus und versuchte diese zu retten. Das Resultat aber war, dass sie wiederholt wegen Belästigung hochgestellter Persönlichkeiten von der Polizei aufgegriffen und zweimal ins Irrenhaus gesteckt, aber auch wieder aus demselben entlassen wurde, weil man an ihr außer dem Glauben an ihre Wahrträume keine Spur von Irrsinn entdecken konnte.

Sollte daher irgendein Schüler diese Gabe in sich erwecken, zukünftige Vorkommnisse auf Erden geistig erblicken zu können, so lasse er die Dinge ruhig geschehen und mögen da — weiß Gott — welche Potentaten alle zugrunde gehen, den Lauf der Welt und in der Welt vermögen wir nicht zu hemmen. Machen wir es so wie Fräulein Luksch, selbst in bester Absicht, so werden wir erstens unsere Absicht keineswegs erreichen und uns zweitens Unannehmlichkeiten aussetzen, die man sich hätte ersparen können. Die eigene Familie oder gute Freunde und Bekannte vor Unheil zu bewahren, das steht uns frei und man wird uns danken, sollten wir z. B. einen Intimus gebeten haben, die morgige Reise nach N. noch um einen Tag aufzuschieben, weil auf der Strecke dann und dann ein Eisenbahnunglück passieren wird.

Es sei hier auch betont, dass nicht alle Träume aus geistig empfangenen Eindrücken entstehen, auch körperliche Eindrücke bringen solche hervor. Die Empfänglichkeit des Gehirns ist nicht immer dieselbe und die Übertragung- geistiger Eindrücke auf dasselbe findet nicht bloß im Schlafe, sondern auch im Wachen statt, sie kann aber während des Schlafes vollkommener sein, da dann die Empfänglichkeit des Gehirns nicht durch das eigene Denken gestört wird. Wer für Eindrücke, welche sein Geist erhält, empfänglich ist und sich nicht selbst belügt, indem er dieselben verleugnet, der braucht nicht erst zu schlafen und zu träumen und sieht vermittelst des Geistes, auch während der Körper bei vollem Bewusstsein ist, dieses nennt man die „Intuition".

Z. B. sah der berühmte Theosoph E. v. Swedenborg während einer abendlichen Gesellschaft eine entfernt liegende Stadt brennen, was sich nach ein bis zwei Tagen bestätigte, als ein reitender Bote — aus jener Stadt kommend — diese Neuigkeit auf damalige Weise überbrachte.

Es gibt zweifellos Warnungsträume und Ahnungen, durch welche man bevorstehende Gefahren erkennen und sie vermeiden oder sie abwenden kann. Wenn man aber ein bestimmt kommendes Ereignis wirklich voraussieht, so kann man es auch meistenteils nicht abwenden; *denn wenn man es verhindern könnte, so würde es nicht eintreten, und ebenso wenig kann man den Eintritt von irgendetwas, das nicht eintreten wird, voraussehen, als man sich an irgendetwas Nichtgesehenes erinnern kann.*

Also nochmals, wer ein Ereignis voraussieht, tut gut, wenn er darüber nichts verlauten lässt, es sei denn einen guten Freund oder einen Familienangehörigen zu retten, denn ein altes deutsches Sprichwort sagt: „Wer die Wahrheit auf großer Herren Tisch tragen will, muss viel süße Brühe daran machen", und „wer die Wahrheit geigt, dem schlägt man den Fiedelbogen um den Kopf"!

Soviel hier über das „in die Zukunft schauen". Es gibt ferner Leute, die das Erscheinen Verstorbener wahrnehmen können und einige Beweise mögen dies wieder einigermaßen klarlegen.

Es sind schon Jahre her, als ich eines Nachts plötzlich erwachte, ich schlief damals allein in einer Bodenkammer im Hause meiner Großeltern, und draußen wehte und stürmte es, weshalb ich auch hin und wieder das Klappern eines nicht verschlossenen Fensters wahrnehmen konnte. Unwillkürlich hörte ich schärfer danach hin, ob nicht bald die Scheiben des auf- und zuschlagenden Fensters herausfallen würden, dann klopfte ich an die dünne Holzwand, um zu erfahren, ob mein Freund, welcher die Kammer nebenan inne hatte, schlafe. Da ich aber keine Antwort erhielt, so war dieser Bruder wirklich noch nicht im Bett; klapp-klapp ertönte das Fenster, Scheiben flogen heraus und dann schien alles mäuschenstill zu werden. Ich konnte nicht einschlafen, wie viel die Uhr war, wusste ich ebenfalls nicht und um Licht anzustecken, hätte ich aufstehen müssen und — kalt war es übrigens auch.

Obendrein war mir ganz unheimlich zu mute, geträumt hatte ich nichts und Mitternacht konnte kaum vorüber sein, der von nebenan wollte auch gar nicht kommen und die Stille kam mir ganz entsetzlich vor. Meine Sinne waren gespannter als gewöhnlich und plötzlich vernahm .ich langsam schlürfende Schritte oben über mir, auf dem nächsten Boden, dann hörte ich die Ursache dieser Wahrnehmung zwei kleine Treppen 'runtertappen und auf meine Kammertür zukommen. Da ich keinerlei Waffe zur

Hand hatte, beschlich mich Angst und Schrecken, denken und rufen vermochte ich ebenfalls nicht, meine Zähne biss ich fest aufeinander, weil sie sonst aneinanderklappern würden und stier sah ich nach der Tür hin, welche nebst der Wand mit einer sehr alten Tuchtapete bekleidet war. Als sich diese Tür leise öffnete, was ich auch an einem Schorren der Tür auf dem Fußboden vernehmen konnte, schien eine ältere gebückte Gestalt mit phosphoreszierenden Augen hereinkommen zu wollen. Dunkel erinnere ich mich noch derselben, wie eines lauten Aufschreis meinerseits, als ich dann am Morgen erschöpft erwachte. Im Hause hatte niemand etwas davon gehört, dass ein Bodenfenster vom Wind kaputtgeschlagen war, dass ein Fremder auf dem Boden spazieren gegangen sei und dass ich geschrien habe, und ich sagte deshalb nichts, um nicht als „bange" zu gelten. Damals war ich ungefähr 20 Jahre alt, und als ich dieses Erlebnis dann später einmal gelegentlich erzählte, hörte ich auch, dass sich auf dem Boden vor Jahren jemand erhängt habe und derselbe am Jahrestage dieser Tat im Hause gewöhnlich umgehe. Das Haus gehörte ursprünglich mit zum St. Michaliskloster in Lüneburg und hatte viele bunte Glasfenster aus alter Zeit, welche mein Großvater an den Stadtbaumeister verschenkte. Eine kleine Bodenkammer mit hübschen Buntglasfenstern hatte noch mancherlei Verzierungen nebst einem Gipsfußboden. Dies war meines Großvaters Rumpelkammer; heute finde ich es merkwürdig, dass er damals eine ganze Reihe alter Zylinderhüte darin stehen hatte, worin wohlsortiert die verschiedensten geschmiedeten Nägel aufbewahrt wurden. Im Keller, gewölbemäßig und welcher sich fortsetzen musste, aber plötzlich durch eine Mauer abgeschnitten war, hat er während meiner Jugendzeit viel gegraben und gemauert. Schon früher, ehe mir das in obiger Bodenkammer passierte, soll ein Einlogierer ähnliche Erfahrungen gemacht und eines Sonntags an der Kammertür einen großen Holzriegel innen angebracht haben; auf eine Frage meiner Großmutter, warum er sich denn so verbarrikadiere, antwortete der Mann, dass es im Hause wohl „spuken" müsse. Da er sich im Übrigen ausschwieg, so schwiegen auch meine Großeltern, die s. Zt. ca. 8 Einlogierer im Hause: hatten.

Der deutsche Dichter Pfeffel, welcher blind war, pflegte mit seinem jungen Führer, dem Kandidaten Billing, täglich in seinem

Garten zu Kolmar spazieren zu gehen. An einer gewissen Stelle fiel es dem Blinden auf, dass Billing plötzlich wie erschreckt zusammenzuckte und einige Augenblicke weiterzuschreiten schauderte. Pfeffel fragte nach der Ursache dieser Bewegung, und der Kandidat antwortete, es sei nichts; er empfing aber, als beide abermals die Stelle berührten, denselben heftigen Schlag. Auf dringendes Forschen seitens Pfeffels erwiderte er, dass seine Natur stets an Stellen, wo Menschen begraben lägen, heftig durchzuckt werde und er im Dunkeln den Geist des Begrabenen sehen könne. Als dann auf Pfeffels Anordnung an jener Stelle nachgegraben wurde, fand sich wirklich ein vollständiges Gerippe. Nachdem dies beseitigt war, hatte Billing beim Betreten jener Stelle keine besondere Empfindung mehr. —

Der bekannte Magnetiseur von Reichenbach machte eine ähnliche Beobachtung an einer jungen Dame, einem Fräulein Reichel. Diese erblickte auf Friedhöfen nicht nur einen, sondern eine Menge „Geister", wie sie meinte, in Form mattleuchtender Nebelgestalten oder von allerlei Flammen, welche sich teilweise mannshoch über die betreffenden Gräber erhoben und das Mädchen fast ganz einhüllten. Namentlich zeigten sich derartige Erscheinungen bei jüngeren, niemals aber über sehr alten Gräbern. Reichenbach erklärte infolgedessen das Rätsel dahin, dass der chemische Zersetzungsprozess menschlicher Leichname ein phosphoreszierendes Licht erzeuge, welches nur von gewissen sehr sensitiven Individuen bemerkt werden könne.

Nichtsensitive und Leute, die solchen „Hühnerglauben" belächeln, versteigen sich schlimmstenfalls zu der Annahme, dass solche unbestreitbaren Tatsachen höchstens zu den ungelösten Rätseln der Natur gerechnet werden dürften, und weil sie selber grobmateriell beschaffen sind, dürfte von Rechts wegen auch kein anderer Mensch sensitiv beschaffen sein. —

Eine Frau M. v. H.-K. erzählte von ihrem Onkel, der Ordenskommandeur und dann Großprior des Ordens in Malta war, dass derselbe allen Dienstleuten streng verboten habe, in irgendeiner Weise davon zu sprechen, dass es in der alten Kommende des St. Johanniterordens von Malta mitunter „umgehe", aus welchem Gründe die Genannte dann als Kind von 9 Jahren öfter hören konnte, dass es doch viele Dinge in der Welt gäbe, die sich nicht erklären, und weil sie doch geschehen, sich aber auch nicht wegleugnen lassen.

An einem herrlichen Augustabend, an dem voraussichtlich viel Sternschnuppen fallen würden, ging Genannte mit ihrer Mutter, deren Kammerfrau und noch einer Dame gegen 10 Uhr in den Garten. Alle blickten eifrig nach dem herrlich leuchtenden Nachthimmel, als ein leiser Ausruf ihrer Mutter sie an ihre Seite brachte; und da sah sie in geringer Entfernung von vielleicht 10 Schritten über einem Hügel 2 weiße Gestalten, die sich fest umschlungen hielten, aufwärts schweben. Am andern Morgen wurde an der Stelle nachgegraben und dort ein großes Skelett sowie auch das eines Kindes gefunden; diese wurden dann in ein frisch geweihtes Grab bestattet und diese Erscheinung fortan nicht mehr gesehen.

Frau M. v. H.-K. erzählte ferner, dass sie als Kind selbst am Tage gehört habe, wie ein fester Schritt die Treppe heraufkam, den Korridor passierte und durch das Rauchzimmer in das Emporium ging (wo die Familie Sonntags die hl. Messe hörte), ohne dass sie dabei jemals Jemanden gesehen hätten, der zu den Schritten gehörte.

Ferner, dass man an bestimmten Tagen im ersten Stock ein Geräusch hörte, als wenn in den Kellern große schwere Fässer mit dem Aufgebot aller Kräfte umher gerollt würden und dass auch förmlich der Fußboden gezittert habe. Dazu meldete eine Überlieferung, einst sei ein Graf Strassoldo Ordenskommandeur gewesen, ein heftiger, finsterer und böser Herr gegen seine Untertanen, der jede Gelegenheit benutzte, um sich fremdes Gut anzueignen, besonders habe er als Vormund vieler Waisen sich deren Vermögen angeeignet. Ein Ordensstatut der Malteser legte ihnen als Pflicht auf, an möglichst vielen Waisen Elternfürsorge zu üben. Dieser Strassoldo aber habe sie beraubt und als dieses Geld in großen Fässern im Keller verborgen war, sei es sein größtes Vergnügen gewesen, Nächte lang die Fässer zu rücken, um sich am Klange des Geldes zu erfreuen. Nach dem Tode hätte seine Seele keine Ruhe gefunden und zur Strafe die Fässer rollen müssen, weshalb auch an bestimmten Tagen des Monats Messen für die Erlösung seiner Seele gelesen worden seien. —

Ein Herr W. Müller-Weilburg erzählte da in einer mir zugegangenen Skizze von einer Erscheinung wie folgt:

„Über der flandrischen Ebene webt die Dämmerung des Herbstabends. Weiße Nebel ziehen langsam von den versandeten Häfen von Sluis am Zirm und Damm heran, steigen von den Kanälen Brügges empor in die feuchtkalte Oktoberluft, schlingen sich wie feine, dichte, wallende Schleier um die Brücken und durchschweben die breiten, totenstillen Straßen.

Ein Hauch seelendurchschauernder Schwermut liegt auf der Stadt des heiligen Chrysolus, der Merowinger, Balduins von Flandern.

Wie eine nie schweigende Klage um verschollene Größe klingt es um die Türme des Baifried, der Liebfrauenkirche, der Kathedrale St. Salvator.

Wie mit Jahrhunderte langer Trauer starr gewordenen, erloschenen Augen schauen die Standbilder Memlings und Jan van Eycks, der großen Söhne Brügges, hinein in die Ruinen, in den Verfall ihrer Heimat, die einst der Mittelpunkt des Weltverkehrs des Nordens.

Niedergang, Vergänglichkeit irdischer Macht und menschlichen Strebens künden die verlassenen Häuser und Paläste.

Eine weiße Totenstätte scheint die Stadt von den prunkvollen Gräbern Karls des Kühnen und der Maria von Burgund bis zu den ärmlichen Gottesäckern der heutigen Bewohner.

Eine Tyrannenfaust, Philipps II. blutige Rechte, hat Brügges glänzenden Schild zerschmettert.

Von dem Hallenturm meldet das Glockenspiel die sechste Stunde.

Ich trete langsam von dem Balkon zurück in mein Zimmer. Der Blick auf die veröderten Plätze und Straßen mit den vorhanglosen, dunklen, leeren Fensterwölbungen in den mittelalterlichen Frontfassaden erschüttert das Herz. Du unendliche Wehmut dieses Ortes des Schweigens erfasst auch die Menschen.

In dem Innern der Wohnräume herrscht schon die Nacht. Tiefe Schatten liegen auch in dem kleinen Gemach und lassen die Umrisse des Mobiliars kaum „mehr erkennen.

Tastend wende ich mich meinem Schreibtisch zu, an welchem ich vorher in „le Tresor des Humbles" Maurice Maeterlincks, des belgischen Mystikers, Stimmungen und Seelenzerfaserers, geblättert.

Jetzt habe ich die Lampe gefunden. Das Streichholz flammt auf. Niedergebeugt entzünde ich den Docht und fahre plötzlich, während sich der Lichtschein verbreitet, mit einem Ruck starr empor. Meine Hand umfasst mit krampfhaftem Druck die Lehne des Stuhls vor dem Pult.

Drüben in der linken Ecke des Zimmers, in dem mit goldbraunem Plüsch überzogenen großen Lehnsessel sitzt ein Mensch, eine Erscheinung, wie aus längst entschwundenen Jahrhunderten.

Ein schwarzseidenes, mit watteunterlegten Puffen versehenes, enganschließendes Koller mit dicken Ärmeln, breitem, weißen Spitzenkragen und Manschetten bedeckt den Oberkörper. Graue Trikots von einem eigentümlichen, zarten, matt-glänzenden Farbenton umspannen Ober- und Unterschenkel. Aus dem bleichen, scharfgeschnittener. Antlitz mit der Adlernase und dem an den Enden aufgewirbelten kleinen Schnurrbart und dem schmalen Kinnbart, das sich von dem Plüschhintergrund seltsam abhebt, sehen nur zwei große, dämonische, schwarze Augen mit rätselhaftem, faszinierendem Ausdruck unverwandt ins Gesicht.

Die Schultern an die Rückwand des Sessels gelehnt, den Kopf etwas vorgebeugt, starrt der Fremde fort und fort bewegungslos mich an.

Aus den etwas zu mir in die Höhe gerichteten dunklen Augensternen scheint ein so abgrundtiefer Schmerz zu blicken, als schaue aus ihnen der Welt unsagbares Weh. Eine furchtbare Schicksalstragödie spricht aus dieser stummen Klage.

Mit einer gewaltigen Willensanstrengung breche ich endlich den Bann dieser Augen und will auf den Fremdling zutreten.

Im gleichen Moment ist die Erscheinung verschwunden.

Nach einer Weile kommt Frau Legrange, die Etagenvermieterin, um den Tisch für das Abendbrot zu decken.

Ich erstatte ihr Bericht über den sonderbaren Vorfall.

Bei meinen Worten überzieht das Antlitz der Zuhörerin fahle Blässe. — „Barmherziger Gott, die heilige Jungfrau beschütze Sie", murmelte die sonst so resolute Dame.

Dann spähte sie zusammenschauernd nach dem Sessel.

„Als ich in sie dringe, mir den Grund ihres Erschreckens über die freilich unerklärliche Täuschung meiner Sinne zu offenbaren, bittet sie angstvoll: „O Gott, frevln Sie nicht, Monsieur. Jener Mann war der Marquis Rene Gaillard d'Hauteville, der einst während der vlämischen Vesper in diesem Zimmer ermordet worden ist. Nach einer alten, seit Generationen hier bekannten Überlieferung erscheint der französische Marquis denen, die einmal eines gewaltsamen Todes sterben müssen." —

Ludwig Deinhard berichtete s. Zt. über psychometrische Experimente, unter denen dasjenige Interesse erregt, bei welchem der amerikanische Geologe William Denton seinem zehnjährigen Sohn ein Stück Mosaik von Pompeji gab, der es an die Stirne hielt und das Leben in Pompeji und die Zerstörung der Stadt durch den Vesuvausbruch sah. Das Kind schilderte alle Szenen des Schreckens, ohne jemals früher die Tatsachen der Geschichte erfahren zu haben. —

Derartige Beispiele könnte ich hier noch eine Menge hinzufügen, was aber über den Rahmen dieses Briefes hinausgehen würde. Ob solche Tatsachen nun geglaubt oder bestritten werden, kann uns im Allgemeinen gleich bleiben; für uns liegt gar kein Grund vor, solche Möglichkeit nur aus dem Grund zu bestreiten, weil wir vielleicht nichts derartiges erlebt haben, sondern halten es sehr wohl für möglich, noch dazu wir ja selber lernen wollen, die höheren und feineren Schwingungen in der Natur aufzunehmen.

Etwaige Wahrnehmungen aus dem Reich der Geister liegen allerdings nicht im Zweck unserer Sache und mögen auch das

Emporstreben der Schüler nicht gerade befriedigen, aber sollten uns derartige Eindrücke einmal zum Bewusstsein kommen und uns sichtbar werden, so wissen wir jetzt, was wir davon zu halten haben, auch mag es dann als Beweis dienen, dass wir für Phänomene einer höheren Schwingung aufnahmefähig sein, werden.

Unser „Ego" muss zu einer oder der andern Zeit die Elementarstadien in der Entwicklung seiner transzendentalen Möglichkeiten selbst auf der psychischen Ebene durchmachen; aber es ist nicht imstande, dauernd auf dieser Ebene zu verweilen.

Keine Menschenklasse ist sich des geringen Maßes alles menschlichen Wissens so sehr bewusst, als gerade die Psychometristen.

Bei zunehmender Klarheit der Begriffe auf psychischem Gebiete sieht unser Ego endlose Bilder von Herrlichkeit, Weisheit und Macht matt hervortreten. Es wird von tiefinnerlichem Wissensdurst ergriffen und sein kühnes Emporstreben schmachtet nach der Überbrückung der Meere, welche sich zwischen seinem gegenwärtigen Ruheplatz und den unerforschten Gefilden jenseits derselben ausdehnen. Bei den gegenwärtigen Lebenszuständen, welche es umgeben, ist die Erreichung des Ziels nicht ausgeschlossen; jedoch nur die Kühnsten und Unerschrockensten werden es zustande bringen.

Jedes Ego hat das Privilegium und das Recht, auf irgendeinem Plane so lange zu wirken als es ihm gefällt, aber die Zeit wird kommen, wo es naturgemäß allen notwendigen Stadien, welche es durchgemacht, entwachsen ist. Wer überhaupt den Trieb, sich zu „erheben", in sich fühlt, ist auch für eine höhere Ordnung reif geworden, und es wäre für ihn strafbar, dann seinen Fortschritt durch ein Festhalten an alte Zustände aufzuhalten. Da bekanntlich zwischen Familienmitgliedern oft sehr wenig Geistes-Verwandtschaft oder Übereinstimmung besteht, so können diese unseren Fortschritt darum keineswegs hindern, *was jedoch keineswegs als Grund für eine Ehescheidung dienen dürfte!"*

Doch: „Der Worte sind genug gewechselt, lasst mich auch endlich Taten seh'n!"
wird der fleißige Schüler bald ausrufen, der durch eingehendes Studium des Voraufgegangenen Theorie und Prinzipien der

Psychometrie soweit kennen gelernt hat.

Um ein Vorwärtskommen zu ermöglichen, ist es nötig gewesen, dass jeder Schüler zum Mindesten vier Wochen lang Gedankenkonzentration geübt habe und diese Übung ist aus verschiedenen Gründen bis ins Unbegrenzte fortzusetzen, weil sie nicht nur Geist und Willen stärkt, sondern auch jedem Schüler *in allem, was er unternimmt, Erfolg verspricht!* — Ich selber habe monatelang unentwegt geübt, um nur einen Erfolg gehabt zu haben und habe monatelang gewollt und gewünscht, um etwas Bestimmtes bei vernagelten Menschen endlich durchzusetzen.

Man muss eine gewisse Übung darin besitzen, die positive oder negative Haltung jeweilig anwenden zu können. Praktisch soll es sein, wenn man sich in der Konzentration auf ein bestimmtes Etwas nachmittags oder abends übt und in der passiven Haltung früh am Morgen oder spät am Abend; denn gerade nach dem Erwachen am Morgen hat der Geist sich seinen bewussten Tätigkeiten noch nicht hingegeben und befindet sich in einem mehr ruhigen Zustand.

Ich habe dies auch versucht, mache es aber umgekehrt, morgens und abends konzentriere gewöhnlich meine Gedanken auf dasjenige, was ich erreichen will, und je nachdem, wie ich am Tage Zeit habe, versetze mich übungsgemäß in den negativen Zustand.

Können wir unsere Gedanken konzentrieren, sowie andererseits uns sofort ebenfalls in einen negativen Zustand versetzen, so können wir getrost in die Häuser anderer Leute gehen oder erfolgreich uns unter die Menge mischen.

Gleichzeitig sei aber auch die Gefährlichkeit betont, die sich derjenige aussetzt, der sich dieser Umwandlungen noch nicht sicher sein sollte, er könnte sich eine nervöse Erschlaffung zuziehen, die nicht ohne Folgen bliebe und dadurch leicht zu einem unmoralischen Lebenswandel herabsinken.

Sobald wir nämlich wissen, wie wir uns gegen innerliche und geistige Schwingungen negativ machen, so öffnen wir damit auch angleweit alle Eingänge zu unserer Seele. Und wenn wir dann nicht verstehen, wie wir sie wieder schließen, so sind wir sowohl unerwünschten wie erwünschten Einflüssen preisgegeben.

Wer z. B. in einem Hause wohnt, das als gastfreundlich bekannt geworden ist und damit Tür und Tor offen zu halten pflegt, wird nicht nur von Fremden, sondern auch von Bettelfritzen, Tagedieben. Gaunern und Landstreichern besucht werden, wenn derselbe nun das Eine möchte und das Andere nicht will, so muss er entsprechende Vorrichtungen treffen, die automatisch und gut funktionieren.

Ganz analog verhält es sich mit unserer Seele; stellen sich im passiven Verhalten unangenehme Gedanken ein, so muss man sofort an etwas Angenehmes denken, und sich hierauf unentwegt konzentrieren, wodurch dann solchem Gelichter die Tür vor der Nase zugeschlagen wird. Später entsinnen wir uns dann unserer Dummheit, wenn uns unangenehme Gedanken oft Nacht und Tag verfolgten, ohne zu wissen, wie diesem geist- und körperschädigenden Übel abgeholfen werden kann.

Haben wir uns in dieser Beziehung umgewandelt, so werden wir auch allmählich merken, dass wir empfindlicher, feinfühliger geworden sind, und somit die Kraft der Gedanken Anderer und deren Gemütsbewegungen fühlen, wenn wir uns in negativer Stimmung versetzt haben werden. Und es sei nochmals betont, dass wir uns hierbei keineswegs gehen lassen dürfen, sondern, gefallen uns einige Gedanken nicht, sofort durch aktives Denken in anderem Fahrwasser wieder positiv machen.

Einen ungemein praktischen Vorteil gewährt außerdem dieses Können, indem wir stets unsere Ruhe bewahren, und äußerlich nicht zu erkennen geben, was uns etwa innerlich bewegen oder tief ergreifen sollte. Leute, welche sich über kleine Beleidigungen sofort erregen und gleich dreinhauen möchten, handeln damit erstens meistenteils verkehrt und sind für uns zweitens ganz geeignete Medien, deren Gedanken zu erraten eine Kleinigkeit ist, sowie deren Handlungen zu beeinflussen, nicht minder.

In Sachen einer erwünschten Auskunft konzentriere man sich auf den Gegenstand ca. 5 Minuten lang, dann erschlaffe man, und erzeuge im Geiste die größtmöglichste Leere, indem man jede geistige Tätigkeitslust sofort unterdrücke. Hat man in einer solchen Verfassung nichts wahrgenommen, so wiederhole man diese Übung getrost sofort oder täglich unbeirrt, bis man sich dadurch selber aufnahmefähiger gemacht haben wird. Später kann man diese Solositzungen nach Belieben verlängern oder verkürzen, je nachdem wie weit wir es hierin gebracht haben werden, und um Abwechslung hineinzutragen.

Diese Übung im schnellen Wechsel ist daher angebracht, um sofort geistige Antwort auf eine gestellte Frage zu bekommen. Wenn wir z. B. an Jemanden eine Frage stellen, sind wir positiv, und während wir zuhören, negativ oder passiv. Verbleiben wir hierbei im positiven Zustande, so müssen wir mit der Antwort zufrieden sein, die der Betreffende uns gibt; befinden wir uns aber im bewusst negativem Zustand, so wissen wir auch sofort, was unser Gegenüber bei Beantwortung seiner Frage gedacht hat und ob seine Antwort demgemäß aufrichtig gewesen ist.

Wir lernen hierbei Menschen kennen!

Diese Methode ähnelt der Telegraphie ohne Draht und wir sind selber Aufgabe- und Empfangsstation.

Einige Menschen sind physischen (körperlichen) Eindrücken zugänglicher als geistigen. Diese empfangen zuerst die physischen Eindrücke, dann die mentalen (in Gedanken bestehenden), und zuletzt die inneren oder geistigen. Ist man nun für physische Eindrücke empfindlicher, so ist es zweckmäßig, sie zu analysieren, sobald sie sich einstellen. Man verweile somit einige Zeit bei den physischen Eindrücken, um sich zu üben, erfreue sich beispielsweise an Gestalt und Wesen der Person, überblicke Freud' und Leid derselben und präge dieselbe somit seinem Gedächtnisse scharf ein. Ganz allmählich empfinden und fühlen wir dann, wie unsere Versuchsperson oder unser Patient geistig fühlt und denkt.

Diese Selbstübungen tragen dazu bei auf sich selber ungemein Acht zu geben, was an und für sich ebenfalls von großem Nutzen ist.

Aus Anleitungen zu dem Vorgetragenen entnehme noch, dass man auch mit Hilfe eines gleichdenkenden Freundes oder einer Freundin manipulieren kann, um dieses Können zu verwirklichen). Man könnte irgendeinen kleinen Gegenstand vom Schreibtische nehmen und gehörig in Papier einwickeln, diesen unkennbaren Gegenstand gebe man dann seiner Versuchsperson in die

Hand und lasse sie den Gegenstand geistig erkennen. Dieselbe gibt uns dann etwa eingewickelten Zucker, Reis, Salz, Bohnen usw. und wir versuchen den wohl eingewickelten Stoff geistig zu erkennen. Hat man in ca. 5 Minuten keine bestimmte Empfindung gehabt, raten natürlich ausgeschlossen und strenge Ehrlichkeit Grundbedingung, so versuche man es mit einem anderen Pakete. Ich habe derartige Übungen und Versuche allerdings nicht machen können, weil wir Gleichdenkende nicht zur Verfügung standen und wollte ich es gelegentlich einmal, so fand ich wider Erwarten doch kein Verständnis dafür.

In der Kleinstadt, wo ich lebe, herrscht viel Dünkel und Einbildung, schon die Schulkinder überheben sich, einer über den andern, und dokumentieren dadurch umso deutlicher, wie es in dieser Beziehung bei ihnen zu Hause aussieht. Jeder Andere in meiner Stellung würde in dieser Umgegend zugrunde gehen müssen, doch ich will den scheinheiligen Leuten mit ihren süßsauren Mienen diese Freude nicht gönnen und was ich will — setze ich auch durch. Darum setzte meine Übungen, die Menschen als das zu erkennen, was sie tatsächlich sind, unbeirrt alleine fort und konnte das auf diese Weise Ermittelte oftmals geschäftlich gut verwerten.

Diese Kunst, geistig etwas zu erkennen, sehen und hören, was uns unbekannt, ist so wertvoll, dass ihr Glanz die Menschen reineweg blenden muss, indem diese sich von einem solchen Gegenstände sofort abwenden und einbilden, es sei nichts. Würde ich darüber nicht hier im Brief sprechen, in der Wirklichkeit und meiner Umgebung spräche ich hierüber nur in den seltensten Fällen, denn dieses Nahe liegt — mir heute ganz begreiflich — ganz außerhalb der Kreise eines Spießbürgers. Das bedenke auch jeder Schüler, wenn er Lust zum Lehren bekunden sollte.

Doch weiter. Hat man z. B. einen eingewickelten Stein in die Hand bekommen und denkt darüber nach, was das Paket wohl enthalten könnte, so ist es nicht ausgeschlossen, dass man vielleicht Visionen von Feuer und Wasser empfängt, was man dann seinem Freunde mitteilen muss, und indem man diese Eindrücke mit dem Gegenstand in Verbindung zu bringen sucht, wird man schließlich eine gewisse Übung darin bekommen, den eventuellen Inhalt eines Paketes schnell zu erraten.

Wenn der Andere, der uns das Paket für qu. Zwecke übergeben hat, gleichfalls fest an den Inhalt desselben denkt, so kommt eine Gedankenübertragung da noch hinzu und es ist entsprechend leichter geworden, darauf zu kommen, welches der Inhalt ist. Diese Versuche weichen aber gar zu leicht ab und die Übung wird zur Spielerei. —

Ein Vorgeschrittenerer findet vielleicht einen goldenen Ring auf der Straße und schließt aus der Form desselben schon auf die Persönlichkeit, dann konzentriert er seine Gedanken auf dieses Fundstück, wird passiv und es ist nicht ausgeschlossen, dass er an diesem Ringe die Person erblickt, die denselben verloren hat. Auch ev. Ereignisse, die sich an Ring und Person eng anschließen, könnten ebenfalls vor unserem geistigen Blicke auftauchen.

Briefe, welche unter dem Einfluss einer starken Aufregung geschrieben wurden, eignen sich auch vorzüglich zu solcher Übung. Man öffnet den Brief, sieht nicht hinein und drückt ihn mit der Hand gegen die Stirne, hier kann man durch Empfindungen den Charakter des Schreibers und seine äußeren Verhältnisse erfahren, selbst die seiner Familie, auch wird sich ein Bild seiner Person unserem geistigen Schauen einprägen, vorausgesetzt, dass wir uns lange genug mit dieser Ermittlung beschäftigen.

Durch dieses Verfahren könnte man auch anonyme Briefschreiber entdecken und die Sache würde dadurch erleichtert, wenn ein solcher Brief möglichst durch wenig fremde Hände läuft und der Umschlag nicht verloren geht.

Der Träger eines Ringes ist mit diesem eng verbunden und überträgt seine Eigenart unbewusst in dieses Metall, ebenso empfängt ein Bogen Papier derartige unsichtbare Eindrücke von jedem, der es in die Hand nimmt und möglicherweise längere Zeit behält.

Vor einigen Jahren wurde ich von einem verrückten Bäcker, der nicht verstanden hatte, das gute Geschäft seines Vaters weiterzuführen und Pleite machte, denunziert, ihm einen oder mehrere anonyme Briefe geschrieben zu haben, natürlich wurde das Verfahren wieder eingestellt; aber ich lernte dabei auch das Ermittlungs-Verfahren kennen, weshalb ich die Sache hier erwähne.

Der betreffende Bäcker lebte mit vielen Leuten in Streit und ich selber habe ihn mit einem dicken Schiffstauende aus meiner Wohnung vertrieben, weshalb seine dumme Schlauheit ihm eingab, mich wegen den Briefen zu denunzieren, die er sich selber besorgt und geschickt haben mochte! —

Im Jahre 1902/3 wurde meine Tätigkeit von privater Seite in Anspruch genommen; es sollte nämlich ein Sohn ganz achtbarer Eltern einen Einbruchsdiebstahl ausgeführt haben und *nur* infolge von Indizienbeweisen erhielt er zwei Jahre Gefängnis, Als ich hiermit zu tun bekam, waren schon Monate seit der Tat verflossen, aber ich nahm eine Besichtigung des Tatortes vor, prüfte Akten und Aussagen, soweit mir solche zu Gebote standen, lernte die verschiedenen Angestellten, welche z. Zt. der Tat im Geschäft in Stellung waren, direkt und indirekt kennen und durfte auch den vermeintlichen Übeltäter im Gefängnisse besuchen.

Ich ließ alles auf mich direkt einwirken, aber bei allen kam mir kein besonderer Lichtblick ein; da hörte ich, dass ein Aushelfer bereits 8 Tage vor der Tat aus dem Geschäft ausgetreten sei und nahm auch diesen auf meine Eruierungsweise vor. Derselbe wurde darauf infolge gravierender Anhaltspunkte von dem Vater des vermeintlichen Übeltäters bei der Staatsanwaltschaft angezeigt, ohne seinen Sohn allerdings dadurch befreien zu können. Zwar bin ich überzeugt gewesen, meiner Sache sicher zu sein, aber die Tat war bereits zu lange her und die Beweise, worauf sich das Gericht stützt, angeblich ungenügend. Ich habe darüber nachgedacht, dass wenn jemand infolge von Indizienbeweisen verknackt worden ist — merkwürdigerweise dann auf Gegenbeweise wenig gegeben zu werden scheint.

Wer den Lauf der Welt im Gesetze des Karma beobachtet und verfolgt, erkennt dies hehre Gesetz täglich in nächster Nähe und lacht nicht so leicht, denn er weiß, dass es *jeden* Übeltäter zu finden und zu treffen weiß, zur Ehre einer wirklich göttlichen Gerechtigkeit Die irdische Persönlichkeit spielt ihm gar keine Rolle, und wer die Angewohnheit hat, sich über das Unglück anderer und sogar fremder Leute zu freuen, der wird selber früh genug Ursache bekommen, bittere Tränen in eigenster Angelegenheit zu vergießen. —

Wenngleich irgendwelche Ermittlungen auf dem geschilderten Wege keine allgemein üblichen sind, so lässt man sich selber dadurch nicht beirren. Solche Übungen tragen ungemeinen Wert für uns selber und ist ein gewisses Können erst entwickelt, so vermögen wir es kaum noch zu entbehren, ohne dass unsere ganze menschliche Umgebung überhaupt die Art und Weise unserer Tätigkeit ahnt. Üben und lernen muss man, jeder Geschäftsmann zahlt sein Lehrgeld — ob er will oder nicht will — und wer nicht stehen zu bleiben gedenkt, macht derartige Übungen mit zur täglichen Gewohnheit.

Von meinen derartigen Versuchen will ich noch einen Fall erwähnen:

Als ich noch ein Kind war, wurde ein geiziger Kaufmann, der sein großes Haus allein bewohnte, eines Abends mit einem Beil in seinem Laden erschlagen und beraubt. Als dann darauf in den nächsten Tagen das Haus verschlossen blieb, soll es amtlich geöffnet und die grausige Tat entdeckt worden sein. Dieselbe blieb ungesühnt, obgleich es an Verdächtigen auch damals nicht gefehlt haben soll.

Verdächtig! — Ein grausiges Wort für diejenigen Leute, welche mit der Tat selber nichts zu tun, aber dafür gehalten werden, der Tat verdächtig zu sein.

Diesen Fall zog ich mir aus der Vergangenheit hervor. Alles was ich über den Ermordeten erfahren hatte, vereinigte ich zu der mir im Geist vorschwebenden Gestalt ich stellte mir seinen matterleuchteten Laden vor und auch seine Gedanken über „noch mehr Sparen". Da klingelte es und die Haustür ging auf und zu, eine infolge rauen Wetters etwas vermummte Gestalt schreitet mit Arbeitsgerät in den Laden, während eine zweite die Haustür verriegelt oder verschließt. Der Händler gibt dem Käufer die Ware und dieser dem Ersteren ein Geldstück welches gewechselt werden muss. Beim Wechseln bückt sich der Händler über die Ladenkasse und erhält plötzlich mit einem Beil einen Schlag auf den Kopf und der Mord ist geschehen. Nun suchen zwei Mann nach Geld und Wertsachen, löschen das Licht aus und eilen mit ihrem Raub fort, aber nicht durch die Haustür, sondern hinaus nach dem Hofe und verschwinden über eine Mauer nach links. — — —

Wenn man sich geistig in ein solches Haus versetzt, wo ein Mord geschehen ist, und lässt die Einzelheiten ev. auch Möglichkeiten Revue passieren, so strömen telepathisch die Gedanken derer, die in der nächsten Nähe oder weitesten Ferne die Gräuelvorgänge der Vergangenheit kennen, auf unser empfängliches Gehirn ein, und plastisch tauchen dann jene Bilder der Verbrechen vor uns auf, die dort verübt worden sind.

Hierbei nehmen etliche eine Gedankenübertragung Verstorbener auf die Lebenden an. Spiritisten glauben teilweise, dass die Spukbilder wirkliche Formen aktiv auftretender Schemen Verstorbener sind. Möglich ist auch, dass die Gedanken der noch lebenden Verbrecher oder auch der Vergewaltigten, so lange letztere noch Bewusstsein hatten, auf empfängliche Menschen und von diesen — stets unbewusst — auf andere von Geschlecht zu Geschlecht übertragen, bis durch die Anwesenheit am Ort des Verbrechens bei einem oder mehreren seelisch und sinnlich disponierten Menschen die Telepathie auch als Spuk ausgelöst wird.

Was ich in Bezug dieses Briefes noch hinzuzufügen hätte, wäre „Beharrlichkeit" zu empfehlen. Ohne Weiteres wird kein Mensch nennenswerte Resultate erzielen können, es sei denn, dass er hellsehend begabt ist.

Wer diesen Brief wirklich kennen lernen will, muss denselben wiederholt durchstudieren und dementsprechend Ähnliches aus seinem Kreis vornehmen und für sich zu ermitteln suchen.

Die unschätzbaren Vorteile, welche die Psychometrie in sich birgt, werden alle diejenigen selber verstehen, welche dieselbe betreiben und anfangen Erfolge zu sehen. Zeit und Mühe daran sind nie verschwendet; wer sich aber öffentlich *dagegen* aussprechen sollte, hat sicherlich ein Dutzend anderer Sachen schon betrieben und wieder fallen lassen.

In allen Fällen sind das Verlangen, die Passivität und der Glaube an eine endliche Realisation des erwarteten Zieles notwendig. Ist der Wunsch, gewisse Kenntnisse zu erlangen, ungemein lebhaft vorhanden, dann ist es, neben dem Glauben au die Möglichkeit, sie zu erfahren, nur notwendig, einen genügenden Grad von Passivität zu üben.

Eine jede Wahrheit existiert stets und ist allgegenwärtig,

weshalb wir sie nicht erschaffen, sondern nur entdecken können, wenn wir ein dementsprechendes Leben führen. Die Natur bewahrt ihre höchsten Geheimnisse derartig, dass sie es dem Menschen unmöglich macht, sie eher zu wissen, bis er dazu würdig geworden sein wird.

Ein Missbrauch diesbezüglich erworbener Kenntnisse würde uns wieder, — wie Satan aus seiner reinen und hohen Stellung, — herabfallen lassen und zugleich vernichten.

Die psychometrische Kraft ist eine Frucht unseres besseren Lebenswandels und des Suchens nach Erleuchtung. Ein Gärtner vermag z. B. das Wachsen eines Zweiges zu beschleunigen, indem er das Wachstum aller anderen Zweige unterdrückt; weshalb sollten wir Psychometrie nicht ebenso entwickeln können? — Allerdings darf unsere allgemeine Entwicklung keineswegs zu viel darunter leiden.

Aus einem Psychometristen wird mit der Zeit ein mit besonderer Erkenntnis Begabter (ein Illuminati), ja er wird selbst ein Meister, ein Adept werden können.

Psychometrie ist der Schlüssel zum geheimen Innern, zum Sanktuarium, zum Allerheiligsten hier auf Erden. Und aus diesem Grund sollen diese Briefe auch keineswegs dazu dienen, den Einzelnen nur für irgendwelche Gaukeleien auszubilden. Es wäre dementsprechend auch leichter, tausend Männer und Frauen zu finden, die jeder Zeit bereit sein würden, Zeit, zu opfern, um bloß einige okkulte Kunststückchen zu erlernen, mit denen man gaffendes Volk in Erstaunen versetzen könnte; aber unendlich schwer ist es, einen einzigen Menschen zu entdecken, der etwas und sei es auch nur ein Weniges hingibt, nur aus Liebe zur Wahrheit und für das Wohl der Menschheit. Hierbei denke ich auch an Verstorbene, die durch eine letztwillige Verfügung das allgemeine Elend zu lindern gedachten, indem sie die Zinsen eines hierfür festgelegten Kapitals regelmäßig verteilt haben wollten. Ich würde mich freuen, wenn gerade dieser Brief bei aufmerksamen Schülern einigen Erfolg zeitigen könnte.

Theosophische und okkultistische Studien

in 12 Briefen

von

Ferdinand Schmidt

Brief 6
Über Spiritismus.

Brief 6.
Über Spiritismus.

> Was diese Wissenschaft betrifft,
> Es ist so schwer, den falschen Weg zu meiden,
> Es liegt in ihr so viel verborgenes Gift,
> Und von der Arznei ist's kaum zu unterscheiden.
>
> Faust' (Goethe.)

Vom Spiritismus gilt mit Recht, was Mephisto im „Faust" über Theologie sagt.

Meine Absicht war ursprünglich, über „Spiritismus" keinen besonderen Brief zu schreiben, und zwar nicht etwa darum, weil ich darüber nichts zu sagen wüsste, als vielmehr, dass ich für Spiritismus nicht so eingenommen bin, wie für andere Themata; doch da derselbe im Rahmen dieser Briefe quasi nicht fehlen dürfte, habe ihn mit eingereiht und dem Spiritismus im Interesse des Ganzen und der Schüler das gleiche Recht hier eingeräumt.

Wenn ich an Spiritismus denke, denke ich unwillkürlich wieder an einen Schauspieler, dem ich vor Jahren ein Zimmer meiner Wohnung abvermietet hatte. Derselbe war ein gläubiger Spiritist und von seiner Anschauung so eingenommen und überzeugt, dass alle anderen hierhergehörigen Lehren, wovon Spiritismus in Wirklichkeit nur „ein Teil!" ist, gar keine Rolle bei ihm spielten. In Berlin hatte er spiritistischen Sitzungen beigewohnt und war von den Erscheinungen so überzeugt, dass diese bei ihm höher als andere okkulte Geschehnisse standen. Kein vernünftiges Wort war mit ihm zu reden. Spiritismus war sein „Ein und Alles" und da er — im Übrigen ein prächtiger Mensch — in dieser Hinsicht einem eigensinnigen Spießbürger glich, haben wir dieses heikle Thema s. Zt. fortan hübsch beiseite liegen lassen.

Dem Schüler sei dies deshalb gesagt, damit auch er nicht solcher Einseitigkeit anheimfalle, denn Einseitigkeit gleicht dem Sackgange, der jedes Weiterkommen abschließt und abstumpft.

Ich habe ferner die feste Überzeugung, dass noch eine große Menge der Spiritisten in vielen Irrtümern befangen sein muss, weil sie eben jenes Land, wo Verstorbene wohnen, als ein begehrenswertes Idyll hinzustellen scheinen. Dabei geben sie auch keine näheren Angaben an, wo diese Gegend wohl ungefähr sein könnte.

Gleicherweise wird ihrerseits vielfach angenommen, dass Verstorbene mit einem Mal ganz vollkommene Wesen sein sollen, Engeln vergleichbar. Wer das aber glaubt, wird eben später zu einer besseren Ansicht kommen, denn wie ein Baum fällt, so liegt er.

Unser Gesichtskreis wird sich nach eingetretenem Tode erweitert haben, wir bleiben aber sonst im Charakter, Anschauungen usw. dieselben. Ferner gebe ich zu, dass diejenigen Geister, welche sich (aus der Astralwelt) nach irdischem Dasein zurücksehnen, nur von solchen — sogenannten — Medien herangezogen werden können, welche von gleicher Geistesbeschaffenheit sind. Es können nur gleichartige Wesen mit einander in Verbindung treten,

Für mich ist die Tatsache wunderbar, dass Verstorbene (keineswegs aber alle) auf eine Weise durch Medien auf kurze Zeit zur Verkörperung gelangen können; aber — da andererseits diese Geister auch nicht mehr wissen als Lebende im Durchschnitt, — so haben sich oft genug die erhaltenen Antworten zuerst ganz sinnreich angehört und nachher als Täuschung und Lüge herausgestellt.

Fest überzeugt, dass wir nach dem Tode auch außerhalb von Zeit und Raum weiterleben, so wird es uns dort zuerst ähnlich ergehen, wie es kleinen Kindern von der Geburt an ergeht, indem diese kein Bewusstsein ihrer Präexistenz mitbringen.

Würden z. B. alle Spiritisten verstehen, dass unsere äußere Welt eigentlich nur Schein und Täuschung ist, so könnte man daraus schließen, dass man auf sinnlichem Wege nicht mit dem eigentlichen Wesen eines Verstorbenen verkehren kann. Wir müssten uns innerlich zu dem Zustande erheben können, in dem sich der Vorangegangene befindet, was wiederum sehr wenigen Menschen gelingen wird, weil deren Seelen noch zu sehr an das Irdische gebunden sind und sich hiervon nicht so leicht freimachen können.

Wer irdisch gesinnt ist, hat durch einen Verkehr mit der Geisterwelt keinen Vorteil, — reiner Sinn Vorbedingung!

Einen Zweck haben spiritistische Sitzungen meines Erachtens daher gar nicht, obendrein ist der Verkehr mit solchen Erdgebundenen mit großen Gefahren verbunden, indem uns wohl manche dieser gerufenen „Geister" günstig beeinflussen könnten, andere aber auch imstande sein würden, uns völlig zu ruinieren; hierdurch finden z. B. die Fälle von „Besessenheit" ihre Erklärung.

Der Spiritismus mag auch schon früher eine gewisse Rolle gespielt haben, indem man bei allen Völkern Erzählungen über gewisse Vorgänge darin findet, die außerhalb des Rahmens der gewöhnlichen Naturerscheinungen sich zu bewegen scheinen. Griechen wie Römer, deren ganze Geistesrichtung ausschließlich dem Diesseits zugewandt war, berichten ebenso wohl von Gespenstererscheinungen als das Mittelalter, dem das irdische Dasein nur als kurze Vorstufe des jenseitigen galt, und die Aufklärung der Neuzeit hat diese Spukerscheinungen so wenig zum Verschwinden gebracht, dass diese vielmehr häufiger als jemals in Worten und Schriften erwähnt werden. Ja, es ist fast gewiss, dass diese Phänomene seit dem 18. Jahrhundert in Bezug auf Häufigkeit in wirklicher Zunahme begriffen sind, eine Tatsache, für welche du Prel scharfsinnig einen stichhaltig scheinenden Grund anführte. Wie nicht zu bezweifeln, treten die mystischen und mediumistischen Erscheinungen vorwiegend im Zusammenhang mit bestimmten Persönlichkeiten auf; diese wurden aber im Mittelalter als Zauberer und Hexen verschrien und fielen damit dem Wahnglauben der Theologen und Juristen zum Opfer. Die systematische und viele Generationen hindurch fortgesetzte Ermordung jener Unglücklichen musste aber notwendig die Anzahl derjenigen Menschen, an deren Persönlichkeit aus unbekannten

Ursachen das Auftreten von Spukerscheinungen geknüpft ist, außerordentlich vermindern. Von 1580 bis 1680 sollen in Europa mehr als 100 000 Menschen als Zauberer oder Hexen lebendig verbrannt worden sein, und dem entsetzlichen Aberglauben, dass diese Unglücklichen mit dem Teufel im Bund ständen, huldigten Katholiken wie Protestanten. Seit dem Beginn der sogenannten Aufklärung hörten die Hexenprozesse allmählich auf, und zuletzt galt sogar der Glaube an Spukphänomene überhaupt als Kennzeichen beschränkter Köpfe. Während dieser Zeit aber vermehrte sich wieder langsam die Zahl derjenigen Menschen, die das Auftreten mystischer Erscheinungen begleitet, und diese letzteren wurden nach und nach so zahlreich, dass sie allgemeinere Aufmerksamkeit erregten. Am nachdrücklichsten trat im ersten Drittel des vorigen Jahrhunderts für die Wirklichkeit dieser Erscheinungen Dr. Justinus Kerner ein, der 1829 in seinem Buch „Die Seherin von Prevorst" eine lange Reihe selbst beobachteter mystischer Phänomene, die an die Person der Frau Friederike Hauffe geknüpft waren, ausführlich mitteilte. Der Ausgangspunkt des heutigen Spiritismus ist indessen in Nordamerika zu suchen, und es ist gleichgültig, ob man ihn mit dem Auftreten von Jackson Davis zu Ende des Jahres 1843 oder mit dem 31. März 1847 und den Vorgängen in dem Blockhaus zu Hydesville in Beziehung setzen soll. Die spiritistische Bewegung nahm in Amerika rasch großen Umfang an, während sie in Europa nicht beachtet wurde, bis im Jahre 1852 amerikanische Spiritisten, sogen. „Medien" herüberkamen, um in den großen Städten der alten Welt durch ihre Kunst oder Begabung sich Geldquellen zu eröffnen. Mit ihnen tauchte auch das „Tischrücken" auf, das sich wie eine Epidemie über ganz Deutschland und von hier nach Frankreich ausbreitete. Man zog, so schildert Figuier, große wie kleine Tische herbei, stürzte sich auf Hüte, sogar auf Teller und Waschschüsseln; aber während die einen sich ihres Erfolges rühmten, vermochten die meisten anderen nichts wahrzunehmen und beschuldigten daher jene des Betruges. Diese antworteten, indem sie ihre Gegner als unaufrichtig bezeichneten, und so bildeten sich rasch Parteien, die einander grimmig anfeindeten. Die Männer der Wissenschaft, soweit sie in abhängigen Stellungen waren, hüllten sich in Schweigen. Alexander v. Humboldt schrieb ironisch von einer „Begeistigung des Tannenholzes", aber nach dem Zeugnisse des Generalleutnants v. Lüttichau erklärte er am 20. Juni 1853 bei Tafel dem König Friedrich Wilhelm IV. gegenüber die Tatsache des Tischrückens für unleugbar, doch sei eine wissenschaftliche Erklärung noch erst zu finden. Nach und nach verlor die Sache den Reiz der Neuheit, und das Interesse daran schlief ein, schon weil man fand, dass das Experimentieren mit Tischen eine sehr mühevolle Arbeit ist. Allgemeine Aufmerksamkeit begann sich in Deutschland wieder seit 1861 auf die spiritistischen Erscheinungen zu richten, nachdem Maximilian Perty, Professor der Zoologie und Anthropologie in Bern, ein großes Werk unter dem Titel „Die mystischen Erscheinungen der menschlichen Natur" veröffentlicht hatte. Dieses Buch ist auch heute noch als reiche Fundgrube von Tatsachenmaterial zu betrachten, obgleich viele Angaben in demselben sich der kritischen Kontrolle entziehen, weil eben die Quellen eine solche Prüfung nicht gestatten. Mittlerweile tauchten aus Amerika und darauf auch aus England Gerüchte über neue wunderbare und mysteriöse Erscheinungen auf, die genauen Prüfungen derselben durch Männer wie Wallace und Crookes ergaben, dass wenigstens die von ihnen untersuchten Vorgänge nicht auf Täuschungen zurückzuführen waren. In Deutschland wird der Spiritismus am meisten mit dem Namen des berühmten Astrophysikers Zöllner in Verbindung gebracht. Dieser ausgezeichnete Forscher besuchte 1875 London und sah, zusammen mit Dr. Huggins und Repsold, bei Crookes eine von diesem aufgenommene Fotografie „jenes merkwürdigen, mit allen Attributen einer realen Körperlichkeit ausgestatteten Wesens, das in der Nähe des schlafenden 15-jährigen Mädchens Miss Cook plötzlich erscheint, um ebenso plötzlich wieder zu verschwinden." „Der Leser", schrieb Zöllner später im 3. Band seiner „Wissenschaftlichen Abhandlungen", „wird mein Erstaunen und das nur mühsam unterdrückte Lächeln begreifen, als mir Herr Crookes auf meine Frage, wo jenes holdselige Wesen existiere, ganz ernsthaft und trocken erwiderte: „Two hundred years ago!" (200 Jahre früher).

Diese Begegnung hat auf Zöllner einen tiefen Eindruck gemacht und ist Mitveranlassung geworden zu den Versuchen, die er später mit Slade und darauf mit Hansen anstellte. Slade soll nachher bei gewissen Manipulationen quasi als Betrüger erkannt worden sein, und manche andere sogenannte Medien wurden auf ähnlichen Pfaden betroffen; nichtsdestoweniger wächst die Zahl der Spiritisten von Jahr zu Jahr; bald hier, bald dort tauchen neue „Medien" auf, und es vergeht kein Monat, in welchem die Tagesblätter nicht von mysteriösen Vorgängen oder Spuken berichten. Zweifellos läuft hier viel Schwindel mitunter, aber es bleiben genug Tatsachen übrig, die unleugbar sind, und gerade dieser Kern der Sache ist es, der den Spiritismus lebensfähig erhält. Die Frage ist heute gar nicht mehr: gibt es echte mediumistische Erscheinungen?, sondern: wie sind die echten Erscheinungen dieser Klasse zu erklären?

Um in dieser Frage einen sicheren Ausgangspunkt zu gewinnen, ist es von großer Wichtigkeit, an der Hand der Geschichte die spiritistischen Vorgänge bei den verschiedenen Völkern durch die Jahrhunderte hindurch zu verfolgen. Dies war bis vor kurzem freilich sehr schwierig, da es an einem Werke fehlte, welches das in Rede stehende Gebiet nach seiner geschichtlichen Entwicklung darstellt. Diesem Mangel wurde durch ein Buch des Italieners C. B. v. Vesme abgeholfen. Dasselbe ist in trefflicher Übersetzung durch Feilgenhauer dem deutschen Publikum zugänglich gemacht worden (Cäsar Baudi Ritter v. Vesme, Geschichte des Spiritismus, einzig autorisierte Übersetzung aus dem Italienischen von Feilgenhauer. 3 Bände.

Das Interesse, welches v. Vesme dem Spiritismus in erster Linie entgegenbringt, ist dasjenige, welches dem metaphysischen Bedürfnisse des Menschen entspringt: er hofft von ihm Aufschluss über die Frage nach dem Jenseits und dem Dasein Gottes zu erhalten. Diese Frage ist an sich wichtig genug, mit der sich ein denkfähiger Mensch beschäftigen könnte, für den es nicht gleichgültig ist, ob er nach den wenigen Jahren, während denen ihm die Sonne scheint, in das absolute Nichts versinken wird oder ob jenseits der Pforten des Todes „zu neuen Ufern lockt ein neuer Tag." Sucht nun v. Vesme über dieses Problem auf spiritistischem Wege Aufklärung, so verfährt er dabei doch keineswegs, wie viele Schwärmer, leichtfertig und unkritisch oder von pietistischen Grillen beherrscht. Er zeigt sich sogar gelegentlich als großer Skeptiker, und von der Art und Weise, wie er das Alte

Testament der Bibel kritisiert, werden weder jüdische noch protestantische oder katholische Theologen sonderlich erbaut sein. Dass er von seinem Standpunkt aus auch den Evangelien keine Autorität als göttlichen Offenbarungen beilegt, ist begreiflich; aber kaum hätte man die scharfe (doch berechtigte) Kritik erwarten sollen, die er Renaus Leben Jesu zuteilwerden lässt. Der Stifter des Christentums ist ihm eine Art Medium, und was dessen Auferstehung anlangt, so hält sie v. Vesme für nicht genügend sicher erwiesen. „Sie lässt sich", sagt er, „nach persönlichem Gutdünken glauben, allein sie ist weit davon entfernt, historisch bewiesen zu sein; auch hat die zeitgenössische öffentliche Meinung in Judas durchaus nicht daran geglaubt." Das Dasein eines höchsten Wesens scheint v. Vesme a priori als eine Hypothese vorauszusetzen und betont, dass es streng genommen wissenschaftlich (außerhalb des Spiritismus) nicht bewiesen werden könne, weil die Schwierigkeit immer nur vorwärts geschoben, nicht aber beseitigt werde. Die ewige Verdammnis bezeichnet er geradezu als eine Gotteslästerung gegenüber der Güte des höchsten Wesens, und auch das Dasein des Teufels lehnt er ab, obgleich dieser wenigstens theoretisch doch durchaus erforderlich ist, um die Schlechtigkeit der Welt zuletzt auf seine Kappe zu nehmen. Solcher Art lehnt de Vesme das ganze theologische Lehrgebäude der monotheistischen Religionen ab und bleibt dabei, dass nur spiritistische Mitteilungen uns über das Jenseits aufklären können. Als Motto führt er Aksakows Ausspruch an: „Es ist das große Verdienst des Spiritismus, bewiesen zu haben, dass die geheimnisvollen Fragen, die sich auf das Problem unseres Daseins beziehen, auf experimentellem Wege einem Studium unterzogen werden können." De Vesme kann sogar seine Verwunderung nicht unterdrücken darüber, das die bisherigen spiritistischen Offenbarungen uns so überaus wenig von Gott kundgetan haben, ja, dass „die Geister eigentlich von Gott nichts Näheres wissen." Das ist ein böser Umstand für alle diejenigen, welche annehmen, dass die spiritistischen Erscheinungen von abgeschiedenen Menschen ausgehen, die einer Geisterwelt angehören, welche durch die Medien mit uns Lebenden in Beziehung tritt. Die Spiritisten, die der Geister-Hypothese huldigen, suchen sich freilich damit zu helfen, dass sie behaupten, nach dem Tode würde der Mensch in Bezug auf göttliche Dinge nicht sehr viel aufgeklärter, als er früher gewesen, wenigstens sei dies der Fall, solange der Abgeschiedene überhaupt noch als Geist erscheine. Allein diese Behauptung ist nur eine Verlegenheitshypothese, denn in gewissen spiritistischen Sitzungen fanden Kundgebungen von Engeln, ja sogar von Jesus Christus selbst statt, und zwar in einer Weise, die an das Eingreifen der von den Spiritisten sogenannten „Spottgeister" durchaus nicht denken lässt. Nimmt man aber an, dass die mediumistischen Erscheinungen nur von lebenden Menschen, in einer uns allerdings noch völlig unbekannten Weise, ausgehen, so wird man a priori nichts wesentliches über Gott und das Jenseits auf diesem Weg erwarten können. Und so ist es in der Tat. Keine spiritistische „Offenbarung" hat bis jetzt vermocht, den Kreis unseres Wissens nennenswert zu vergrößern, wohl aber haben die Aussprüche der angeblichen Geister gezeigt, dass sie lediglich dem Bildungsgrade der Medien entsprechen, und selbst irrige Vorstellungen der letzteren wiederholen. So forderte z. B. ein „abgeschiedener Geist" auf zum Beten für diejenigen, welche auf der „abgewandten dunklen Seite des Mondes" leben. Diese Aufforderung hatte offenbar ihren Grund nur in der irrigen Meinung des Mediums, auf der von der Erde abgewandten Seite des Mondes herrsche Dunkelheit, während dieselbe in Wirklichkeit ebenso von der Sonne beleuchtet wird, wie die uns zugekehrte Hälfte. Wie bemerkt, neigt v. Vesme zur Annahme der Geisterhypothese des Spiritismus, ein Standpunkt, den übrigens Naturforscher vom Range eines Wallace und Crookes mit ihm teilen und auf dem auch Zöllner verharrte. Doch ist er weit davon, die durch Dr. Rivail, alias Allan Kardec, begründete spiritistische Richtung gutzuheißen, bei der lediglich des Meisters unkontrollierte „Offenbarungen" als maßgebend gelten. Die Sektenbildung, welche in der Geschichte aller Religionen eine so große Rolle spielt, tritt auch in der Geschichte des Spiritismus bedeutsam hervor. Zwei Hauptgruppen haben sich in dieser bemerkbar gemacht, in Amerika die Gruppe der Anhänger von Andrew Jackson Davis und in Frankreich die der Kardekianer. Eine besondere Stellung nahm England ein, wo mehr als irgendwo anders die spiritistischen Erscheinungen wissenschaftlich untersucht worden sind. Die zahlreichen hypnotischen Experimente, die seit dem Auftreten Hansens von Berufenen wie Unberufenen angestellt wurden, haben nach und nach zu der Auffassung geführt, dass der Hypnotismus in enger Verwandtschaft zu den spiritistischen Erscheinungen stehe und diese wie jener auf der Tätigkeit lebender Menschen beruhe. Eine Anzahl neuer Erscheinungen spricht zugunsten dieser Annahme, aber damit ist das Problem keineswegs gelöst und die Erscheinungen bleiben im Grunde genommen so geheimnisvoll wie sie waren.

Der Spiritismus ist — wie gesagt — nicht Hauptsache, ich erkenne ihn an, weil seine Existenz erwiesen, aber keineswegs so mächtig ist, dass dadurch Höherentwickelte natürlich Verstorbene, vermittelst Medien sistiert werden könnten. Ich fände es schrecklich, wenn jeder Verstorbene unter den Einflüssen irgendwelcher Medien oder Sistierer stände und zu erscheinen habe, sobald ein x-beliebiger Geisterbeschwörer es verlange. Dagegen halte ich es für zweifellos, dass Abgeschiedene oft ungern davongegangen sind durch Krankheit, Unfall oder dergl., und in die Astralwelt versetzt, noch ungemein an das irdische Leben hangen werden. Diese werden jede angängige Gelegenheit benutzen und ausnützen, um sich auf kurze Zeit am irdischen Dasein zu erfreuen. Dass Geister aus der Astralwelt sich in unsere Sphäre zu begeben suchen, ist für mich ferner ein Beweis, dass dieselben ihre irdischen Ansichten und Glauben beibehalten und dadurch ihre eigene Weiterentwicklung gehemmt haben. Ihre eigene Anschauungsweise könnte sie auf lange Zeiten in der uns nächsten Sphäre bannen, sie haben sich ihr eigenes Jenseits gebildet und verharren darin, während wir gelernt haben, dass wir keine ewige Ruhepause im Jenseits finden werden, sondern am besten die nächsten Sphären hinter der Todespforte schnell durcheilen und wieder geboren werden, um unser Pensum an Erdenleben in kürzerer Zeit zu erledigen. Unsere Seele wird man bei theosophischer Weltanschauung demnach durch Medien nachher nicht herbeilocken können, auch werden wir kein Verlangen hegen, nach unserem Tode spiritistische Zirkel aufzusuchen. Eine derartige Seele könnte vielleicht lediglich aus Liebe zu ihren zurückgelassenen Angehörigen einmal zurückkehren, hervorgerufen durch große Sehnsucht bei den letzteren, aber niemals aus wissenschaftlichem Zeitvertreib sistiert werden können.

Bin ich soweit von meiner Anschauung überzeugt, so stehe aber auch einer weiteren Belehrung hierüber keineswegs schroff entgegen.

In seinem Buch: „Aufschluss über Spiritismus" teilt Herr Kassationsgerichtspräsident Georg Sulzer die ganze umfangreiche spiritistische Literatur in zwei Kategorien ein, nämlich in den wissenschaftlichen Spiritismus (eigene Geistesprodukte der Verfasser und in den Offenbarungsspiritismus, weil viele Spiritisten das somnambul oder mediumistisch Geschriebene als Offenbarung des Jenseits halten.

Der Inhalt dieses Buches hat mich interessiert, aber keineswegs meine bisherige Ansicht über Spiritismus geändert, was auch wohl bezüglich noch anderer Ansichten der lesenswerte Inhalt des Buches nicht bezweckt.

Der Russe, Staatsrat Alexander Aksakow, versteht unter Spiritismus Erscheinungen, bei denen neben der sensitiven Person, die sich im Somnambulismus oder Trance befindet — oder auch ohne dieselbe — Intelligenzen mitwirken, die nicht zu den lebenden Menschen gehören. Derselbe scheidet (in seinem Buche „Animismus und Spiritismus", 1890 erschienen) die okkulten Erscheinungen in solche des Personismus, die er dem meist unbewussten Wirken der Seele des Mediums zuschreibt, in solche des Animismus, wobei die Seelenkräfte anderer lebender Menschen mitwirken, und in solche des Spiritismus, wobei sich der sinnlichen Welt fremde Intelligenzen betätigen, welche, wie Aksakow nicht bezweifelt, überwiegend die Seelen verstorbener Menschen sind. —

Annie Besant sagt über Mediumismus, was ich aus deren Buch „Der Tod – und was dann?" (Verlag Edition Geheimes Wissen, Graz), entnehme und — obschon einmal erwähnt — voraufführe, dass Selbstmörder sowohl wie auch solche Menschen, welche durch Unfall ums Leben kamen, mit den auf Erden Lebenden in Verkehr treten können, sich aber auch dadurch in hohem Grade selber schädigen:

„Dies sind diejenigen Spirits, welche von den französischen Spiritisten als die „*esprits „souffrants*" bezeichnet werden. Sie bilden eine Ausnahme von der Regel, weil sie in dem Anziehungskreise und in der Atmosphäre der Erde — in *Kâma-loka* zu verweilen haben, bis die ihnen von Natur zugemessene Lebenszeit bis zur letzten Stunde abgelaufen ist; oder mit anderen Worten: diese bestimmte einzelne Welle der Lebensentfaltung muss bis zum Uferrand sich fortpflanzend fortschwingen. Sündhaft und zugleich auch grausam ist es jedoch, ihr Gedächtnis immer wieder neu zu beleben und ihre Leiden zu vermehren, indem man ihnen Gelegenheit gibt, ein künstliches, unnatürliches Leben zu führen, eine Gelegenheit durch deren Benutzung sie ihr Karma noch mehr überlasten; denn man fordert sie ja dadurch auf, durch das geöffnete Tor der Versuchung einzutreten, d. h. sich der Medien und Sensitiven zu bedienen, obschon sie für jedes derartige Vergnügen im vollen Maße werden zu büßen haben. Ich will dies näher erklären: Selbstmörder, welche sich der törichten Hoffnung hingeben, dem Leben zu entfliehen, und dann finden, dass sie gleich wohl noch fortleben, haben durch eben dieses Fortleben schon mehr als genug zu leiden. Ihre Strafe besteht eben gerade in der Intensität dieses Lebens. Weil sie nun aber durch ihre voreilige, unüberlegte Handlungsweise ihr 6. und 7. Prinzip verloren haben — (wenn auch nicht für immer, da sie ja beide wieder erwerben können) — so benutzen sie ihre Strafe nicht nur als Hilfsmittel zu ihrer Erlösung, sondern fühlen sich oft gedrängt, sich ins Leben zurückzuwünschen, und versuchen durch sündhafte Mittel, sich wieder an dasselbe anzuklammern. In *Kâma-loka*, dem Land der heftigen Begierden, können sie aber ihren irdischen Gelüsten nur mit Hilfe eines lebenden Stellvertreters oder Mediums frönen, und indem sie dies gewissermaßen bis zur Erschöpfung tun, geht meistenteils ihre Monade für immer verloren. Die Opfer eines Unfalles sind aber noch schlimmer daran. Sofern sie nicht so rein und gut waren, dass sie sofort in das *Akâsha-Samadhi* eingehen können, d. h. in einem Zustand ruhigen Schlummers verfallen, in einen Schlaf voll blumiger Träume, währenddessen sie keine Rückerinnerung an das ihnen zugestoßene Unglück haben, sondern sich unter ihren alten Freunden und in bekannten

Verhältnissen bewegen, bis ihre ihnen von Natur zugeteilte Lebenszeit abgelaufen ist, worauf sie sich dann in Devachan neu geboren finden — diesen Fall ausgenommen, ist ihr Schicksal ein sehr düsteres. Denn waren sie von Sünden befleckt und mit sinnlichem Charakter begabt, dann wandern sie als unglückliche Schatten umher (nicht als Gespenster oder Schatten, denn die Verbindung mit ihren zwei höheren Prinzipien ist nicht gänzlich abgebrochen), bis endlich ihre Todesstunde herankommt. Plötzlich mitten aus dem vollen Strudel irdischen Strebens und Genießens, sowie aus den Banden fester Verhältnisse herausgerissen, fühlen sie sich versucht, die ihnen durch Medien dargebotene Gelegenheit zu benutzen, um sich durch deren Vermittlung diese Genüsse wieder zu verschaffen. Diese sind dann die Pischâchas, die „Incubi und Succubi des Mittelalters, die Dämonen der Trunksucht, Völlerei, Unzucht, des Geizes, Elementarwesen von bedeutender Kraft, Bosheit und Grausamkeit, welche ihre Opfer zu den schauderhaftesten Verbrechen aufreizen und in der Vollbringung derselben schwelgen! Sie bewirken nicht nur den Ruin ihrer Opfer, sondern ihre psychischen Vampire, die Ausgeburten ihrer zum reißenden Strom angewachsenen teuflischen Leidenschaften werden endlich — mit Ablauf der ihnen festgesetzten natürlichen Lebensperiode — aus der Region der Erden-Aura hinweg in andere Regionen versetzt, woselbst sie für Jahrhunderte ausgesuchte Qualen zu erdulden haben, die mit ihrer völligen Vernichtung enden.— — —

Wer sich dieses zu Herzen nimmt, wird jene beiden Klippen wohl umsegeln können, indem er erstens keinen Selbstmord begeht und zweitens sein Leben so führt dass wenn er durch Unfall zu Tode kommen sollte, im Lande der Begierden nicht festgehalten werden kann, oder sein Verlangen nicht Rechnung tragen wird, sich, durch Medien zeitweilig zu reinkarnieren.

Die Theosophie bekämpft somit alle nekromantischen Vorkehrungen, wie dies auch schon das Alte Testament tut. Auch erscheint nie der wirkliche Geist eines Entkörperten, sondern nur seine leblose Larve, die von untergeordneten Wesen belebt oder durch Gedankenübertragung des Mediums bewegt wird.

Als Anhänger theosophischer Anschauungen musste dem eingangs erwähnten Spiritisten oftmals widersprechen und bin zu der Überzeugung gekommen, dass es noch besser sei, derartigen Anhängern gar nicht zu widersprechen, sollte man von vorn herein der Überzeugung sein, dass jedes Wort doch vergeblich sein würde. Da will z. B. ein Spiritist in einer Sitzung seine verstorbene Mutter gesehen haben und ist davon fest überzeugt, während es nach Ansicht von Theosophen höchstwahrscheinlich der ungeformte Astralleib des Mediums gewesen, da es ja diesem astralen Wesen keine Mühe macht, aus dem Gedankenstrom der Umsitzenden sich die Formen zu verschiedenen Gestalten zu entlehnen, welche stets an Deutlichkeit und Lebendigkeit zunehmen, in je tieferem Trancezustand das Medium versinkt.

Es gibt ferner auch eine Menge von durch automatisches Schreiben entstandenen mediumistischen Mitteilungen, welche zum Teil von Verstorbenen herrühren und offenbares Interesse bei Spiritisten und Theosophen beanspruchen durfte, oder einem kindischen Geschreibsel gleicht, was sicherlich bei unentwickelten automatischen Schreibversuchen herauskommen wird.

Dass es auf all diesen Geschichten etwas Greifbares gibt und angeboten wird, ist bei heutiger Kultur scheinbar gar nicht anders möglich. Mir wurde z. B. in letzter Zeit ein Zauberspiegel, ein Hypnograph, ein Skriptoskop usw. angeboten und halte ich nicht viel davon, weil ein Vorgeschrittener dieser Hilfsmittel nicht bedarf, denn bei ihm ist die Energie ausschlaggebend.

Meine Ansicht über Spiritismus und über Verstorbene ist eine andere und ziehe deshalb eine natürliche oder eine von selbst sich darbietende Verbindung vor. Würde sich uns eine Gelegenheit bieten, dass wir auf irgendeine Weise schon jetzt mit Verstorbenen oder mit unserem Schutzgeiste ersichtlich in Berührung kommen sollten, Sitzungen zu diesem Zwecke gänzlich ausgeschlossen, so dürfte eine solche, uns quasi aufgedrungene, Gelegenheit wohl nicht übergangen werden.

Als Möglichkeiten erkenne an, automatisches Schreiben und Erscheinungen. Die automatische Schreibarbeit müsste auch gänzlich außerhalb meines Könnens liegen und andere Handschriften aufweisen. Bezüglich Erscheinungen sei gesagt, dass

Geister sich keiner Sprache bedienen, sich vielmehr durch Gedankenübertragung verständigen.

Transzendentale Erlebnisse ereignen sich verhältnismäßig häufiger als man glaubt, weiden aber nicht nur von Leuten, die täglich ihren Geist durch Spirituosen und viel Fleisch blind machen, wie von Vertretern exakter Forschung ignoriert. Nur mit Hilfe eines reichen Tatsachenmaterials ist es möglich, durch Vergleiche gewisse Gesetze festzustellen, die den seltsamen Erscheinungen zugrunde liegen.

Zufall gibt es nicht!

Besondere Aufmerksamkeit verdienen Traumgeschichten.

Heute Nacht (vom 14.— 15. Nov. 12) träumte ich zum Beispiel, dass ich in einem hübschen Laubengange lustwandelte, die Sonne schien und im Garten hörte ich jemanden beten, dass Gott der Herr die Sonne scheinen lassen möge, damit all' die herrlichen Früchte zur Reife kämen und nichts unreif vergehe. — Hierbei gewahrte ich über mir herrliche Weintrauben, verschiedentlich sprang ich in die Höhe und riss mir kleine Zweige herunter und aß die reifen Trauben sofort auf. Im Weiterschreiten gewahrte ich ferner, dass der Fußboden dieses Laubenganges, der um ein großes Haus zu führen schien, vor mir gescheuert wurde, ich also nicht weiter schreiten konnte und den Boden betrachtend hübsche orientalische Verzierungen zu Tage traten.

Plötzlich erwachte ich und ich fragte mich, was dieser angenehme Traum wohl zu bedeuten habe, und als mir nicht gleich Antwort kam, verhielt ich mich passiv und prüfte alle kommenden Gedanken.

Am 14. Nov. 12 war ich nämlich höchst unzufrieden gewesen, weil manche Erwartungen nicht eintreffen wollten und als ich schlafen ging, kam mein Wunsch wieder zur Geltung, meine Existenz hier in L. ganz aufzugeben und möglichst recht weit von hier weg verziehen zu können.

Ich habe das Bewusstsein, dass dieses im nächsten Jahre eintreten wird und da ich nicht weiß wie, so war meine Ungeduld auch entsprechend lebhafter. Hierbei schlief ich ein, erlebte vorstehenden Traum und entnehme heute daraus, dass ich warten soll und mich der Geduld befleißigen müsse. Die Trauben und

Früchte waren noch nicht völlig reif und den Laubengang konnte ich nicht weiter verfolgen, weil mir 4 — 5 scheuernde Personen den Weg versperrten. Die Lage, in der ich mich befand, war keineswegs eine unangenehme, sie gleicht meinem jetzigen Leben, indem ich mache was ich will und nach Gutdünken handle. Deshalb werde ich warten und nicht selber in den Lauf meines Schicksals eingreifen, was unter Umständen ein gefährliches Ding sein soll.

Gleichfalls wird es für Schüler wissenswert sein, dass nach Offenbarungen, welche Spiritualisten von dem Jenseitigen erhalten haben, nämlich jeder Fluch in Erfüllung geht, entweder am Fluchenden selbst, oder an demjenigen, den er verflucht. Im letzteren Fall stets, wenn Eltern ihre Kinder im heiligen und gerechten Zorn verfluchen! —

Ich wurde gefragt, auf welche Weise man denn mit der Geisterwelt in Verbindung treten könne und will mich hier auch darüber aussprechen, weil bei dem einen oder anderen Schüler diese Frage sicherlich auf der Zunge liegen wird.

Die Vorteile wie Nachteile habe hoffentlich genügend klargelegt.

Man braucht nicht im Besitze irgendwelcher Kräfte oder Veranlagung zu sein und ebenso keine mystischen Fixfaxereien zu machen, um auf geistige Kundgebungen zu rechnen.

Der menschliche Geist ist zu Allem fähig!

Wollen wir also irgendeinen Erfolg in diesbezüglichen Bestrebungen zeitigen, so müssen wir den zuversichtlichen Glauben haben, das zu erreichen, was wir wollen. Ferner müssen wir einen festen Willen in uns hegen, auf dem einmal betretenen Wege zu beharren und mag dazu kommen, was da will und Hindernisse eintreten, welche es geben mag. Zum Beispiel ist „Entmutigung" hierbei ein großes Hindernis. Man muss sich auch hier mit der größten Energie wappnen und festen Willens in jener Ordnung der Dinge verharren, in welcher es Gott gefallen hat uns seine Kraft zu offenbaren. In dieser Verfassung verhalte man sich passiv in einem fast dunklen Zimmer und wünsche mit Jemanden aus dem Jenseits in Verbindung zu treten. Halte auch eine Bleifeder in der Hand, um damit auf einem Bogen Papier schreiben zu können, sollte sich die Hand hierzu unwillkürlich von selber in Bewegung setzen. —

Erwähnen möchte ich nochmals, dass sich die Ansichten der Spiritisten ebenso teilen, wie die eine große Religion des einen Gottes oder der einen Kraft aller Welten hier auf unserem winzigen Planeten — im Verhältnis — in unendlich viele Religionssysteme und diese wiederum in Sekten. In tausend Irrtümern steckend, will jede bekanntlich die allein seligmachende Kirche sein, hinwiederum ist es aber keinem Menschen versagt, auf seine eigene Weise, auf seine Façon, selig zu werden.

Dieses göttliche Geschenk vermag kein Mensch dem andern zu rauben; wäre es möglich, — die Kirche mit ihrem großen Magen hätte es längst getan.

Allan Kardecs Erklärung des Spiritismus entspricht meiner Anschauung am meisten, nach ihm entwickelt sich der Mensch von fast tierischen Wilden durch eine Reihe von Reinkarnationen bis zur höchsten gottähnlichen Stufe, auf der dann weitere Einverleibungen aufhören sollen. In der Zwischenzeit zwischen zwei Inkarnationen lebt die menschliche Seele im Geisterreich. Mit jeder neuen Geburt verliert der Mensch die Erinnerung an seine Vorexistenzen, gewinnt sie jedoch nach dem Tod wieder und zwar je nach der Stufe seiner Entwicklung rascher oder langsamer. Die Reinkarnation kann auch auf einem anderen Planeten stattfinden.

Dieser Offenbarungsspiritismus machte besonders in romanischen Ländern große Fortschritte, auch in Brasilien und zählt viele Anhänger.

In Deutschland scheint für dieses Gebiet kein rechter Boden zu sein, obgleich es die „christliche Theosophie" erzeugte. Da aber ein Theosoph über allen Religionen steht, so wird das auch der Grund sein, dass die christliche Theosophie keine großen Wellen zu schlagen vermochte.

Unsere moderne Theosophie ist zwar indisch-buddhistisch, weil von dorther bezogen und von Frau Helena Petrowna Blavatsky (1831 geboren und 1891 †) begründet. Ihre Werke sind mediumistisch geschrieben und decken sich mit Anschauungen tibetanischer Weisen. Genannte ist von den geheimnisvollen Mahatmas inspiriert worden, welche als ihre intellektuellen Urheber keineswegs Verstorbene, sondern lebende Menschen waren, die das Können innehaben, aus ihrem Leibe herauszutreten.

Die Theosophie eignet sich auch nicht für eine Volksreligion, der geistig Beschränkte kann dafür nicht erworben werden, ebenso bemüht sich auch die Theosophie keineswegs, fanatisch angehauchte Massen irgendwelcher Religionen zu bekehren, sie offenbart sich demjenigen, der hierfür reif geworden ist. Ihre Lehren werden darum auch immer nur von Wenigen richtig begriffen werden und haben diese den theosophischen Geist erfasst, werden sie wieder lehren und ihre Erkenntnis verbreiten, wodurch Höherentwickelte wiederum aus engbegrenzten Banden der einen oder anderen Religion hervorgehoben werden.

Wer sich dann dem Studium der Theosophie ergibt und die altindischen Originalwerke kennen zu lernen sucht, wird damit schon spiritistisch beeinflusst, bzw. vom Meister inspiriert.

Mag auch von der Kanzel herab auf diese Anschauung geeifert werden und derartige Kost verdauende Kirchenbesucher aus in ihrem Wahnglauben als „Heiden" betrachten, so sei jedem Schüler zum Tröste gesagt, dass Gott Niemanden im Stiche lässt, der ihn redlich und ernstlich sucht und stärkt den Glauben dessen, der ihn im Gebete um Befreiung von Zweifel anfleht, oft auf wunderbare Weise. So wie bei mir ein kirchlicher Autoritätsglaube ein überwundenes Etwas geworden ist, so sehe, wie auch andere, voraus, dass dieser kirchliche Zwangs-Glaube ständig seinem Untergang näherkommt. Am Schluss dieses Briefes will ich nochmals betonen, dass das Wahre vom Falschen beim Spiritismus schwer zu unterscheiden ist und werden wir auch als Heiden betrachtet, so zwingt uns nichts uns ganz nach Lessings Ausspruch zu richten, welcher lautet:

„Nicht die Wahrheit, in deren Besitz irgendein Mensch ist oder zu sein vermeint, sondern die aufrichtige Mühe, die er angewandt hat, hinter die Wahrheit zu kommen, macht den Wert des Menschen!"

Theosophische und okkultistische Studien

in 12 Briefen

von

Ferdinand Schmidt

Brief 7
Über Hypnotismus und persönlichen Magnetismus.

Brief 7.
Über Hypnotismus und persönlichen Magnetismus.

> „Der Mensch wird in dem Maße größer, als er sich selbst und seine Kraft kennen lernt. — Gebt dem Menschen das Bewusstsein dessen, was er ist, und er wird bald auch lernen zu sein, was er soll".
> Fr. W. J. von Schelling.

Das Wort „Hypnotismus" ist von dem griechischen Wort „Hypnos" (Schlaf) abgeleitet und unter dem Ausdruck „Hypnosis" wird der hypnotische oder der somnambulische Zustand, in welchen der Hypnotisierte verfällt, bezeichnet. Unter „Hypnotismus" versteht man also die Kunst (Hypnosis), einen Schlafzustand bei irgendeinem anderen Menschen zustande zu bringen.

Aus diesem Grund ist „Hypnotismus" auch eines der wichtigsten Gebiete der Geheimwissenschaften. Obgleich sein Wesen uralt und ebenso lange bekannt ist und in ähnlicher Weise wie heute benutzt wurde, so hat sich der Hypnotismus eigentlich erst infolge des Auftretens des dänischen Magnetiseurs Hansen eingeführt. Nachdem dann die öffentlichen Schaustellungen dieses ungewöhnlich für die Ausübung; des Hypnotismus beanlagten Mannes das Interesse weiterer Kreise auf sich lenkten und die Form der Experimente Sensation erregte, wurde auch die Wissenschaft auf den Hypnotismus aufmerksam und nahm sich seiner zu dem Zweck an, um ihn als Schwindel zu entlarven. Ihr Unglauben verwandelte sich aber bald in Glauben, nachdem die Überzeugung eingetreten, dass wohl die Erscheinungen des Hypnotismus übersinnlicher Art und nur durch psychologische Hypothesen zu erklären seien, deren wunderbare Tatsachen sich aber durchaus nicht aus der Welt schaffen ließen.

Trotz der naiven Anmaßung vieler sogenannter Gelehrter, den Hypnotismus zu verdammen, ohne ihn untersucht zu haben, hat sich derselbe über den ganzen Erdball ausgebreitet und ist dadurch sowohl der Wissenschaft, wie auch dem Laientum ein Mittel an die Hand gegeben worden, manches ehemals Unerklärliche zu erleuchten und mancherlei Ungemach aus der Welt zu schaffen, dass aber der Hypnotismus gegenüber der ihm von vornherein feindlich gegenüberstehenden Wissenschaft eine derartige Bedeutung erlangen konnte, liegt an seiner großen Verbreitungsfähigkeit und der Wohlfeilheit der Erlangung seiner Fähigkeit.

Die Folge einer solchen Verbreitung wird aber sein, dass Gelehrte und Ungelehrte manche albernen Experimente mit Hypnotismus anstellen werden, wobei ich aber nur diejenigen im Auge habe, die von den Grundgesetzen, auf denen der Hypnotismus beruht, nichts wissen und nichts wissen können, weil ihnen der Schlüssel hierzu, die Kenntnis der seelischen Konstitution des Menschen, fehlt. Einen Menschen zu hypnotisieren, heißt auch so viel, sich dessen Willen zu unterwerfen, indem man seine Willenskraft lähmt und die eigene an dessen Stelle setzt. Dadurch nun, dass ein Mensch dieser Prozedur häufig unterworfen wird, verliert er nach und nach die Kraft seines freien Willens und wird zur hilflosen Puppe, mit der jeder stärkere machen kann, was er will.

Selbst eine einhypnotisierte Moral hätte für den betreffenden Menschen keinen Wert, da sie nicht seinem freien Willen entspringt und deshalb seiner Entwicklung nicht förderlich ist. Wie könnte denn aber auch ein von der Selbstsucht erfüllter „Gelehrter", dessen Moral nur erkünstelt ist, einem anderen Menschen Tugend einhypnotisieren? — Mir scheint dies eine moderne Lüge unter der Maske derjenigen Wissenschaft zu sein, welche sich mit „Hypnotismus" beschäftigt, genauso wie ehedem die Lüge unter der Maske der Religion die Menschheit täuschte; aus diesem Grund halte ich es mit der Vernunft, die jedem Menschen mit auf seinen Lebensweg gegeben worden ist.

Aus einer Prospektbroschüre, welche aus Amerika erhielt und worin die „Philosophie des persönlichen Einflusses" empfohlen wurde, sowie eines ähnlichen Prospektes aus Berlin: „Die Kraft in sich selbst", entnahm ich über Hypnotismus, dass dies eine Kraft sei, sich absichtlich den bewussten Geist eines Anderen untertan zu machen und ebenso seinen unbewussten Geist zu stimulieren.

Beide Werke, welche durch diese — mit zahlreichen Abbildungen geschmückten — Prospekte angelegentlichst und wiederholt empfohlen wurden, habe aus letzterem Grund nicht gekauft, noch dazu ich überdies den Hypnotismus soweit kennen gelernt zu haben glaube, dass ich Zweck und Berechtigung desselben wohl anerkenne, mich selber aber nicht absichtlich zu irgendeinem Versuch oder Zweck hypnotisieren lassen werde.

Vernunft stehe über Hypnotismus! Erstere lehrt uns, dass die wahre Heilung von Krankheiten und die Erhaltung unserer Gesundheit darin besteht, dass der Körper von allen Unreinigkeiten befreit und rein erhalten werden muss; die Wissenschaft dagegen hat herausgefunden, wie man den Körper vermittelst einer „Durchseuchungsmethode" gegen Ansteckungen „immun" machen kann, d. h. durch eine Vergiftung des Lebensäthers (Prana) wird derselbe so verunreinigt, dass er gegen noch weitere Verunreinigungen abgehärtet erscheint.

Meine Vernunft sagt mir ferner klar und deutlich, dass durch eine Durchseuchung des Körpers mit tierischen Giftstoffen kein normaler körperlicher Gesundheitszustand erzeugt werden kann. Um zu gegenteiliger Überzeugung zu kommen, mag wohl auch ein jahrelanges Studium auf Universitäten beitragen und weil dieses Studium dann zu Brot und Existenz geführt, wird jedwede Vernunft, die solche Wissenschaft als Scheinwissenschaft betrachtet, möglichst negiert.

Dieses angeführte Prinzip einer allgemeinen Durchseuchung ließe sich nun auch auf die Moral und Religion anwenden, und vielleicht werden diesbezügliche Philosophen der Zukunft auf den Gedanken kommen, dass es, um sich Gewissensbisse zu ersparen, bequemer ist, sich durch einen unmoralischen Lebenswandel gegen die Mahnungen eines bösen Gewissens abzuhärten.

Indem ich diese etwas abzweigende Betrachtung hier mit eingeflochten habe, will ich im Übrigen die bewährten Heilmittel der Allopathie, der Homöopathie und der Hydropathie gerne anerkennen. Will jemand nun durch den Hypnotismus allein eine wirkliche Heilung erzielen, so wird er hiermit wohl wenig Glück haben, weil durch eine Hypnose eben die Ursache der Krankheit auch nicht beseitigt werden kann.

So lange im Menschen eine Krankheitsursache oder nur eine Krankheitsdisposition vorhanden ist, können auch die Wirkungen dieser Ursache sich in Form von Krankheiten äußern. Bei einer hypnotischen Behandlung kann es sich also auch nur um Scheinheilungen handeln, um eine Unterdrückung von Krankheitssymptomen und damit sinkt die Hypnose in Krankheitsfällen auf den Wert eines Palliativmittels herab.

Der hypnotische Zustand bedeutet für den Hypnotisierten stets eine Willenslähmung und damit eine Willensunterwerfung. Alle Selbständigkeit des Empfindens, des Denkens, des Erkennens und des Handelns ist gelähmt — indem sie durch einen fremden Willen beherrscht wird. Liegt diesem fremden Willen eine ehrliche Absicht zugrunde, so kann immerhin ein relativer Nutzen die Folge sein; liegt ihm dagegen eine verbrecherische Tendenz zugrunde, so muss ein positiver Schaden die notwendige traurige Folge sein, und gerade hierin liegt die Gefahr der Hypnose.

Indem sich die ganze Tätigkeit des Hypnotiseurs auf die Unterwerfung des Willens und Bewusstseins seines Subjekts richtet, ist die Hypnose eigentlich auch nur eine psychische und physische Vergewaltigung des Hypnotisierten.

Es kann z. B. eine schmerzende Nervenpartie allerdings durch hypnotische Betäubung oder Lähmung ausgeschaltet werden, sodass der Schmerz zeitweise nicht zum Bewusstsein kommt, aber eine Heilung des Schmerzes ist das nicht, da er gewöhnlich doch irgendwie nachher zum Durchbruch kommen wird.

Die Hypnose ist ein gewaltsames Machtmittel und der Wert oder Unwert einer hypnotischen Beeinflussung wird ganz und gar durch die moralische Qualität des Hypnotiseurs bestimmt, was ich auch noch durch entsprechende Beispiele hier vorzutragen gedenke. Für jeden Schüler flechte ich daher hier den guten Rat mit ein, sich lieber nicht hypnotisieren zu lassen und sollte sich hierzu auch die ganze Umgebung hergeben. —

Der Zustand der Hypnosis unterscheidet sich von dem des natürlichen Schlafes anscheinend wenig oder gar nicht, dagegen kann der Hypnotiseur in manchen Individuen gewisse Vertiefungen des Zustandes hervorbringen, welche wir in dem normalen Schlafe nicht bemerken, die aber nichtsdestoweniger bei vielen Personen ohne fremden Einfluss entstehen können, es sind dies Vertiefungen des gewöhnlichen somnambulischen Zustandes, genannt Trance oder Katalepsie.

Indem ich mich soweit im Allgemeinen über „Hypnotismus" ausgesprochen habe, muss der Schüler auch wissen, wer ein Hypnotiseur werden und wer hypnotisiert werden kann.

Hypnotismus ist also die von einer Person ausgehende Macht, eine zweite Person unter ihren Einfluss zu bringen, d. h. in dieser zuerst den absoluten Glauben zu erwecken, dass der Hypnotiseur eine wohltätige Gewalt über die Sinne der Versuchsperson gewinnen kann und dann, dass er den Willen der letzteren vollständig seiner eigenen Energie unterzustellen vermag. Diese Macht wohnt mehr oder weniger jedem Menschen inne und kann auch in beinahe jedem entwickelt werden.

Es ist in früheren Zeiten angenommen worden, dass diese Macht auf einen gewissen Menschen eigenes Fluidum zurückzuführen sei, dem ist in des Wortes innerer Bedeutung nicht so. Ein eigentliches Fluidum, eine den Nerven entströmende magnetische Kraft ist nicht das wirkende Agens, trotzdem aber kann wohl kaum geleugnet, vielleicht freilich auch nicht erwiesen werden, dass in unserem Körper wohl eine der elektrischen Strömung ähnliche Kraft, die ihren Sitz in den Nervenzentren des Gehirns und Rückenmarkes hat, existiert und eine solche bei hoher Entwicklung sich in ergänzender Weise auf ein anderes Individuum übertragen kann. Anzeichen von Vorhandensein eines Negativ und Positiv in diesem Sinne gibt es verschiedene, z. B. die manchmal unerklärliche Sympathie und Antipathie zweier Personen und die Liebe. Ich erkläre mir dieses auch durch die Karma-

und Reinkarnations-Lehre, indem sich zwei Menschen, die sich schon im Vorleben nahe gestanden und sich im neuen Dasein dann wiedergefunden haben, womit ich aber keineswegs das Zuvorgesagte wieder negiere.

Eins hängt mit dem anderen eng zusammen, zugetane Ehegatten werden sich immer wieder finden und durch Liebe verbunden werden. Eine höhere Stellung der einen Person im Gegensatz zu einer niederen der anderen Persönlichkeit zeugt dann von einem widrigen erschwerenden Geschick (Karma), aber die Liebenden brechen die menschlichen Schranken und siegen oder unterliegen.

Es ist gerade Totensonntag gewesen und die Kirchhöfe hatten viele Besucher. Angehörige schmücken die Grabstätte ihrer verstorbenen Lieben, trauern, beten und weinen; ganz schön, aber das was da liegt und verwest, das war der Dahingeschiedene nicht, der weilt ganz wo anders oder ist schon längst wieder auferstanden,
wiedergeboren.,

Wir treffen mitunter im Leben eine menschliche Persönlichkeit, zu der wir uns unwillkürlich hingezogen fühlen, mit der wir sympathisieren und seelisch verwandt sind, dagegen lassen uns viele andere kalt und gleichgültig, auch ist die innere Art und Weise zwischen den beiden eine ganz verschiedene, aber das gegenseitige Vertrauen schnell gefunden.

Wer nun die Karma- und Reinkarnations-Lehre verneint und für die geschilderte Tatsache einen triftigen Grund anzugeben vermag, der auch von Theosophen anerkannt werden kann, würde damit die vorhin angenommene Kraft, ähnlich einer elektrischen Strömung im Menschen, nur näher dartun, wie sie sich vielleicht in Natura abspielt.

Eine nähere einleuchtendere Kenntnis dieser Kraft käme natürlich auch dem Hypnotismus zu Gute.

Im Übrigen kann jeder Hypnotiseur werden, wie etwa auch jeder die Heilkunst erlernen kann, aber sicher ist es, dass eben nicht jeder das Zeug dazu besitzt, in dieser Hinsicht größere Fähigkeiten zu erlangen und Erfolge zu erreichen.

Von allen Ärzten achte ich diejenigen, die z. B. ihre Kranken liebevoll und mit Interesse behandeln und ev. notwendige Medikamente nicht gleich literweise verschreiben, — und vom Grund meines Herzens habe ich stets diejenigen verachtet, die jeden Kranken nach dem Geldbeutel beurteilen, das Gift vieler Medikamente eintrichtern und ev. sofort mit dem Messer oder Säge erscheinen.

Man hüte sich nicht nur vor denen, die uns zum Medium verderben (erniedrigen) wollen, sondern auch vor den Schlächtern unter den Ärzten. —

Menschen von ausgeprägter Energie und Willensstärke, von vertrauenerweckendem, gewinnendem Wesen, fesselndem und imponierendem Auftreten sind geborene Hypnotiseure, was indes durchaus nicht ausschließt, dass auch weniger bedeutende Personen hypnotische Erfolge erzielen können, wenn sie sich eine erhöhte Willenskraft und einen gewissen Grad von Selbstbewusstsein anzuerziehen vermögen.

Die Weltgeschichte überliefert uns in dieser Beziehung überwältigende Beweise von Beispielen dieser Art. Z. B. stieg Alexander der Große von der untersten Stufe hinauf zum höchsten Gipfel der Macht und hielt dann sehnsüchtig Umschau nach anderen Welten, zur Befriedigung seiner Eroberungslust. Auf jedem Gebiet menschlicher Bestrebungen beggenen wir Charakteren, welche sich durch ihre persönliche Überlegenheit die geistige und physische Herrschaft über ihre Umgebung gesichert haben. Man denke nur an die Taten Friedrichs des Großen, an den Erfolg Napoleons I., an das Emporsteigen Cromwells, an die Heldenlaufbahn Washingtons usw. Aller Ruhm großer Männer der Weltgeschichte, — hierbei denke ich natürlich wieder an die eine Weltgeschichte, die in allen Staaten auf der Erde übereinstimmt, — ist ihr eigenstes Verdienst, mehr oder weniger unterstützt, durch ein günstiges Karma. Das Geheimnis ihres Erfolges bestellt namentlich in ihrer Fähigkeit, ihre Mitmenschen zu beherrschen, deren Willenskraft der ihrigen unterzuordnen und durch die Macht ihrer Persönlichkeit alle diejenigen zu kontrollieren, mit denen sie in Berührung kommen.

Diese Kraft ist an sich für jeden Einzelnen nur aber stets dann von großem Nutzen, wenn er sie nicht missbraucht. Als

Missbrauch betrachte ich dieses Können und Vermögen auch dann, wenn es zu vulgären Schaustellungen herabgewürdigt wird, und noch dazu, wenn solche Operateure mit hochklingenden Namen (meistenteils aber nur einfache Zirkusleute) möglichst viel Geld damit herausschlagen wollen.

Wir können irgendeinen Menschen hypnotisieren, ohne ihm irgendetwas einzugeben oder besonders anzutun, indem wir in diesem Fall nur unseren Einfluss Anderen gegenüber fühlbar machen, in welchem Sinne Jedermann mehr oder weniger an und für sich schon hypnotisiert, und wird ebenso aber auch von Anderen hypnotisiert.

Braid in England ließ hypnotisiert werden wollende Leute längere Zeit auf einen glänzenden Gegenstand Hinblicken, und versetzte sie so in Schlaf, während andere den hypnotischen Schlaf durch bloße Suggestion verursachen. Viele Personen können sich in diesen Zustand versetzen durch bloße Anstrengung ihres Willens. So verfallen z. B. Indianer wie auch türkische Derwische in solchen Zustand der Verzückung nach einer Art Tanz. Manche erreichten diesen Zweck durch Gifte und bei dem Orakel von Delphi brachte das Einatmen von Dampf einen hypnotischen Zustand hervor.

Immerhin wird es an uns selber in erster Linie liegen, ob wir mehr Beeinflussende oder Beeinflusste sein wollen. Erstere wären immerhin vorzuziehen, weil diese die erfolgreichsten in der Stadt sind.

Wissen ist Macht in der Welt und die Kenntnis des Hypnotismus somit kein Schade für uns, indem wir dadurch gegen schädliche Suggestionen Anderer geschützt sein würden.

Wenn wir Jemandem gegenüber Etwas bemerken, und dieser handelt danach, dann haben wir ihn hypnotisiert und ebenso hypnotisieren Eltern ihre Kinder, Lehrer die Schüler, Prediger ihre Gemeinde, Kaufleute die Kunden, Offiziere ihre Untergebenen usw., natürlich zum Besten der so Hypnotisierten. Auf diese Weise lassen sich Viele von Jugend auf indirekt beeinflussen und sind sie großmütig genug, später auch betören und scheren, womit dieselben dann das Muster eines friedlichen Menschen darstellen. Wer aber dagegen das Recht des Selbstdenkens und gar des Wagens der populären Lehrsätze für sich beansprucht, der wird deshalb leicht als Ketzer verfolgt und es wäre nur irgendwie angängig, auch heute noch gekreuzigt. In diesem Fall, wer keine Null, sondern eine Kraft darstellen will, muss die Kunst des Denkens wie die geschickte Präsentation seiner Gedanken Anderen gegenüber erlernen und ausüben können.

Dass Subordination beim Militär notwendig ist, bedarf weiter keiner Erörterung, wer aber lange Jahre seinen eigenen Willen stets denjenigen seiner Vorgesetzten untergeordnete und immer nur das tat, was ihm befohlen wurde, muss ja endlich auch als Beamter das eigene Denken verlernt haben, solche Leute kann man sehr leicht beeinflussen, auch per Distanz.

Will man andere Leute indirekt beeinflussen, so kann man dies zur eigenen Belehrung gerne tun, doch darf man nie vergessen, wie weit man gehen darf. Die Folgen trägt der Ausüber immer selbst!

In Paris ist es vorgekommen, dass einem Bankier ein Wechsel über eine große Summe präsentiert wurde, der von ihm akzeptiert war; die Unterschrift war richtig, und doch wusste er davon nichts. Später stellte sich heraus, dass er von einem Elenden im hypnotischen Schlaf dazu gezwungen worden war.

Im magnetischen Schlafe behält der Patient oder der Beeinflusste seinen Willen, im hypnotischen ist er ein Sklave des Hypnotiseurs!

Ich habe mich verhältnismäßig wenig beeinflussen lassen und bin für Hypnotiseure so gut wie gar nicht empfänglich; dagegen hypnotisiere ich mich und andere, je nach Umständen, die mir passend erscheinen.

Zwar könnte ich hier gleich einige Beispiele anführen, aber es wird praktischer sein, wenn ich solche — bezüglich des bisher Gesagten — auf eine spätere Zeit verschiebe.

„Vorsicht" — (Menschen gegenüber) ist eine gute Eigenschaft.

Indem ich Paulus zitiere: „Untersuchet alles und haltet fest an dem Guten", so will ich damit ausdrücken, dass der Wert und Unwert des Hypnotismus wohl zu untersuchen ist und es einem jeden Schüler freisteht, auch von diesem okkulten Wissen das

Gute für sich zu behalten und zum Besten seiner Mitmenschen anzuwenden.

Wer in diesem Sinne seine höhere Geisteskraft benutzt, übt damit die weiße Magie aus, und wer sie zum Schaden Anderer verwendet, gilt als Ausüber der schwarzen Magie. Indem wir uns insonderheit gegen Helden der letzteren Art schützen müssen, sei uns die Kenntnis des Hypnotismus willkommen. Man hypnotisiert sich z. B. auch zum eigensten Wohle, wenn man sich Abends vor dem Schlafengehen guter Gedanken hingibt, diese wirken dann dementsprechend auf unser Unterbewusstsein, das heißt auf der unterbewussten Tätigkeit unserer Seele, und wirken ferner in größerem oder geringerem Maße diesbezüglich auf unser bewusstes Denken und Tun während des Tages. Ermahnt die Kirche zu diesen Zeiten Herz und Sinn zum Allerhöchsten emporzurichten, so handelt sie damit klug und weise und hypnotisiert ihre Gläubigen im besten Sinne des Wortes. Was die Gebete zu den Heiligen in der katholischen Kirche anbetrifft, so ziehe daraus den Schluss, dass die Kirche auch an die Möglichkeit glaubt, die Abgeschiedenen können Gedankenbotschaften erhalten.

Nach meiner Ansicht wäre solches aber nur dann möglich, wenn sich die qu. Heiligen noch in Kamaloka oder Devachan befinden und gemäß ihrer Lebensanschauung an keine Wiederverkörperung geglaubt haben. In solchen Fällen soll eine Wiederverkörperung in ca. 1500 Jahren stattfinden.

Diese Leute glauben gemäß der Bibel an eine Auferstehung des Leibes und an ein jüngstes allgemeines Gericht und würden in der Nähe ihres verstorbenen Körpers eine Ewigkeit verweilen, wenn dieser nicht in einer gewissen Zeit in Staub zerfiele.

In Ägypten balsamierte man die Leichen der Könige ein, ebenso auch berühmte Männer des Volkes, es ist nicht unmöglich, dass ein Heilmagnetiseur, welcher die Naturgesetze einer Wiederbelebung kennen musste, eine solche Mumie wieder zum Leben erwecken könnte.

Wir befinden uns heutzutage auf der Spur gänzlich verloren gegangener Kenntnisse, die Ägypter kannten die Wiedererweckung Verstorbener und holten sich Rat bei ihren verstorbenen

Königen; namentlich in Staatsangelegenheiten.

Die Juden gelangten somit auch zu einer gewissen Kenntnis dieser Möglichkeit und daher lässt sich auch das Verbot im Mosaischen Gesetz erklären: „Und, dass keiner unter euch befunden werde, der die Toten befrage."

Man braucht heutzutage nur einen Plebejer über okkulte Kenntnisse lachen zu sehen, um das ganze Können und Wissen solcher Menschen sofort in hohler Hand vor sich zu haben. Aber ein fleißiger, wissbegieriger Mensch wird diesbezügliche Kenntnisse trotzdem kennen zu lernen suchen und bei einiger Findigkeit den Lohn seiner Mühe gewahr werden. Solche Resultate behalte man für sich, sammle sie und nutze sie gelegentlich aus, in Gemeinschaft von Okkultisten könnte man dann ungeniert über gemachte Wahrnehmungen sprechen und Erfahrungen erörtern. Diese Leute werden niemals das lächerlich finden, was sie nicht verstehen und werden hieran meistenteils auch zu erkennen sein.

Hypnotismus ist nun ein Thema, das noch vieler Erörterungen bedarf, die Kenntnisse des Einen würden diejenigen des Anderen nicht nur ergänzen, sondern auch erläutern.

Um zum eigentlichen Thema wieder zurückzukehren, sei betont, dass die Suggestion stets einer der mächtigsten Faktoren in der Entwicklung des Menschen gewesen ist, und damit natürlich ein Faktor, womit jeder Hypnotiseur arbeitet.

Der hypnotische Schlaf ist ein Mittel, mittelst welchem die Seele die Fähigkeit besitzt, das gewöhnliche Bewusstsein zeitweise bei Seite zu schieben und ihre Aufmerksamkeit entweder dem Über- oder dem Unterbewusstsein zuzuwenden.

Zur Klarstellung des letzteren Begriffes will ich das Unterbewusstsein noch näher beschreiben. Dasselbe ist nämlich der Zustand, oder auch Teil der Seele, in welchem sie die individuellen Erinnerungen, sowie die Erfahrungen der Rasse seit Erschaffung der Welt aufbewahrt. Unsere automatischen körperlichen Funktionen und tierische Instinkte, das sind Resultate dieser unbewussten Vorerinnerungen der Seele. Direkt vorgeburtliche Erinnerungen ragen aber äußerst selten in unser Tagesbewusstsein hinein. Es ist aber möglich eine Verbindung zwischen beiden herzustellen, sodass wir in den bewussten Besitz eines Teils dieses unterbewussten Wissens gelangen können.

Unter hypnotischem Einfluss kann z. B. jemand eine vollständig logische Abhandlung über irgendein gegebenes Thema vortragen, er kann in einer fremden Sprache reden, die er im gegenwärtigen Leben nicht erlernt hat und derlei mehr, was aus diesem Aufbewahrungsort, dem Unterbewusstsein hervorgeholt werden kann. Das Unterbewusstsein ist die Lade, worin die Seele alle ihre erworbenen Kenntnisse von Leben zu Leben hineintut, auf ihrer Reise in ein neues Leben nimmt sie diese Kiste natürlich mit, vergisst aber bei der heutigen modernen Erziehung gar zu leicht, wohin sie den Schlüssel zu ihrer Kiste getan hat und ebenso wohl, dass sie überhaupt einen Koffer wertvollen Inhalts besitzt.

Die Hypnose gleicht hierzu einem geliehenen Schlüssel, der mitunter passt und mitunter auch nicht, — wehe, wenn er bei etwaigen Versuchen brechen sollte!

Wer bewusst hypnotisieren will, muss in erster Linie hierzu überhaupt befähigt sein und zu seiner Fähigkeit und seiner Methode Vertrauen haben, denn Vertrauen erweckt Vertrauen und ohne dieses sehr notwendige Äquivalent würde man überhaupt nichts erzielen.

Hat jemand als Hypnotiseur die redliche Absicht zwecks Heilung von Krankheiten oder bei Überwindung moralischer Schwächen sein mächtiges Hilfsmittel anzuwenden, im Fall andere Mittel fehlgeschlagen haben, so muss er bei der betreffenden Person zunächst jede Furcht und etwaige Opposition aus dem Wege räumen. Kranke mit einiger Hoffnung werden sich wohl hypnotisieren lassen, andererseits auch Leute, die hiervon gehört haben und den Versuch aus eigener Neugierde an sich selber geschehen lassen.

Da nun die Seele im Zustande des hypnotischen Schlafes unfähig ist, analytisch (zergliedernd) und auf induktive (aus Einzelfällen folgernde) Weise zu urteilen, so sollen auch alle zu gebenden Suggestionen stets auf Wahrheit beruhen.

Eine Eigentümlichkeit unseres sinnlichen Bewusstseins (der äußeren Vernunft) ist die Gabe, von den Erscheinungen auf die ihnen zu Grunde liegenden Ursachen zu schließen. Unsere Seele selbst urteilt durch innere Anschauung erkennende Weise, also intuitiv, von innen nach außen, von Ursache auf Wirkung. In dem hypnotischen Schlaf sind das sinnliche Bewusstsein und die äußere Vernunft zeitweise in den Hintergrund geschoben, und der Hypnotisierte ist zeitweilig unfähig die Wahrheit vieler Suggestionen zu prüfen. Bei einem derartigen Versuch muss er von seiner äußeren Vernunft Gebrauch machen, welches jedes Mal eine Verschiebung des sinnlichen Bewusstseins in den Vordergrund zur Folge hat, d. h. dann, der Hypnotisierte kehrt in seinen gewöhnlichen Zustand zurück.

Ein ehrlicher Hypnotiseur wird stets die Rechte des Hypnotisierten respektieren und keinen Vorteil aus der hilflosen Lage desselben zu gewinnen suchen.

Hat man also den Hypnotismus einigermaßen erklärt, etwaige Furcht und Opposition beseitigt, verspreche man dem Willfähigen auch, dass man nichts Lächerliches oder Unanständiges mit ihm vornehmen werde und seine Privatgeheimnisse nicht ausforschen will.

Sitzt dann die betreffende Person bequem auf einem Stuhl oder Sofa, so muss sie zunächst Quasi erschlaffen, alle Muskeln abspannen, man gebe ihr auch einen glänzenden Gegenstand in die Hand, den dieselbe ungefähr 12 cm von den Augen abhalten muss und zwar so, dass sie genötigt ist aufzublicken. Sie soll an Schlaf denken und auch versuchen einzuschlafen.

Ebenfalls muss der Hypnotiseur *wollen*, dass seine Versuchsperson einschlafe und dementsprechend seine Gedanken konzentrieren. Man bilde sich einen Satz, z. B.: „Ich will, dass Du einschläfst, gleichviel ob Du willst oder nicht willst!" und repetiere denselben — ev. auch in Variation — wiederholentlich in Gedanken. Zwischendurch spreche man monoton und zwar laut: „Schlaf ein, die Augenlider werden schwer, schwerer, — schlaf, — so —" usw. bis der Betreffende wirklich schläft. Jetzt sagt man ihm, dass ihn niemand anders aufwecken kann, als Du selber, und dass er nichts von dem vernehme, was um ihn herum vorgeht, als wie Deine Stimme allein, oder nur was Du ihm zu hören erlaubst. Sodann sage ihm, dass er seine Augen öffnen kann ohne zu erwachen, und dass er erwachen wird, sobald Du ihm ein Zeichen gibst, wie z. B.: Ausrufung seines Namens, in die Hände klatschen, klingeln, Anstimmung eines bestimmten Liedes usw. usw.

Damit das Erwachen nicht zu plötzlich geschehe, ist es ratsam, der Person zu sagen, dass sie aufwachen werde, bevor man das verabredete Zeichen gibt; auch sage man ihr bevor sie erwacht, dass sie nachher frisch und gesund sein, sowie keine üblen Folgen davontragen werde. Man versichere ihr auch, dass sie sich geistig und körperlich besser fühlen werde wie je zuvor.

Werden diese Winke befolgt, so werden dem Hypnotisierten keine unangenehmen Nachwirkungen daraus erwachsen. Man bedenke auch, dass im Stadium der Hypnose der subjektive Geist offen für den Einfluss der Suggestion ist, indem derselbe alles annimmt und darauf eingeht, was man ihm eingibt und mag das Gesagte einfältig und noch so lächerlich sein.

Sagt man dem Hypnotisierten z. B. er sei ein vierbeiniges Schaf, so wird er mit „Mäh" seine vermeintliche Verwandtschaft zu dieser Tierklasse kund geben. Suggeriert man ihm, er sei vielleicht Bürgermeister oder gar eine hochgestellte Persönlichkeit, so wird er die entsprechende Rolle mit der größten Lebenswahrheit aufnehmen. Mit einer Tasse Tee oder einem Glase Wasser kann man ihn total betrunken machen, indem man ihm sagt, es sei junger Jamaika-Rum und mit einem wirklichen Glas Rum könnte man ihn wieder ernüchtern, angebend es sei ein wirksames Gegengift für Trunkenheit. Gibt man ihm ein, er sei eine Balletteuse, so wird er sich als solche benehmen und auftreten.

Um erfolgreich in Gesellschaften zum Zweck der Unterhaltung oder des Taschenspiels hypnotisieren zu können, will ich hier jedoch nicht weiter erörtern, da ein derartiges Können und Vermögen weniger mit der Wissenschaft zu tun hat, welche diese Briefe in erster Linie lehren soll.

An und für sich sieht die Kunst des Hypnotisierens ganz einfach aus, aber wie schon einmal erwähnt, kann man eine Person gegen ihren Willen nicht hypnotisieren. Da die Hypnose gewöhnlich mit Hilfe der Suggestion von Seiten des Operateurs herbeigeführt wird, so liegt das Hindernis natürlich in der Autosuggestion des Subjekts, und wenn dasselbe auch der Hypnose selbst nicht entgegenwirkt, sich aber vornimmt, gewissen Experimenten den stärksten Widerstand entgegenzusetzen, so misslingen die betreffenden Versuche immer.

Durch Autosuggestion kann man sich also gegen unwürdige Hypnotiseure selber schützen und auch jeder indirekten Hypnose dadurch vorbeugen.

Nachdem ich somit dargetan habe, wer hypnotisiert werden kann und wer nicht, so hat auch eine Statistik seitens bedeutender Forscher ergeben, dass ca. 80—90 Prozent und mehr für den Hypnotismus empfänglich ist. Als völlig unhypnotisierbar haben sich erwiesen:

nach	Forel	unter	310	Personen keine,
„	Liébault	„	287	Männern nur 10,8 und
„		„	486	Frauen 6,6,
„	Ringier	„	103	Männern keine,
„		„	106	Frauen keine und
„	Wetterstrand	„	3148	Personen 3,08.

Dass es gerade nervenschwache Personen sind, die man für die Hypnose gewinnen kann, hat sich nicht erwiesen, aber das gerade Gegenteil hat sich ergeben. Eine körperlich und geistig gesunde Person ist eher zu hypnotisieren, als eine willensschwache, dagegen sind aber an Subordination gewöhnte Individuen geeignete Versuchsobjekte.

Abgesehen von Experimenten zum Zwecke der Unterhaltung, könnte man das Hypnotisieren auch besser anwenden und dasselbe in der Hand eines verständigen Operateurs zu wunderbaren Heilmitteln umgewandelt werden. Dr. August Forel hat nachfolgende Krankheiten aufgeführt, welche einer Form des Hypnotismus, der Suggestion, zu weichen scheinen:

Schmerzen aller Art, vor allem Kopfschmerzen,

Neuralgien, Ischias, Zahnschmerzen, die nicht auf Abszess beruhen etc.

Schlaflosigkeit.

Funktionelle Lähmungen und Kontrakturen.

Organische Lähmungen und Kontrakturen (Palliativmittel).

Chlorose (sehr günstig).
Appetitlosigkeit und alle nervösen Verdauungsstörungen.
Alkoholismus und Morphinismus.
Rheumatismus.
Neurasthenische Beschwerden.
Stottern, nervöse Sehstörungen.
Übelkeit, auch Seekrankheit.
Chorea.
Nervöse Hustenanfälle.
Hysterische Störungen aller Art, sowie hystereo-epileptische Anfälle, Anästhesie etc.
Schlechte Gewohnheiten aller Art.

Nach Wetterstrand auch Blutungen, Epilepsie etc. Im Übrigen verweise ich hier auf das auf Seite 175 Gesagte betreffend Heilungen durch Hypnose. Ich halte es auch für besser, dass man Kinder auf andere Weise heile und nicht durch Hypnose, wenn diese z. B. mit schlechten Gewohnheiten behaftet sein sollten. Junge Leute haben noch ein langes Leben vor sich und es ist schädlich, wenn sie auf diese Weise zu Willensschwächlingen werden sollten. Bei Trunkenbolden, Verschwendern und Hurern, welche die eigene Familie vernachlässigen, halte ich das Mittel der Hypnose dagegen für sehr angebracht, weil bei ihnen das Übel der Selbstentwürdigung bedeutend größer ist, als dasjenige der ev. Willensschwäche.

Ich will in dieser Beziehung ein Beispiel anführen und Dr. Westerstrand, Stockholm, zitieren:

„Karl H., 27 Jahre alt, Zivilingenieur. Den 3. März bat man mich, den Patienten, welcher an *Delirium tremens* litt, zu besuchen. Seine Frau teilte mir mit, dass ihr Mann viermal bereits Anfälle von Delirium gezeigt habe, dass er niemals einen Pfennig in der Tasche behalten könne, und fügte hinzu, dass sie sich binnen kurzem scheiden würden, da es ihr unmöglich sei, dieses entsetzliche Leiden ferner zu ertragen. Ich tröstete sie, dass ihr Mann, sobald das Delirium vorüber sei, wahrscheinlich von seiner Sucht kuriert sein werde. Sie wollte dem keinen

Glauben schenken, denn er hatte sie so unzählige Male betrogen, sodass ihre Geduld nun zu Ende war; sie bestehe auf Scheidung und der Mann solle von Verwandten nach Amerika geschickt werden. Ich besuchte den Kranken einige Male und überredete ihn, zu mir zu kommen, was er nach Verlauf einer Woche tat. Bereits nach der ersten Sitzung genoss er keinen Tropfen Alkohol, und es bedurfte im Ganzen nur einer vierzehntägigen Behandlung, um ihn vollkommen herzustellen. Aus der Scheidung wurde natürlich nichts und Ende Mai reiste das Ehepaar gemeinsam nach Amerika, wo der Mann glaubte, sich besser als hier fortbringen zu können. Nachstehendes schreibt er mir aus New-York, den 26. Juli:

„Ihrem Wunsch und meinem Versprechen beim Abschied gemäß, schreibe ich Ihnen diese Zeilen, und ich bitte Sie, versichert zu sein, dass ich dies gern tue. Was Sie voraussahen, hat sich nun im großen Maße verwirklicht, meine Abneigung gegen jedes geistige Getränk hat Stand gehalten, und ich fühle nie das geringste Verlangen danach. Ich bitte Sie überzeugt zu sein, dass ich mir dessen wohl bewusst bin, wie viel Dank ich Ihnen in dieser Hinsicht schulde."

„Ich weiß aus glaubwürdiger Quelle, dass er andauernd nüchtern ist".

Dr. Bernheim, ein wissenschaftlicher Forscher auf diesem Gebiete erzählt in seinem Werk: „Die Suggestion und ihre Heilwirkung" (Verlag Edition Geheimes Wissen, Graz) das Nachfolgende:

„Das Versuchsobjekt ist ein 44-jähriger Fotograf; er war bereits mehrere Male von Liébault hypnotisiert worden, als er am 20. März auf meine Klinik kam. Ich brauchte ihm nur zwei Finger an die Augen zu halten, um ihn nach wenigen Minuten zwinkern zu machen, dann schlossen sich seine Augen; er war hypnotisiert.

Ich hebe seine Arme auf und überzeuge mich, dass er sich in suggestiver Katalepsie befindet. Er ist fast völlig anästhetisch oder wird es auf meine Versicherung. Man kann seine Haut mit einer Nadel durchstechen, ohne dass er sich rührt; ich setzte ihn auf einen Isolierschemel einer Elektrisiermaschine, ziehe Funken aus seinem Körper, er zeigt wohl einige reflektorische Muskelzuckungen, aber keine Schmerzensäußerungen. Nur Nacken und Hinterhaupt bleiben empfindlich; wenn man von diesen Körperteilen Funken zieht, beklagt er sich über eine unangenehme Empfindung und erinnert sich auch nach seinem Erwachen, an diesen Stellen Schmerz verspürt zu haben.

In diesem somnambulen Zustand ist der Mann ein vollkommener Automat, welcher allen Suggestionen gehorcht und alle Sinnestäuschungen und Halluzinationen annimmt.

Ich kann ihn ganz oder teilweise in Katalepsie versetzen, ich kann nach Belieben einen seiner Arme lähmen, den er dann schlaff herunterhängen lässt, oder eines seiner Beine, welches er dann wie ein Hemiplegischer nach schleppt. — — —

Wenn ich mich mit gegen ihn ausgestreckter Hand von ihm entferne, folgt er mir passiv überall hin. Auf Befehl bleibt er stehen; ich suggeriere ihm, dass er an dem Boden angewachsen ist und keinen Schritt von der Stelle machen kann, und man muss ihn dann sehr kräftig stoßen, bis er seinen Platz verlässt. Ich ziehe ihm einen Strich auf den Fußboden und erkläre ihm, dass er diesen Strich nicht überschreiten kann; er quält sich dann vergeblicherweise über den Strich hinauszukommen. Ich sage ihm, dass er nicht vorwärtsgehen kann, sondern nur nach rückwärts, er versucht zwar nach vorwärts zu gehen, kann aber nicht anders, als nach rückwärts zu schreiten...."

Wie aus dem Zitat zu ersehen, sind die Möglichkeiten unendlich, was ein Hypnotiseur mit einem Hypnotisierten aufzustellen vermag, und das Wesentliche dieser Wissenschaft interessant genug, um deren Kenntnis in sich einzuverleiben.

Die verschiedenen Formen des Hypnotismus lassen sich in der Hauptsache in folgende Klassen einteilen: Hypnotischer Schlaf, Suggestion, Rapport, Katalepsie, Kataplexie, Lethargie, Somnambulismus, Posthypnose, Halluzinationen und Bannen.

Annehmend, dass die meisten Schüler ungefähr wissen werden, was mit der einzelnen Klassenbezeichnung gemeint ist, erwähne nur, dass man unter Katalepsie einen erstarrten Körperzustand sich vorstellt, und unter Kataplexie einen gelähmten Zustand. In Natur entsteht dieser Zustand mitunter durch Schreck; in der Medizin bekannt als das Erstarren des Körpers durch Schlagfluss; auch denke man an das „Sich-tot-stellen" kleiner Käfer und das „Zum-Stab-werden" der Uräusschlange bei Moses.

Indem man den Hypnotisierten in einen solchen Zustand zu versetzen vermag, geschieht es auch nicht immer zum Zwecke irgendeiner Krankheitsheilung und zum Wohle anderer Menschen. —

Wilhelm Müller-Weilburg erzählt über eine Hypnose folgende Skizze:

Auf Brüssel lag eine milde, blaue, sternenklare Vorsommernacht des Jahres 1886.

Vor den Cafés des Boulevard d'Anspay saß an kleinen, weißen Mannortischen die Lebewelt, plaudernd, lachend, gestikulierend.

Auf den Trottoirs strömte unermüdlich der breite Strom der Passanten, der Flaneure, der Damen der Monde und Deinimonde auf und ab, hin und her.

Aus einem nahen Restaurant ertönte in weichen Klängen eine altfranzösische Romanze, eine Weise Leons Demourier, des frühverstorbenen Meisters von Montbauban.

Droben in der Rue St. Madeleine, nahe dem Leopoldpark, in einer der zurückliegenden, durch einen Vorgarten von der Straße getrennten, schmucken englischen Villa fand eine hypnotische Sitzung des damals Brüssel in Erstaunen und Aufregung versetzenden, slavischen Magnetiseurs Prokoy Machanet statt.

Prokoy Machanet war eine geheimnisvolle Persönlichkeit.

Er selbst gab sich für einen Südrussen aus und nannte Odessa seine Heimat; von seinen Bekannten jedoch wurde er für einen Czechen gehalten, und in Prag hatte er lange gelebt; sein Französisch und Russisch hatten beide die scharfe Härte des Idioms der Moldau.

Sein Einfluss auf seine Medien war ein geradezu unheimlicher.

Eine auserlesene Gesellschaft füllte das große, mit schwarzer Seide ausgeschlagene, saalartige Zimmer, dessen düstere Ausstattung noch einige der grausen, mystischen Gemälde von Wirts, aus jener Zeit, als der Künstler schon dem Wahnsinn verfallen zu sein schien, verstärkten.

Mit der Creme der Lebewelt hatte sich hier die Elite der Kunst und Literatur versammelt; neben den Koryphäen der Wissenschaft waren die vorzüglichsten Schauspieler und Schauspielerinnen, die Sterne der Theater der belgischen Hauptstadt, zugegen.

Bereits hatte der Magnetiseur mehrere Proben seiner rätselhaften, beklemmenden Kunst gegeben, als die durchbohrenden, schwarzen Augen des Slaven sich plötzlich mit einem faszinierenden, eigentümlichen Ausdrucke auf die in der vordersten Reihe sitzende schottische Sängerin' Eleanor O'Donnel richteten.

Eleanor O'Donnel war Konzertsängerin, ein wunderbar schönes süßes Geschöpf, mit einer prächtigen, seelenvollen Altstimme. Wenn sie die Lieder ihrer Heimat sang, erzitterten die Herzen.

Viel umworben, schien sie doch für Niemanden erreichbar.

In der Rue des Augustin wohnte sie zusammen mit einem schottischen jungen Maler, und diesem wahrte sie die Treue.

Auch Pokroy Machanet hatte sich vergeblich um ihre Gunst bemüht.

Wie von einer magnetischen Gewalt emporgezogen, erhob sich die Sängerin und trat auf den auf dem Podium stehenden Hypnotiseur zu.

Ein kurzes, leises, unverständliches Zwiegespräch der Beiden, und Eleanor O'Donnel ging wieder auf ihren Platz zurück.

Erstaunen hatte sich aller Anwesenden bemächtigt.

Prokoy Machanet beendete bald darauf die Sitzung.

Drei Tage später hatte Eleanor O'Donnel ihren Geliebten Eduard Harard vergiftet.

Verhaftet und vor Gericht des Mordes beschuldigt, hatte die Angeklagte auf alle Fragen nur die eine Antwort: „Ich weiß es nicht, warum!"

Auf die Aussagen jener Personen, welche der Sitzung in der Rue Madeleine vom 12. Juni beigewohnt hatten, hin, sprach sie die Jury frei. Der Prozess erregte ungeheures Aufsehen. Prokoy Machanet war aus Brüssel verschwunden.

Auch Eleanor O'Donnel verschwand kurze Zeit darauf.

Im Jahre 1890 kam ich aus Spanien den Gallego herauf, über die Grenzgebirge nach Frankreich und saß an einem glühend heißen Juli-Nachmittag nach einer ermüdenden Wanderung durch das prachtvolle Campaner-Tal in der Gaststube des Hotels „Belle France" des Westpyrenäen-Bades Begueres, als eine eintretende Gruppe durch ihre lebhafte, laute Unterhaltung unwillkürlich meine Aufmerksamkeit fesselte.

Es waren fünf Herren und eine Dame: Vier jüngere Offiziere eines französischen Grenzregiments und Prokoy Machanet und Eleanor O'Donnel." —

Wer den Hypnotismus kennen gelernt hat, dem wird es in seiner Umgebung nicht an derartigen Beispielen fehlen, wo Hypnotismus irgendwie mitgewirkt hat. Die blöde Menge diskutiert über Geschehnisse, die sie gar nicht beurteilen kann, auch entzieht es sich meiner Kenntnis, was ein Richter über einen Menschen denken mag, den er nicht begreift, aber nach dem Buchstaben des Gesetzes bestraft resp. bestrafen muss.

Entsprechende Beispiele habe für eine spätere Zeit aufgehoben.

Professor Dr. Lucian Pusch betrachtet in einer Anmerkung

seines kleinen Katechismus der weißen Internationale etc. den Hypnotismus mit Zauberei und dieser sei deshalb zu vermeiden. Hierbei dachte ich unwillkürlich an ein Sprichwort, dass nämlich jemand das nicht isst, was er nicht kennt; natürlich bleiben solche Leute in der Regel auf einem Auge blind und wollen auch das nicht sehen oder gesehen haben, was vielleicht 100 Andere wahrnehmen.

Gerade was wir nicht kennen, das müssen wir kennen zu lernen suchen und Neugierde wird keinen Schüler allein zu diesem Studium veranlasst haben. Haben wir uns okkulte Kenntnisse erworben und stehen über Religion und Politik, so können diejenigen, welche noch in diesen Netzen irgendwie verstrickt sind, ganz unbesorgt sein, dass wir ihnen etwa Religion oder nationale Gefühle rauben wollen.

Mögen nun Gelehrte und Ungelehrte über Hypnotismus schimpfen oder dagegen verwarnen, mir hat dessen Kenntnis keinen Schaden verursacht, und meinen Himmel baue ich mir selber, da mir der in der Jugend geschilderte ganz und gar nicht meinen Idealen entsprochen hat.

Die Philosophie dieser hier geschilderten Wissenschaft beschäftigt heute die größten Denker der zivilisierten Welt. Der Arzt vertieft sich in ihre medizinischen Eigenschaften; die Leiter und Führer der Gesellschaft studieren sie wegen ihrer gesellschaftlichen Möglichkeiten; Advokaten und Lehrer, Bankiers und Geschäftsleute aller Klassen erkennen sie als einen mächtigen Faktor zur Förderung des Erfolges an.

Ich müsste ein Esel sein, wenn ich solche Möglichkeiten außer Acht lassen sollte und danke Gott, dass er mir die Lust zum Lernen besonders beschieden hat. Alle Bekehrungsmaßregeln scheiterten daher auch bei mir, ich lasse mich nicht beeinflussen und der geistliche Mann, der mir in einem Brief schrieb: . . . . „aber die Zeit wird es Denen Dereinst schon lehren, auf welcher schiefen Ebene sich solche Weisheitsstreber befinden", ... der ist wirklich noch so befangen, indem er glaubt, dass Anhänger der Theosophie aus Angst, in der Hölle als Schmorbraten verwandt zu werden, quasi zu Kreuze kriechen und in einer ganz allein seligmachenden Religionssekte untergehen.

Wie schon bekannt, so müssen wir uns an die Seele des Patienten oder der Person wenden, wollen wir sie hypnotisieren und überhaupt ein Resultat erzielen. Glaubt ein Hypnotiseur an seine potenzielle Macht der Seele, so überträgt er diesen Glauben durch ausgesprochene oder unausgesprochene Suggestion auf seine Patienten. Diesen blinden Glauben könnte man auch Einbildungskraft nennen und beispielsweise zu dem Hypnotisierten sagen, dass das Geldstück, was er in der Hand halte, aus Blei gemacht sei und ganz heiß werde. Der Hypnotisierte wird das Silberstück für Blei halten und außerdem ein Hitzegefühl in der Hand verspüren, in welcher sich obendrein eine Brandblase bilden wird.

Der Hypnotiseur denkt und richtet sich ständig direkt an die Seele des Hypnotisierten und nicht an den einzelnen Körperteil, den er etwa kurieren will. Man braucht auch nicht immer gleich zu hypnotisieren, denn manche sind oft für Suggestionen empfänglich, dass außerhypnotische Suggestionen fast gerade ebenso wirksam sind wie posthypnotische.

Ein wahrer Lehrer tritt niemals öffentlich gegen Entgelt auf, will er seinen Mitmenschen dienen und sie zur Selbsthilfe anleiten, so wird er hierzu meistenteils bereit sein und dadurch keinen allzu großen Vorteil für sich zu erzielen suchen.

Indem ich die Macht und die Tatsache der Hypnose genügend erklärt habe, so habe diesen Brief insofern gebracht, dass hieraus nicht gleich Jeder, der ihn durchgenommen hat, zu hypnotisieren vermag, damit es den Betreffenden nicht etwa ergehe, wie Goethes „Zauberlehrling", der ebenfalls die Geister rief und diese nachher nicht zu bändigen vermochte.

Jeder Schüler ziehe aber hieraus die weise Lehre für sich, dass unser ungeschulte Wille ein gar schwaches und zerbrechliches Werkzeug ist, und welcher sich gar leicht von einem Anderen beherrschen und kontrollieren lässt.

Je stärker aber unser Wille nach und nach geworden ist, umso stärker und mächtiger werden wir selber sein, allerdings werden wir diese Macht nicht dazu ausüben, um andere zu unseren Sklaven zu machen.

Wollen wir dabei aber Freund wie Feind beherrschen, so

müssen wir gelernt haben, uns selber zu beherrschen und fallen wir irgendeiner Krankheit anheim, so muss man sich selber hypnotisieren und damit jegliche Furcht aus uns verbannen. Ich habe hierdurch nicht nur meinen Rheumatismus vertrieben, sondern auch während der Hamburger Cholerazeit dort gelebt, gut verdient und bin ganz unbehelligt geblieben.

Ebenso gut könnten aber auch selbst chronische Leiden gesteuert werden und ich bin von der Möglichkeit fest überzeugt, ohne dass ich auch nur eine Stunde Medizin studiert habe.

Ist z. B. ein solches Übel zeitweilig beseitigt, so holt die Furcht der Kranken dasselbe bei Haaren geradezu wieder herbei. Könnte man einem Kranken den notwendigen zielbewussten Willen nebst festen Glauben an Heilung eingeben, so wäre es eine Kleinigkeit Wunder zu verrichten.

Gelangt ein Schüler oder ein Patient durch diese dargetane Belehrung gleichfalls dahin, dass er künftig seine Krankheiten und Übel selbst zu beseitigen vermag, indem er sich selber hypnotisiert und durch starken Willen beeinflusst, so sind diese Worte auf verständigen und fruchtbaren Boden gefallen.

Kann nun jemand das Hypnotisieren erlernen, so ist dieses mit dem persönlichen Magnetismus nicht der Fall, da dieser schon angeboren sein muss. So verwandt nun der Magnetismus mit dem Hypnotismus sein mag, so wenig hat der Erstere etwas mit der Hypnose zu tun.

Der Hypnotiseur setzt seinen Willen ein, um etwas zu erreichen, während der Magnetiseur alle mit ihm in Berührung Kommenden mehr oder weniger anzieht und unwillkürlich beeinflusst. Sensitive schlafen sogar ein und für einen Magnetiseur ist es ein leichtes, bei diesen somnambule Fähigkeiten zu erwecken. Wer zum Somnambulismus und zum Hellsehen veranlagt ist, bei dem also die Kräfte latent im Körper liegen, dem werden sie durch die Emanationen des Magnetiseurs ausgebildet. Die Person fällt in einen sanften, überaus wohltuenden und stärkenden, hellseherischen Schlaf. Kein Zwang, kein Wille, nur Ausbildung einer mediumistischen Veranlagung kommt dabei in Betracht. Der magnetische Schlaf hat nichts mit dem hypnotischen gemeinsam. Wer somnambul veranlagt ist, und wessen somnambule Fähigkeit durch Magnetismus ausgebildet werden kann, wird hellsehend und erreicht schon hier geistige Fähigkeiten, die dem gewöhnlichen Menschen erst nach dem Abstreifen der irdischen Hülle zuteilwerden. Ein durch Zwang in hypnotischen Schlaf versetzter Mensch wird nicht hellsehend, sondern redet nur gezwungen und was der Hypnotiseur will. Magnetiseure vermögen durch ihre Kraft viele Krankheiten zu vertreiben; schon durch das Auflegen der Handflächen auf verschiedene Körperregionen vermag ein Magnetiseur bei Patienten einen belebenden, höchst wohltätigen Einfluss auszuüben. Eine unmittelbare Wirkung der jedesmaligen magnetischen Behandlung besteht in dem unzweifelhaften Gefühl von Erwärmung, Kräftigung und Belebung, verbunden mit dem Behagen wiederholter, recht tiefer Inspiration.

Derjenige, der diese magnetische Kraft in sich entdeckt, vermag mit ihr ungemein viel Gutes auszuüben, während die Schattenseiten des Hypnotismus so groß sind, dass das Gute, was derselbe unter gewissen Umständen erreichen kann, in gar keinem Verhältnis zu den Übeln Folgen steht.

Theosophische und okkultistische Studien

in 12 Briefen

von

Ferdinand Schmidt

Brief 8
Über Hellsehen.

Brief 8.
Über Hellsehen.

> Wie's innen, so ist's draußen auch; Ist's innen licht und hell, So dünkt die Welt dir lieb und schein, Ein reicher Freudenquell; Wer Nacht und Trug im Busen hegt, Sieht immer Nacht und Trag: Wer Gott im tiefsten Herzen trägt, Sieht ihn im Weltenbuch.
>
> Ritterhaus.

Bevor ich auf dieses ungemein interessante Thema näher eingehen werde, muss ich noch etwas vorausschicken, was diese Sache erörtern soll und inwiefern ein Schwindel damit getrieben wird, der sich hier ebenso gut wie auf allen Gebieten unserer Kultur einzuschleichen und sich vor stupiden Zuschauern gerne breit zu machen sucht.

Um entfernt liegende Orte, Berge, Seen, fremde Menschen, Bekannte und Verwandte zu sehen, müssen wir wegen der engen Begrenzung unseres Sehvermögens und der Gesetze wegen, welche dasselbe beherrschen, dorthinreisen. Ein Mensch in Hamburg kann z. B. nicht nach Helgoland sehen, weil dazwischen liegende Hügel, Berge, Wasser mit Nebel, dicker Luft usw. eine solche Tatsache ausschließen, und nach Amerika z. B. wegen der Kugelgestalt unserer Erde schon gar nicht. Wer sich aber in einem Luftballon genügend hoch über die zwischen ihm (in Hamburg) und Helgoland liegenden Orte, Berge und Hügel erheben würde und könnte, hätte Aussicht, Helgoland zu Gesicht zu bekommen, vorausgesetzt, dass die Luft dazu klar genug sein würde.

Wollen wir jedoch mit geistigen Augen schauen, so fallen diese angedeuteten Schranken alle weg, welche auf der psychischen Ebene nicht bestehen, denn für unseren Geist gibt es weder irgendwelche Schranken, Zeit noch Raum.

Was man unter Hellsehen (Clairvoyance) versteht, wird wohl jeder Schüler im Allgemeinen verstehen, es ist wie gesagt ein geistiges Schauen, welches wir erlernen wollen, während dieser Zustand sonst auch dadurch erzeugt zu werden pflegt, indem ein Magnetiseur mit einem Kranken in magnetischen Rapport tritt und Letzteren in den schlafwachen Zustand (Hypnose) versetzt, welcher Zustand dann bald in Somnambulismus und endlich in Hochschlaf und Hellsehen übergeht. —

„Hellsehen" ist ein gar verlockendes Argument, und welcher Zauberkünstler fände damit nicht eine lohnende und anlockende Nummer seines Programms?

So etwas zieht, die Bude oder der Saal ist bald angefüllt von neugierigen Menschen, und der Mann verdient dabei die Quintessenz, nämlich Geld, worauf es in all' solchen Fällen nur abgesehen ist.

Z. B. produzierten sich 1896 in einem Vergnügungslokal Münchens ein junger Mann und eine junge Dame, letztere unter dem Namen einer Frau Lenormand, — als Mnemotechniker oder Gedächtniskünstler.

Die Dame nahm auf einem Stuhle Platz, der auf der Bühne stand, worauf ihr die Augen verbunden wurden. Der Mann stieg in den sehr geräumigen, vom Publikum dicht angefüllten Zuschauerraum hinunter, ging dann von einem Tisch zum anderen, fasste dabei überall irgendeinen Gegenstand, den man ihm hinhielt, scharf ins Auge, stellte eine oder mehrere Fragen über denselben ein seine „Mnemotechnikerin" und sofort ertönte von der Bühne die korrekte Antwort, die namentlich bei Zahlen verblüffend wirkte.

Einer ähnlichen Vorstellung wohnte ich vor einigen Jahren im Bischoff'schen Saal in Lüneburg bei. Es stand schon damals bei mir fest, dass derartige Kunstproduktionen auf irgendeine einfache Weise zu erklären sein werden, denn mit dem wahren „Hellsehen" hatte das Beobachtete nichts gemein.

Wie ich so nebenbei hörte, sollte angenommen werden, dass Beide, welche das Experiment zusammen ausführten, in einem psychischen Rapport ständen und zwar derart, dass die auf der Bühne Sitzende das von ihrem Partner gedachte Wort oder die gedachte Zahl im selben Moment geistig sieht oder hört.

Um das zu verstehen, muss man natürlich von dem Vorhandensein astraler Sinne im Menschen fest überzeugt sein und annehmen, dass bei der Dame wohl eine tiefe Hypnose vorausgegangen sein muss, aus der sie kurz vorher erst wieder in normalen Zustand zurückversetzt wurde. Ferner müsste dasselbe Experiment der Gedankenübertragung mit dieser Perzipientin seitens ihres Agenten vorher im hypnotischen Zustande durchgeführt werden, sodass dadurch die astralen Sinne in eine Tätigkeit versetzt wurden, die sie für einige Zeit auch nach dem Erwachen noch weiter zu äußern vermag.

Obgleich ich derartige Vorstellungen nie anders zu erklären vermochte, hegte ich aber trotzdem Zweifel daran, weil Inhaber solchen Könnens dasselbe doch unmöglich zu profanen Schaustücken herabzuwürdigen pflegen.

Zu anderer Zeit und in einem anderen Ort trat dann wieder ein Zauberkünstler auf, der ungemein geschickt in der Benutzung des Elektromagnetismus die unerklärlichsten Kunststücke vormachen konnte. Den Schluss dieser Vorstellung bildete das Auftreten eines sogenannten Hellsehers, der mit verbundenen Augen von der Bühne herab alles zu sehen vermag, was sein Kompagnon da unten im Saal unter den Zuschauern zeigt und fragt. Dieser schlaue Prophet auf der Bühne hatte aber unter seiner Perücke an jedes Ohr ein winzig kleines Telefon gebunden, dessen Leitungsdraht hinter die Bühne geht, von wo aus (noch besser von einer Loge aus) ein anderer Komplize mittelst scharfem Fernrohr alles genau sehen und schleunigst per Telefon dem blinden Seher auf der Bühne mitteilen kann. Das Publikum sieht natürlich von alledem nichts und glaubt schließlich an Wundermenschen.

Derartige Fälle von „Hellsehen" in Schaustellungen werden auch fernerhin mittelst irgendwelcher technischer Hilfsmittel vorgeführt werden, während das wirkliche „Hellsehen" nichts mit solchen Zauberkunststücken zu tun hat. —

Wie schon gesagt, gibt es für unseren Geist keine Schranken, weder Zeit noch Raum. Schwingungen, welche von den geistigen

Abbildern irgendwelcher materiellen Objektive, oder von immateriellen Wesen oder Dingen ausgehen, werden dem allgemeinen Äther mitgeteilt, und dieses feine Medium kennt keine physikalischen Schranken, denn es durchdringt unseren Körper, unser Gehirn und selbst die festesten Stoffe hier auf Erden.

Um diese Schwingungen aufzufangen und ihrer bewusst zu werden, muss man wiederum lernen sich passiv zu machen; indem man sich für das Objekt zunächst interessiert, dann eine Weile geistig fest im Auge behält und sich dahin ganz konzentriert; sodann lässt man den passiven Zustand folgen und muss alle anderen Schwingungen, außer denen, welche wir wahrnehmen wollen, aus uns ausschließen oder sie vielmehr vollständig vergessen. Unser Sensorium für Licht, Farbe und Schall ist auf äußerem Plan aus langer Gewohnheit besonders empfindlich geworden, weshalb wir Maßregeln ergreifen müssen, diese auszuschließen. Können wir sie für uns nicht unempfänglich machen, so werden sie uns auch hindern, die höheren Schwingungen mit unseren Sinnen wahrzunehmen oder zu fühlen.

„Hellsehen" ist in Indien unter dem symbolischen Namen „Auge von Shiva" bekannt, und in Japan „unbeschränktes Sehen". Es ist ein Teil „seelischer Wissenschaft", welche nur ein Theosoph, also nur ein Interessent der weißen Magie, vollkommen erreichen kann und dieser gebraucht zum Zwecke keines Hilfsmittels.

Außer diesem natürlichen Hellsehen gibt es aber auch ein künstliches, was mit Hilfe des Hypnotismus durch Magnetisieren erzielt werden kann, und da ein natürliches Hellsehen nicht weiter erklärt zu werden braucht, so will ich diesen Sinn künstlich erzeugt, dieses Schauen mittelst des Geistes oder diese „Metamorphose des Geistes zur zweiten Daseinssphäre" hier näher vortragen.

Dieser magnetische Zustand muss 4 Grade durchlaufen, ehe der Geist zum unabhängigen Hellsehen gelangt. Professor Heidenhain vermutet die Ursache des hypnotischen Zustandes (ein niederer Grad des Magnetismus) in einer Tätigkeitshemmung der Ganglienzellen der großen Hirnrinde, herbeigeführt durch schwache anhaltende Reizung der Hautnerven des Antlitzes, des Gehörs oder der Sehnerven.

Ich will hier aber die Physiologie des Magnetismus, wie sie Davis in den Prinzipien der Natur entwickelt, kurz mitteilen. Zuvor sei noch bemerkt, dass Heidenhain die Bewegung, welche der Hypnotisierte macht, für Automaten- und Reflexbewegungen erklärt. Die Wahrheit hierbei ist die, dass der Hypnotisierte negativ ausführt, was der Magnetiseur positiv verrichtet, weil beide ein System bilden aus + und —. Zuerst macht Davis darauf aufmerksam, dass alles, was wir wahrnehmen, nur Wirkungen sind, die Ursachen aber sind uns verborgen, sie sind unsichtbar. Wir sind somit gezwungen, im Universum das Unsichtbare durch das Sichtbare zu erklären. So ist der sichtbare Körper des Menschen und seine Entwicklung nur die Wirkung, die Ursache aber liegt im seelischen Prinzip.

Das Gehirn des Menschen ist aus negativen und positiven Polen zusammengesetzt, die einen nehmen Kraft auf und die anderen üben Kraft aus. Die sereusen Häute umhüllen alle Organe des Menschen, jede Muskel, jeden Nerv, jedes Gefäß. Die Schleimhäute oder die muceusen Häute kleiden das Innere der Organe aus. Beide Oberflächen erzeugen je ein positives oder negatives Fluidum. Sie beherrschen die Zirkulation des Blutes; das Negative dehnt die Ventrikel (Magen, ventriculus) aus, das Positive zieht sie zusammen. Das Medium, welches die Pole des Gehirns beherrscht, kann Magnetismus genannt werden. Die muskuläre Bewegung des Organismus wird durch die Elektrizität vollzogen. Halten sich beide Systeme, das positive und das negative, das Gleichgewicht oder verrichten die magnetischen und elektrischen Kräfte ihre Funktionen regelmäßig, so zirkuliert harmonische Gesundheit durch den Organismus, oder das System ist durch und durch magnetisch. Um es zu demagnetisieren, so muss die positive Kraft durch eine noch positivere Kraft herausgezogen werden und dies bringt den unbewussten Zustand hervor, den man den magnetischen nennt. Der Magnetismus ist die Atmosphäre, die jeden Menschen individuell umgibt. Die Elektrizität erstreckt sich durch alle Dinge der Schöpfung.

Kommt z. B. ein Mensch von nur geringer positiver Kraft mit einem Menschen mit großer positiver Kraft in Berührung, so zieht die größere positive Kraft die kleinere an sich. Die positive

Kraft, welche dem Patienten entzogen wurde, existiert aber gerade in den Nerven der Empfindung, die in den sereusen Oberflächen enden. Darum wird das Subjekt für äußere Eindrücke unempfindlich, die Empfindung ist nur noch auf den inneren oder muceusen Häuten vorhanden. Die negative Kraft ist geblieben, die positive entwichen. Das Subjekt ist negativ, der Magnetiseur dagegen positiv und beide Personen bilden nur ein System von Kraft. Es besteht eine sichtbare Zweiheit, aber eine unsichtbare Einheit. Das System des einen verrichtet negativ, was das System des anderen positiv ausführt.

Bei einem normalen Menschen ist der Geist positiv und der Körper negativ und alle Erscheinungen, die der positive Geist am negativen Körper ausführt, gleichen den Erscheinungen, die stattfinden zwischen Magnetiseur und Subjekt. Der magnetische Zustand hebt somit keineswegs die Naturgesetze auf, sondern er trägt vielmehr zum Fortschritt und zur Weiterentwicklung der Gesetze bei, welche die Organismen lenken. Davis nimmt 4 magnetische Stellen an, obwohl diese selbstverständlich wieder Übergangsstufen haben. Im 1. Grad bemerken die Subjekte nichts weiter als eine allgemeine Mattigkeit. Sie sind für alle äußeren Eindrücke empfänglich und besitzen volle Muskeltätigkeit.

Im Übergangszustand zum 2. Stadium sind sie glücklichen Gefühlen hingegeben. Alle Erscheinungen sind nur physischer Natur. In höherem Stadium ist das Subjekt seiner Muskelkräfte beraubt, Verstandeskräfte sind vorhanden. Die Pupille des Auges erweitert sich, das Auge selbst versagt seinen Dienst; das Gehör hört allmählich auf zu funktionieren; die Extremitäten (Hände und Füße) sind kühl und alle Empfindung erlischt nach und nach bis sie gleich Null ist. Alle Erscheinungen werden durch das Medium hervorgebracht, das zwischen Subjekt und Operateur existiert, aber vom Magnetisierten kann man nur unzusammenhängende Berichte erhalten.

3. Stadium: Das Ohr ist nicht zu Anfang, sondern erst am Ende dieses Stadiums ganz geschlossen. Das Subjekt besitzt noch teils die Sprache und Muskeltätigkeit. Eindrücke von außen sind wirkungslos, aber zwischen Subjekt und Magnetiseur besteht große Sympathie. Die verbindende Kette ist die Elektrizität, dasselbe Fluidum, welches die Muskeln bewegt. Nun kann der Mag-

netiseur durch seinen Willen das Subjekt in Schlaf versetzen. Sein Wille strömt durch das Fluidum der Elektrizität und unterwirft das Subjekt, in welchem Stadium dasselbe allerlei geheimnisvolle Dinge verrichten kann. Dieser Zustand ist jedoch nicht der höchste, sondern entspricht dem natürlichen Somnambulismus. In diesem Stadium ist beinahe alle positive Kraft entwichen und nur die negative ist geblieben.

Im 4. Stadium löst sich die Sympathie zwischen Magnetiseur und Subjekt auf, der Geist wird frei von allen Neigungen und ist mit seinem Körper nur mehr durch ein feines und dünnes Fluidum verbunden.

Hier kann er, der Geist des Subjekts, Eindrücke von nahen und fernen Gegenständen erhalten. Der Körper liegt im Schlaf, welcher Zustand Analogie mit dem Tode hat. Hier schaut der Geist des Subjekts die zweite Daseinssphäre, wie der Geist eines Verstorbenen, und der Tod würde wirklich eintreten, wenn das erwähnte dünne und feine Fluidum nicht Geist und Körper noch verbände.

Von selbst könnte ein Schüler dieser Wissenschaft oder auch andere gerade nicht in diesen Zustand des unabhängigen Hellsehens eingehen. Unabhängiges Hellsehen muss durch die Tätigkeit eines anderen Systems eingeführt werden, und um das Leben zu erhalten, muss die ausgesogene positive Kraft vom System des Magnetiseurs sympathisch ergänzt werden. Allerdings konnten einzelne Menschen von selbst in diesen Zustand eingehen, als wie der berühmte griechische Philosoph Aristoteles (384—322 v. Chr.), der Redner Demósthenes (383—322 v. Chr.), der Theosoph Emanuel von Swedenborg (1688—1772 n. Chr.) und andere im 19. Jahrhundert. Wessen astraler Gesichtssinn entwickelt ist, dem wird im Zustande des Hellsehens durch den Klang eines Tones auch eine Farbe sichtbar werden.

Welche Perspektive eröffnet sich hier für die wissenschaftliche Forschung, wenn diese Kenntnis des tierischen Magnetismus und des Hellsehens mehr Allgemeingut deutscher Forscher geworden ist. Aber auch bis jetzt ist diese Wissenschaft in Deutschland nicht so bekannt, als wie z. B. in Amerika. Die Nordamerikaner haben Deutschland in dieser Beziehung entschieden überholt, da ungefähr gegen ein Drittel des ganzen tätigen, fleißigen und strebsamen amerikanischen Volkes im Besitze vorgetragener Wissenschaften und Kenntnisse ist. Zwar hat dieses Können im Laufe der letzten Jahre auch in Deutschland mehr zugenommen und ein gewisses Interesse hierfür entfacht, aber gewisse Patrioten, die sich einbilden, die Wissenschaften in Summa allein in Erbpacht zu haben, reden das Blaue vom Himmel herunter und glauben dann, die Sache damit abgetan zu haben. Es ist für Eingeweihte ergötzlich und interessant, die Urteile gewisser sogenannter Gelehrten über den tierischen Magnetismus und über die geistigen Phänomene anzuhören. Hinzufügen könnte ich hier noch, dass okkulte Wissenschaften in Frankreich, Holland und in Belgien bekannter sind, als im deutschen Reich. —

Um wieder zur Sache zu kommen, merke man sich, dass im hypnotischen wie im Trancezustand der Körper wie seine Wahrnehmungszugänge für alle gröberen Schwingungen durchaus unempfindlich gemacht werden kann, und dies macht dann den Geist frei nach jeder Richtung hinzuwirken, nach welcher er durch die vorhergehende Auto-Suggestion, oder durch die Suggestion eines Hypnotiseurs geleitet wurde. Im Tode sind wir des physischen Instrumentes, welches den Geist mit den äußeren Schwingungen in Verbindung bringt, beraubt und werden dadurch zu einem höheren, inneren Plane hingedrängt. Indem uns also die Natur unseres Körpers beraubt, bietet sie uns Gelegenheit, Empfindung und Empfänglichkeit für höhere und feinere Schwingungen des übersinnlichen Universums zu entwickeln. Wir sind nun aber bereits Geister und könnten — auch noch im materiellen Körper steckend — eine Empfindlichkeit für feinere Schwingungen von Licht und Farbe entwickeln, wenn wir nur wüssten — wie?

Es wird daher von Interesse sein, wenn ich das hierüber kennen Gelernte nochmals erörtere und in anderer Form vortrage, sowie hier betone, dass wir unseren Körper nicht gerade zu verlassen brauchen, um hellsehend zu werden, oder ihn für äußere Eindrücke, entweder durch die hypnotischen oder die Trancezustände gänzlich unempfindlich machen, wodurch wir gerade nicht den unabhängigen Zustand im 4. Stadium herbeiführen, aber immerhin hoch genug hinaus, um in gewisser Hinsicht diesen Sinn zu entwickeln.

Der Mensch ist nämlich als „Geist" eingeschlossen in den physischen Körper oder auch in eine Anhäufung von Atomen, welche er beim Tode verlässt, und entkörperte Geister besitzen just so viel Kraft wie verkörperte. Das Übergewicht jedoch, was ein entkörperter Geist hat, ist die Erkenntnis seiner Kräfte, die uns meistenteils noch fehlt. Außerdem dürfen wir hierbei nicht vergessen, dass dem physischen Körper ein anderer zu Grunde liegt, nämlich der sogenannte Doppelkörper, Ätherkörper oder Astralkörper. Dieser Astralkörper besteht nun aus der feinen unter dem Namen „Astrallicht" (oder Lichtäther) bekannten Substanz, die das ganze Weltall durchdringt.

Der Astralkörper kann während des Lebens auch vom physischen Körper losgelöst werden und dieser Lichtäther selbst ist das Verbindungsmittel von Individuum zu Individuum, gleichgültig ob ver- oder entkörpert, und bildet die individuelle Aura der Persönlichkeit. Die Seele, sei sie nun im Körper oder außerhalb desselben, besitzt die eingeborene Kraft durch den Willen: den Äther in Formen zu zwingen und zwar vermöge ihrer Vorstellung. Jeder Gedanke, jede Vorstellung, Gefühl usw. erzeugt in dem das Individuum umgebenden Äther eine Form, welche mit anderen zusammen den Menschen umgibt. Ist nun ein Mensch sensitiv oder hat er seine Äther- (Astral-) Sinne gut entwickelt, so kann er diese Gedankenformenwelt, die eben alles umgibt, erblicken.

Ein Vorhersagen der Zukunft wäre nicht ausgeschlossen, weil der Gedanke eine Kraft ist, und die Keime der Zukunft im gegenwärtigen Zustande des Äthers vorhanden sind und heranwachsen. Dagegen haben „Hellsehende" wohl noch niemals etwas wahrgenommen, was noch nicht in irgendeinem Naturorgan oder einem sympathischen Gehirn vorgebildet latent war, so kann ein solcher *unmöglich Ziffern noch nicht gezogener Gewinnlose, oder den Hausse-Kurs noch nicht börsenmäßig festgestellter Aktiennotierung* „*sehen*", — weshalb denn auch ein Prophezeien in dieser Richtung in unserem geldgierigen Zeitalter keine Karriere machen kann.

Alle unter dem Namen „Gedankenlesen", „Hellsehen" und

die höchste Stufe als „geistige Vision (Gesicht)" bekannten Erscheinungen sind nun nichts weiter als verschiedene Stufen ein und derselben Fähigkeit. „Hellsehen" ist die Kraft und Fähigkeit, in dem (Licht)-Äther zu sehen und zu lesen, dem Äther, welcher die Verbindung zwischen Geist und Willen und den gröberen Schwingungen, welche wir die physikalische Welt nennen, herstellt.

Wer meiner Überzeugung nach nun z. B. glaubt, dass derartige Fähigkeiten *nur allein durch Mediumität* zu Tage treten können, muss sich irren, denn durch die Lehre von der Mediumschaft wird das Medium zum Werkzeug einer beliebigen Kraft im Weltall degradiert, anstatt dasselbe zum Bewusstsein zu erheben, dass die Menschen Seelen sind mit einem physischen Körper. Alle Kräfte und Fähigkeiten, welche auch von sogenannten entkörperten „Geistern" geäußert werden, sind Fähigkeiten und Kräfte, die in der Seele liegen, sei diese nun an einen Körper gebunden oder nicht, und deshalb kann jeder, der sich zum Bewusstsein seiner Seele emporschwingt, diese Kräfte beliebig gebrauchen und beherrschen. Dies Bewusstsein gibt uns auch die Fähigkeit, nach unserem freien Willen bewusst mit entkörperten Seelen zu verkehren, und wir nehmen dadurch im Kosmos selbständig auch eine höhere Rangstute ein, als bei dem Glauben, dass der Mensch nur ein „Schatten" sei und die „Geister des Jenseits" allwissende Götter. Wenn wir uns daher immer vorhalten, dass wir verkörperte Seelen sind und jene, welche uns verlassen haben, entkörperte Seelen, so erkennen wir als den einzigen Unterschied zwischen beiden, dass die verkörperte Seele in den gröberen Schwingungen des groben Stoffes arbeitet, während die entkörperte Seele in den feineren Schwingungen des Äthers wirkt.

Auf diese Weise haben wir eine gute Lösung sonst fast unklärbarer Probleme und lernen zugleich einesteils die Verbindungen, anderenteils die Durchdringung der Welten ver- und entkörperter Seelen verstehen.

Wir wollen aber nicht nur Verständnis hierfür erzielen, sondern uns selber dahinbringen, hellsehend zu werden, und müssen lernen, unseren Geist auf das beabsichtigte Objekt zu konzentrieren, ohne aber zu gleicher Zeit die Kontrolle über unseren Körper aufzugeben.

Äußere Einflüsse dürfen uns nicht davon abhalten, wir wollen eben das gesteckte Ziel erreichen und unser Wille ist sehr mächtig! Auf diese Weise werden wir sensitiv für feinere Lichtwellen und können mit Dingen und Wesenheiten in Verbindung treten, welche wir zu sehen wünschen und schließlich auch zu sehen bekommen.

Man setze sich zu diesem Zweck jeden Abend eine halbe Stunde lang — nach Süden gewendet — in ein dunkles, stillgelegenes Zimmer nieder, schlafe aber nicht dabei ein, und konzentriere den Geist auf das, was man zu sehen wünscht.

Treten Geräusche auf, so wenden sich instinktiv unsere Gedanken sofort darauf hin, aber man gehe darüber schnell hinweg und lenke die störrischen Gedanken immer wieder auf dasjenige zurück, was wir zu geistigem Gesicht bekommen wollen. Solche Übungen sind nicht zu umgehen, kann man nicht jeden Abend, so nehme man diese Sitzung jeden 2. Abend vor, wenigstens aber zweimal in einer Woche.

Wollen wir z. B. einen fernen Freund oder Freundin sehen, so stelle man sich die betreffende Persönlichkeit im Geist vor und beschäftige sich mit ihr, denke daran, was sie gerne tut und treibt; ein starres Festhalten dieser Sache ist nicht notwendig, weil gerade dieses Gebaren ungemein ermüdet. Man kann es sich auch noch etwas interessanter machen, obgleich man in eingenommener Position ruhig auf dem Stuhle verharrt, indem man sich (geistig natürlich) zu einer Reise rüstet, als wolle man jene Person in Wirklichkeit besuchen. Man kleidet sich entsprechend, steckt alles Nötige ein und begibt sich nach dem Bahnhofe. Hier löst man sich ein Billet, sieht viele Reisende und Bahnbeamte und wartet den Zug ab. Nachdem derselbe eingelaufen, steigt man in irgendein Coupé ein, bemerkt die Abfahrt und dann ein landschaftliches Kaleidoskop; bei alledem darf man aber die Person nicht ganz vergessen, zu der wir reisen wollen. Man stelle es sich ungefähr vor, wie dieselbe sich freuen wird, wenn wir so aus heiterem Himmel bei ihr hineingeschneit kommen. Endlich hält der Zug an der Bestimmungsstation, wir steigen aus, suchen im Gewühl, ob er oder sie uns nicht erwartet, und da dasselbe ohne vorherige Benachrichtigung nicht anzunehmen ist, gehen oder fahren wir nach dessen Wohnung. Richtig, die Hausnummer stimmt und wir treten ins Haus, steigen ev. einige Treppen hinauf, klingeln an einer Korridortür, worauf wir uns anmelden lassen und dann empfangen werden.

Sehen wir unsere Persönlichkeit, so gebe man acht darauf, ob sich dieselbe etwa verändert haben sollte, ist dieses z. B. der Fall und ferner in Wirklichkeit der Fall auch, ohne dass wir hiervon eine Ahnung gehabt haben, so ist dieser Zustand schon ein Zeichen, dass wir zum „Hellsehen" veranlagt sind.

Ist jene Person sensitiv, so wird dieselbe während dieses Manövers das unbewusste Gefühl unserer Nähe haben müssen.

Eine andere Methode ist folgende: man reguliere das Licht derartig, dass eben noch alle Gegenstände im Zimmer wahrzunehmen sind und setze sich 1 Meter von der Wand entfernt nieder. Die Wand muss von dunkler Farbe sein, zu welchem Zweck man auch ein schwarzes Tuch daran befestigen oder einen Schirm von schwarzer Farbe vor sich hinstellen könnte. Dann richte man seine Augen darauf hin und zwar so, dass man nicht direkt den Schirm oder die Wand ansieht, sondern nur die dazwischen liegende Luft und richte seine Blicke hier wieder auf einen Brennpunkt, als sei zwischen uns und der Wand etwas, das wir sähen. Kommt dann etwas zum Vorschein, so muss uns dieser Gegenstand natürlich auch sichtbar werden. Bei Ausübung dieser Konzentration werden uns zunächst kleine Pünktchen oder Luftatome sichtbar werden, welche ungefähr dem Staube gleichen, wird dieser durch einen Sonnenstrahl im Zimmer beleuchtet. Ein einzelnes Atom ist nicht fest im Auge zu behalten, denn diese schießen wild durcheinander oder folgen einem Luftzuge. Anfangs sehen sie weiß und gelblich ans und wird die Vision vollkommener, so nehmen sie auch kräftigere, tiefere Schattierungen an und schließlich greifbare Formen.

Jedem Schüler überlasse die Wahl, welche von beiden Methoden ihm die liebere sei, selber. Erstere mit geistiger Tour ziehe ich vor.

Ein noch nicht genügend Vorgeschrittener wird allerdings immer dasjenige zuerst wählen, wozu er etwas Handgreifliches gebraucht, das ihm dann zum Zwecke dienlich ist und indirekt eine gewisse Hilfe leisten wird.

Bekommen wir das Erwünschte zu Gesicht und sehen Vorkommnisse passieren, so werden feste Mauern gasförmig erscheinen, und indem unser Blick weiter und weiter schweift, werden Raum und Dunkelheit auf diese Weise praktisch überwunden und das bekannte Teleskop und Mikroskop somit weit übertroffen.

Wer aber glaubt, schon allein durch das Lesen dieses Briefes hellsehend zu werden, wird sich gewaltig täuschen, denn ein anderer kann diese Arbeit für ihn nicht verrichten, auch hierbei heißt es wieder: „Selber ist der Mann!" Anstrengung und Übung sind ja auch bei jeder Sache notwendig, um einen Erfolg zu erzielen.

Ferner betone ich hier abermals, dass man sich nicht selbst belüge und dieses Können möglichst für sich behalte. Hat man wirklich etwas gesehen und wissen wir, dass wir hellsehend und sensitiv veranlagt sind, so braucht man seine Nachbarschaft hiervon keineswegs in Kenntnis zu setzen, weil unsere lieben Nächsten uns selten einen Vorteil gönnen und es übrigens auch kaum glauben würden.

Ich habe dieses Können, dieses Vermögen auch erst nach langer Übung erlangt, dass ich mir bewusst wurde, hierfür veranlagt zu sein und wurde quasi damit ein Anderer. Meinen Verkehr mit Bekannten und meine Besuche in Vereinen stellte ich gerade nicht ein, aber ich beschränkte sie doch. Kam ich beispielsweise dorthin, so erwärmte ein herzliches Willkommen Einzelner wohl mein Inneres, wie ich auch das gehässige Denken Anderer fühlte. Wo ich wohne, herrschen eben die Sitten einer Kleinstadt, in der der liebevolle Nachbar und seine noch liebevollere Gattin den Beruf in sich fühlt, den Splitter im Auge des anderen, aber nicht den Balken in dem eigenen Auge zu sehen. Man muss hier die Klatsch- und Tratschsucht mit in den Kauf nehmen, welche hier so obligat ist, dass man sich wundern darf, ihr irgendwie einmal entgangen zu sein. Sowie man nun dieses nicht gerade Angenehme bei Ausbildung seiner Sensitivität umso schärfer fühlt, so gibt es uns aber wieder einen Zauberstab in die Hand, womit wir die uns zugedachten Übel leicht auf ihre Urheber wieder zurück zu dirigieren vermögen.

Das „Hellsehen" war schon im grauen Altertum bekannt und unter den verschiedenen Methoden, den Menschen zu diesem Können zu verhelfen, ist die Anwendung eines sogenannten magischen Spiegels auch keineswegs neu gewesen. Viele glauben, dass Urim und Thummin, wie sie die jüdischen Hohenpriester trugen, derartige Spiegel waren. Pausanias erwähnt ihren Gebrauch bei den Achäern zum Weissagen bei Wiedergenesung Kranker. Man legte einen, an einen Faden gebundenen Spiegel in die Quelle vor dem Tempel der Ceres und deutete. Erschien darin das Gesicht grässlich, so war das Schlimmste zu befürchten, erschien es gut, so konnte man auf Genesung rechnen.

Unter einem magischen Spiegel versteht man ein Ding, welches scharf fixiert, den Zustand herbeiführt, den wir bewusstes Hellsehen nennen, in welchem dem Seher Visionen erscheinen, die allegorisch, symbolisch, realistisch oder prophetisch sein können. Mit realistisch ist gemeint, dass die Visionen Ereignisse darstellen, die sich zur selben Zeit in größerer oder geringerer Entfernung vom Seher abspielen und auf seine Verwandten oder Freunde oder auch auf ganz Fremde Bezug haben.

Das Instrument, welches diese Wirkung hervorbringt, kann die Form eines gewöhnlichen Spiegels haben, aber die Oberfläche darf kein Bild reflektiere!); es kann eine Kugel oder ein Stück harten Kristalles, Glas oder anderes Mineral sein, es kann ein Glasgefäß oder sonst ein Behälter mit Wasser sein, welches Wasser aber magnetisiert sein muss, oder es kann eine Abkochung narkotischer oder anderer Pflanzen enthalten.

Hier sei gleich erwähnt, dass die sogenannten japanischen magischen Spiegel und einige ähnliche Fabrikate keine, nicht magische in dem hier verstandenen Sinne sind. Es sind dieses nur Bronzespiegel, welche auf dem Rücken mit einem Zeichen gestempelt sind und dann auf der Vorderseite poliert werden. Das „Korn" des Metalls ist dabei so verändert worden, dass, obwohl auf dem Spiegel nichts zu sehen ist, doch das Zeichen sichtbar wird, wenn man mit dem Spiegel Licht auf eine Wand oder anderswohin reflektiert. Bei einer andern Art dieser Zauberspiegel sind auf dem Spiegel feine Linien in der Weise gezogen worden, dass man das Zeichen nur bei einer besonderen Stellung des Beschauers erkennen kann. Da derartige technische Wunder nichts Magisches erzeugen, so sei hier davon genug gesagt.

Der gewöhnliche magische Spiegel ist ein Hohlglas, dessen hintere oder konvexe Seite mit einer schwarzen Substanz überzogen ist, etwa Asphalt in Terpentin gelöst oder etwas anderes. Die berühmten Bhatteh-Spiegel werden auf der Rückseite mit einer harzigen Masse beschmiert, die im Juni von jungen Knaben und Mädchen in Dekan gesammelt wird. Bei ihrer Herstellung sollen ganz besondere Zeremonien vorgenommen werden. Eine konkave Oberfläche mit Graphit poliert gibt schon einen guten magischen Spiegel.

Ein Stück schwarzer Samt geht auch; was aber mehr als alles andere den Seher zu beeinflussen scheint, ist ein Kreis von ca. 10 cm Durchmesser mit Holzkohle gezogen. Das war die Form, welche der bekannte Baron *du Potet* benutzte, der dazu allerdings wohl noch einen starken mesmerischen Einfluss hinzufügte. Eine andere Form ist bekannt als Swedenborgischer Spiegel und wird hergestellt, indem man Graphit mit Oliven- oder anderem Öl mischt und diese Masse dann auf Glas oder auf eine Platte überträgt. Diese soll für den Seher weniger ermüdend sein als andere Arten.

Der galvanische Spiegel wird aus einem hohlen Stück Kupfer gemacht, dessen konvexe Seite mit Zink belegt wird. Er ist im Allgemeinen nicht so wirksam als die gewöhnliche Art.

Einen kabbalistischen Spiegel formt man aus einer Legierung sieben gewöhnlicher Metalle.

Ein schwarzer Napf mit Wasser könnte ebenfalls als Spiegel dienen; ebenso eine mit Wasser gefüllte Glaskugel in einem weißen Tuch liegend, an beiden Seiten eine brennende Wachskerze; eine Untertasse oder ein anderes Gefäß mit schwarzer Tinte. In Ägypten und auch sonst gebraucht man eine kleine Quantität Tinte in die hohle Hand gegossen.

Aus Pechkohle (Jet) kann man ebenfalls gute Spiegel herstellen. Aus dieser Masse besteht auch jener Spiegel, welcher den berühmten Dr. *Dee* gehörte und jetzt im britischen Museum aufbewahrt wird.

Eine Kugel aus Bergkristall ist eine beliebte und wirksame Form. Überhaupt eignet sich Bergkristall auch in anderer Form für diesen Zweck.

Der Seher in Brahan benutzte einen beliebigen Stein. Seine Prophezeiungen sind und waren in Schottland wohlbekannt und viele von ihnen sollen sich erfüllt haben.

Der verstorbene Dr. *Mackenzie* in London verfügte über eine dreißigjährige Erfahrung in der Kristallomantie und Catoptromantie. Er hatte die Gewohnheit, seinen Bekannten ihre eigene Kraft des Sehens zu beweisen. Z. B. zeigte er einer Dame einen Kristall und fragte dieselbe, wie er ihr gefiele und ob sie darin was sehe. „Er ist sehr hübsch", antwortete die Dame und fuhr dann fort: „Ich sehe ein kleines Mädchen am Ufer eines Baches, Blumen in ihn streuend." Und als Dr. Mackenzie sagte: „Sie werden es für merkwürdig halten, wenn ich Ihnen sage, dass ich nichts in dem Kristall sehe." — „Unsinn!" rief sie aus, „aber es ist ein kleiner hübscher Briefbeschwerer", und schaute dabei wieder hinein, sah eine ganz andere Szene und entdeckte so, dass sie eine Seherin war.

Hellsehen ist eine Gabe, die man sorgfältig hüten muss, übrigens ist das Spiegel- und Kristallschauen mit großen Gefahren verbunden und darf nicht übertrieben werden, geschieht es, so ist es für Unerfahrene praktisch, dieses mit einem Lehrer solcher Wissenschaften zu versuchen.

Wer z. B. clairvoyant veranlagt ist und dieses nicht weiß, könnte bei derartigen Versuchen gleich was sehen und es sich nicht erklären. Die Visionen würden Gewissheit werden und die Person verfolgen, womit der Weg in eine Irrenanstalt schon betreten sein könnte.

Eine Dame schaute beispielsweise in einen Kristall und erblickte darin einen schlammigen Fluss, was sie durch Worte ausdrückte. Bei tieferem Hineinschauen ekelte sie sich plötzlich und verließ das Zimmer, ohne anzugeben, was sie gesehen. Am folgenden Tag sprach sie sich darüber aus, dass sie einen Krebs mit Menschenkopf gesehen habe, welches widerliche Wesen sie auch nachts im Schlafzimmer zweimal erblickte, sodass sie ihr Mädchen habe rufen müssen, um nur nicht allein zu sein.

Hat es ein Schüler soweit gebracht, dass er weiß, er sei „hellsehend", so hüte er sich im eigensten Interesse vor Täuschungen. Er bedenke, dass alle Visionen meistenteils nur Wiederspiegelungen und Wirkungen seiner eigenen Seelentätigkeit ist. Beim Schauen in einen magischen Spiegel verhält man sich für gewöhnlich abwartend oder „passiv", man ist aufnahmefähig für das was kommen mag, und gerade hierbei können „erdgebundene Geister", welche nach dem Tode ihres Körpers fortexistieren, uns erscheinen und sich in uns manifestieren. Bei diesen Geistern haben sich die höheren Prinzipien von der zurückgebliebenen „Astralleiche" getrennt; es existiert in ihr keine Vernunft mehr, wohl aber ein schwacher Widerschein derselben, welcher sie zum Spielzeug halbbewusster Empfindungen macht, aus denen Phantasien entspringen, deren Charakter von den Gedanken und Empfindungen, welche die Person während des Lebens hatte, abhängig ist, und die aus den aufgespeicherten Erinnerungen des irdischen Teiles des Gemütes hervorgehen.

Um aber diesen Vorgang zu ermöglichen und zu einer Art von Bewusstsein zu gelangen, dazu bedürfen diese „Astralleichen" der Lebenskraft, welche sie, sei es willkürlich oder instinktiv (infolge des inneren Dranges nach Leben), dem Medium entziehen, und deshalb sind diese „Geister" Vampire, welche die „Medien", die sich mit ihnen abgeben, nicht nur der Vernunft berauben, sondern sie auch schließlich körperlich zu Grunde richten. Unwissenheit hierbei schützt nicht gegen Übel, und da jeder Hellsehende mehr oder weniger sensitiv ist und die Eigenschaften eines Mediums besitzt, so könnte ein solcher, wie z. B. Spiritisten es zu tun pflegen, sich nämlich einbilden, ein gutes Werk zu tun, indem er sich mit einem solchen „Geiste" verbindet, während sein „Dual" oder seine „Seelenbraut" oder „Seelenbräutigam" doch nur eine Astralleiche, wenn nicht gar ein teuflisches Wesen ist, von dem er besessen ist.

Um sich also vor Schaden zu bewahren, ist es absolut notwendig, dass man alle vorher erschienen Briefe eingehend studiert hat. So interessant das „Hellsehen" einesteils auch ist, so sind die eben geschilderten Schattenseiten aber keineswegs aus der Luft gegriffen.

Geschilderte magische Spiegel fertige man sich selber an; würde man sich einen solchen z. B. bei einem Handwerker bestellen, so würde der Spiegel durch die Emanationen anderer Menschen verunreinigt werden. Sehr praktisch ist es, wenn das Material frisch aus dem Laden kommt und möglichst von niemandem berührt wurde, außer vom Verkäufer und von uns selber. Alle Zutaten müssen frisch und sauber sein, haben wir ein hohlgeschliffenes Glas verwandt, so müssen wir dasselbe mit einem Stückchen Tuch, welches vorher in ein reines mit etwas Terpentin gefülltes Gefäß getaucht worden ist, gründlich reinigen, ebenso alles, was wir zur weiteren Handhabung hierbei verwenden.

Dieser Spiegel darf dann nur von uns selber berührt und benutzt werden, es sei denn, dass eine mit uns harmonisierende Persönlichkeit denselben Zweck verfolgt oder gleichen Anteil nimmt, als z. B. der Gatte oder die Gattin, der Lehrer, ein intimer Freund usw. Es ist aber besser, wenn wir einen solchen Gegenstand für uns verwahren, ihn gegen Staub schützen und magnetisieren, solche Spiegel sind dann die besten. Außerdem sei noch betont, dass man bei Anfertigung dieses Artikels, sowie bei Benutzung desselben allein sei.

Bei gemeinschaftlichen Sitzungen jedoch darf kein Wort gesprochen werden, das Zimmer muss so dunkel sein, dass man den Spiegel nicht sehen kann, obgleich hineingesehen wird. Hierbei setzt man sich auch so bequem wie möglich hin und hält die offene Schachtel so, dass unsere Daumen den Spiegel berühren, ohne Vorbeugung des Körpers. Diese Sitzungen müssen — wie schon gesagt — regelmäßig geschehen und jedes Mal ca. eine gute halbe Stunde dauern, und auch kein Unberufener durfte hiervon etwas wissen.

Gelingt das Schauen nicht gleich, was auch wohl selten zu geschehen pflegt, so sei man darüber keineswegs enttäuscht, Geduld und Ruhe, keinerlei Aufregung (quasi die Vorbedingungen eines guten Schützen) sind hierbei erforderlich.

Dies wäre so ziemlich alles, was ein Schüler und Interessent wissen müsste, um diesen Sinn in sich bewusst zu entwickeln. Werden bei einem Menschen fünf Sinne angenommen, so kann er diese auch auf sieben erhöhen. Der 6. Sinn würde eine Verfeinerung der bekannten 5 sein, also: Hellsehen, Hellhören und Gedankenerraten in sich begreifen; als 7. Sinn nehme das „Fernwirken" an.

Dass einem derart veranlagten Menschen Vorteile erblühen, liegt auf der Hand, jedoch werden diese Vorteile nicht immer rein pekuniäre sein. Materielle Menschen pflegen diesen Maßstab anzulegen und erblicken dieselben nicht gleich blinkende Münze, so hat diese Sache bei ihnen keinen Wert. Reichtum, Gut und Geld ist keineswegs zu verachten, aber ist uns dieses einmal nicht beschieden, so dürfen wir nach dem Voraufgegangenen nicht verzagen, noch dazu wir die Erkenntnis gewonnen haben, dass kein Machtmittel imstande ist, uns derartig Begehrenswertes zu verschaffen; cfr. Brief 4 „Über Karma".

Über „Hellsehen" ließe sich noch manches sagen, weshalb ich in Ergänzung dieses Briefes das mir noch nützlich Erscheinende hier vortragen will.

Zigeuner haben die besondere Veranlagung, „hellsehend" zu sein, und mich dünkt, dass dieselben aber mehr Ausüber der schwarzen Magie sein werden; was ich über ihre Künste in Bezug des Hypnotisierens, des Feuerzaubers usw. weiß, gehört hier nicht her.

Dass „Hellsehen" auch im Dienste der Polizei angewandt werden könnte, entnehme aus einem Artikel der Berliner Börsen-Zeitung (No. 546, 1894):

„In Denver, Kolorado, wurde am Dienstag früh eine junge Japanerin namens Kika Cyama mittelst eines fest um ihren Hals geschlungenen Handtuches im Bett erdrosselt gefunden. Da dies binnen wenigen Tagen schon der dritte derartige Mord ist und in allen drei Fällen eine Karte mit dem Namen einer Mordbande, die etwa 20 Mitglieder zählen soll, zurückgelassen wurde, so befürchtet man noch etliche Morde. Die Bande nennt sich „Chevaliers d'Amour". Die Polizei ist völlig ratlos und hat bisher noch keine Verhaftung vorgenommen. Es liegen offenbar keine Raubmorde vor. Der Mörder öffnete in allen drei Fällen freilich Kommoden und Koffer und warf alles durcheinander, nahm aber nichts fort. Jetzt hat die Polizei die Dienste einer berühmten Hellseherin in Chicago in Anspruch genommen. Diese erklärt, dass der Mörder ein blonder Mann ist, der seinen Kopf etwas von der Seite hängen lässt. Er trage einen weichen Filzhut. Der Mörder wohne in unmittelbarer Nähe des Hauses, wo der Mord des japanischen Mädchens stattgefunden habe. Jetzt wolle er wieder eine in der Market-Straße lebende Frau ums Leben bringen.

So lange ein Staat noch die Rohheit der Vivisektion duldet, solange wird dessen Kriminaljustiz das „Hellsehen" links liegen lassen. Schon Dr. Carl du Prel ist für die Verwendung des Somnambulismus im Dienste der Kriminaljustiz eingetreten, natürlich ohne Erfolg. — Wünscht man irgendeinen Bekannten zu sehen, so erinnert man sich seiner und konzentriert sich auf ihn, ebenso wenn man Verstorbene sehen will; in Kriminalfällen müsste man sich die Tat vorstellen und alles Bekannte genau prüfen und dann Sitzungen vornehmen. Hat man den Übeltäter erkannt, so wird dies für materiell Gesonnene noch kein Beweis sein, aber Indizien in Bezug dieser Person könnten gesammelt werden.

Führen wir ein Leben voll edler Bestrebungen, so kann man auch mit unsichtbaren, höheren Wesen in Berührung kommen, ist man sich selber aber noch nicht rein genug, so lasse man solche Wünsche aber lieber fallen, denn wir werden nur diejenigen Geister anziehen, die mit unserer Eigenart harmonieren, und stehen wir auf einem niedrigen Plan, so kann es selbstverständlich nicht ausbleiben, dass wir auch nur von Einflüssen solcher Geister umgeben werden, die ihre eigenen gemeinen Triebe nur verstärken wollen, weiche sie nicht zu beherrschen versuchen.

Mit niederen Idealen würden wir somit nur noch weiter abwärts geführt oder gezogen werden, haben wir aber nur hohe Ideale, so wird unser magischer Spiegel uns auch mit höheren Wesen in Berührung bringen. Zweckdienlich wünschen wir dann einen Lehrer oder Führer, und jemand, der einen gewissen Grad von Wahlverwandtschaft zu uns hat, wird von uns herangezogen werden. Sobald wir ferner selber mit ihm in die richtigen Verhältnisse und richtige Verwandtschaft treten, wird es demselben möglich sein, mit uns in engere, innere Beziehung zu gelangen, — und wir werden ihn sehen können.

Ein enger Verkehr mit einem geläuterten Wesen, für welches wir unbrauchbar sind, würde uns beide nur schädigen; auch wird es die Pflicht aller Meister sein, sich des Kontaktes mit Sterblichen, welche moralisch tief unter ihnen stehen, zu enthalten. Ist ein Verkehr wirklich zustande gekommen, so geschieht es sicher durch Vermittlung Anderer, welche in der Entwicklung für diejenigen auf Erden nicht zu hoch und für den älteren Mitbruder in Devachan nicht zu niedrig stehen.

Wer einen geistigen Führer zur Seite hat, dem ist wohl geholfen. Die am 6. Januar 1412 zu Domremy in der Champagne als Tochter armer Landleute geborene Jeanne d'Arc (Jungfrau von Orleans) und andere wurden offenbar geistig geführt.

Um jedoch ein mehr erklärendes Bild von solchen Erscheinungen oder von diesem Sinne zu bekommen, da lässt uns die Wissenschaft wieder im Stich, weshalb wir auch hierbei unsere eigenen Wege gehen müssen. Wir besitzen — wie schon gesagt — ein Wach- und ein Traumbewusstsein; im ersteren Fall können alle diese Wahrnehmungen nur durch Vermittlung unserer Sinne hervorgerufen werden, während dieselben im Traum ohne Vermittlung der Sinne zustande kommen.

Unser Zeitmaß im Traum ist ferner ein anderes als im tagwachen Leben, ein Traumbewusstsein sind die unserem sinnlichen Bewusstsein gesteckten Grenzen des Zeitmaßes bedeutend erweitert, weshalb sich diese beiden nicht decken, woraus eben hervorgeht, dass wir ein Doppelbewusstsein besitzen.

Unser Schlafbewusstsein ist dem Wachbewusstsein sogar überlegen, geistige Leistungen, welche dem Wachbewusstsein unmöglich waren, wurden oft vom Schlafbewusstsein ausgeführt, wodurch sogenannte Warnungs-träume, Wahrträume und Ahnungen erklärbar werden.

Zeigt sich in Traumbeispielen das Doppelbewusstsein und die Überlegenheit des Schlafbewusstseins über das tagwache, so haben wir im Allgemeinen die Möglichkeit des Fernsehens in Raum und Zeit im Schlafbewusstsein zu suchen.

Geßmann sagt: „Die modernen Mediziner leugnen bekanntlich in der überwiegenden Mehrheit die Möglichkeit eines Hellsehens. Viel daran mag wohl der Umstand schuld tragen, dass man mit dem Worte „Hellsehen" immer den Begriff des Wunderbaren verband. Gerade in den letzten Jahren haben aber zahlreiche Forscher dieser Frage aufs Neue ihre Aufmerksamkeit zugewendet und durch exakte Experimente den Nachweis geliefert, dass es tatsächlich ein Hellsehen gibt, d. h., dass es möglich ist, in besonders geeigneten Personen die Fähigkeit zu erwecken, Wahrnehmungen ohne Vermittlung der normalen 5 Sinne zu machen. So berichteten die Mitglieder der Münchener psychologischen Gesellschaft Dr. Baron du Prel, Dr. Freiherr v. Schrenck-Notzing und Baron Hornstein über einen bezüglichen Versuch mit einer jungen Dame namens Lina. Sie wurde von Dr. Schrenck-Notzing mesmerisiert und ihr im somnambulen Zustande ein völlig unbekanntes Buch überreicht und ihr befohlen zu lesen, was auf einer bestimmten Seite des Buches stehe. Lina hielt das Buch an den Scheitel und vollführte die Aufgabe „zur Zufriedenheit der genannten Berichterstatter."

Der Hypnotismus ist bereits erklärt worden, doch da, was er uns lehrt, finden wir in noch höherer Steigerung auch beim Somnambulismus wieder.

Im gewöhnlichen Leben weiß man über Somnambulismus nicht viel zu sagen und denkt dabei an die bekannte Tatsache, dass derart veranlagte Leute sogenannte „Schlafwandler" oder „Mondsüchtige" sein müssen.

Die Erscheinung des Hellsehens bei Somnambulen kann seitens der Wissenschaft nicht bestritten werden, doch nannte dieselbe es „Sinnesverletzung" oder „Transposition des Gesichtssinnes", aber ohne diese Sache noch weiter zu untersuchen.

Das Hellsehen der Somnambulen erstreckt sich ferner auf die Erkenntnis innerer Organe ihres Körpers und ihrer Funktionen (Autodiagnose), auf die Erkenntnis des Verlaufes ihrer Krankheit (Prognose) und auf die Erkenntnis der hierfür dienlichen Heilmittel (Heilmittelinstinkt). Solche Erscheinungen sind von Ärzten an Somnambulen in unzähligen Fällen beobachtet und berichtet worden, und die auf dem Gebiete des Somnambulismus zu den

Gemeinplätzen gehören.

Eine weitere transzendentale Fähigkeit bei Somnambulen ist das Fernsehen, wie dies bereits beim gewöhnlichen Schlaf in den sogenannten Wahrträumen und auch in dem somnambulen Schlaf der Hypnose zu beobachten ist. Dr. Carl du Prel erwähnt in seiner „Monistischen Seelenlehre" (Charpignon: „Physiologie du magnetisme animal 1888") folgenden Bericht des Arztes Charpignon: „Eine Somnambule, die in Orleans eingeschläfert wurde, sprach den Wunsch aus, ihre Schwester in Blois zu suchen und begab sich geistig dahin. In Meuny angekommen, erklärte sie, einen gewissen Jouanneau im Feiertagsanzug in der Nähe des Ortes zu sehen. Da nun einige der Anwesenden diesen Mann kannten, wurde er brieflich befragt, ob er zu jener Stunde am angegebenen Orte gewesen sei, was dieser bestätigte."

Über das Fernsehen Sterbender schreibt derselbe im gleichen Werke (Seite 287—289): „Dass eine Steigerung des Somnambulismus überhaupt das Fernsehen erweckt, zeigt sich eben bei Sterbenden und ist seit ältesten Zeiten bekannt. In der Bibel ruft der sterbende Jacob seine Söhne zusammen, um ihnen zu weissagen. Calamus, indem er den brennenden Scheiterhaufen bestieg, verkündete dem Alexander seinen nahen Tod, der sodann in Babylon erfolgte. Cicero erzählte von einem sterbenden Rhodier, der 6 Personen hernannte und die Reihenfolge ihres Todes bestimmte. Bei der Pest in Basel, Ende des 16. Jahrhunderts, scheint dieses Fernsehen sogar als Massenerscheinung aufgetreten zu sein, indem die Sterbenden den Namen dessen riefen, der ihnen zunächst folgen würde. Schaurer in seiner „Chronik der Seuchen" sagt, dass bei der Pest im 14. Jahrhundert in Europa viele Leute hellsehend wurden, ihre eigene Todsünde angaben und diejenigen bezeichneten, welche ihnen nachfolgen würden...

Im Mittelalter galt das Fernsehen Sterbender als eine bekannte Tatsache und noch der Begründer der modernen Naturwissenschaft, Baco von Verulam, spricht es als Erfahrungssatz aus: „Das Fernsehen wird überhaupt beobachtet in Träumen, in Ekstasen und bei herannahendem Tode; es ist selten im Wachen und wenn der Körper gesund und stark ist." Die Zweifel begannen erst in der Aufklärungsperiode, welche ihre eigene Seichtigkeit in die Probleme verlegte und die Tiefe des Welt- und Menschen-Rätsels in bloße Fläche verwandeln wollte.

Jeder Schüler, der sich auch diesen Brief zu eigen gemacht hat, wird mit Interesse derartige Fälle beobachten und ev. registrieren, die sich in seinem Kreise entfalten sollten. Es vergeht fast keine Woche, in der nicht irgendwas im Bereiche unserer Umgebung passiert, was wir gemäß unserer erworbenen Weltanschauung dann erleuchtet erklären könnten, da es aber dem Bereiche des Okkultismus angehört, so ist es auch kein Fehler, wenn wir allein oder nur wenige Gleichgesinnte den Kern der Sache sehen und Andere anders darüber denken und disputieren lassen.

Soweit über „Hellsehen", was mir behufs Erklärung dieses Gebietes zu Gebote stand. Ein interessantes Thema, der daran gesetzten Zeit und Mühe vollauf wert!

Gebrauchsanweisung
für
sogenannte Spiegel zum Hellsehen, Zauberspiegel, Kristalle, Kristall-Kugeln und Quadrate.

So einfach nun eine Anweisung und Anleitung zum Gebrauche dieser Hellseh- oder Zauberspiegel, dieser Kristalle, Kristallkugeln und Kristallquadrate auch sein mag, so einfach ist der Gebrauch dieser Dinge keineswegs, um wirkliche Resultate zu erzielen. Sonst würde es kurz lauten: Man nehme einen solchen Spiegel oder dergleichen, setze sich damit in einem halbdunklen Räume nieder, schaue in das Experimentierinstrument hinein und warte, bis dass die . . . . Bilder kommen! —

Viele Anfragen belehrten mich insofern, dass jeder wissbegierige Schüler, wie Schülerin, einer eingehenden Belehrung und Anweisung hierzu bedarf, um wenn nicht gleich, so doch mit der Zeit Erfolge hierbei zu erreichen.

Ein großes Feld neuer Forschungen liegt hierbei noch vor uns, und mag ein Bau noch so groß sein, fertig wird er doch, und mag unser Ziel noch in weiter Ferne liegen, begeben wir uns nur auf den Weg, dann rückt das Erhoffte uns täglich näher; und haben wir überdies Mut und Zuvertrauen in uns, dann wird das Schwerste leicht und das Dunkelste um uns bald hell.

Spiegel zum Hellsehen kann man sich selber herstellen oder auch anfertigen lassen, indem ein größeres Konkavglas auf der konvexen Seite einige Male mit schwarzem Lack überzogen und dann eingerahmt wird. Sowie man dann aber im Besitz eines solchen Spiegels ist, so behält man ihn für sich allein und gibt ihn nicht aus der Hand, damit er nicht durch Emanationen anderer seine Leistungsfähigkeit einbüße. Es ist praktisch, ihn möglichst lange oder oft bei sich zu tragen und ihn dann, sowie nach jedesmaliger Benutzung so verschlossen aufzubewahren, dass er von fremder Seite ganz unberührt bleibe.

Selber ist auch hierbei der Mann! Man suche den 6. Sinn, eine Verfeinerung der bekannten fünf Sinne in sich zu entwickeln; das wäre die Quintessenz der anderen Sinne in eins zusammengefasst und würde sich offenbaren in Hellsehen, Hellhören und Gedankenerraten. Der 6. Sinn gehört zum Hellsehenkönnen, man erreicht ihn ferner auch nur durch Mäßigkeit in allem, durch Ruhe und Gedankenkonzentration. Auch der Vorteil, der aus diesen drei letzten Eigenschaften entsteht, liegt auf der Hand und eröffnet in den allermeisten Fällen jede magische Fähigkeit in uns selber. Der 7. Sinn wäre zusammengefasste Gedankenkräfte, welcher besonders zutage treten würde im *Fernwirken*. So wie die Zahl 7 sich in vielen Dingen offenbart, als wie bei den Farben, Noten usw., so auch hier.

Endlich kommt da noch hinzu, dass sich all unser Tun, Denken, Dichten und Trachten auf der Astralebene abspiegelt; es hinterlässt selbst jeder Gedanke ein Spiegelbild auf dieser Astralebene und wird verstärkt, wenn wir etwas ernstlich wollen und umso mehr und öfter daran denken. Alle diese Abbilder kommen nicht nur uns wieder zum Bewusstsein und zu (geistigem) Gesicht, sondern auch fremden Hell- und Fernsehern. Aus dieser okkulten Tatsache kann der Schüler weiter entnehmen, dass unsere frommen Wünsche, Lieblingsgedanken, sowie auch böse Dinge, sich umso mehr verstärken und Gestalt annehmen, je öfter wir unsere Gedanken hierauf forcieren, während ein oberflächlicher Gedanke sich alsbald wieder verflüchtigt.

Ein mit dem 6. Sinn Begabter vermag demgemäß Bilder der Gegenwart in erster Linie, sodann auch Bilder der Vergangenheit, wie der Zukunft, zu erschauen. Da alles, was geschehen wird, im Rahmen des Karmas jedes einzelnen, jedes Volkes, Staates und Weltteiles verborgen bleibt, aber auch keineswegs bis auf das Kleinste vorher festgelegt worden ist, so offenbart sich ein Voraussehen zukünftiger Ereignisse als ein Hineinblicken in den astralen Werdeprozess und ein Schlüssigwerden nach dem Gesetz von Ursache und Wirkung. Er vermag besonders anschaulich beschriebene Begebenheiten kinematographisch wieder zu schauen und oftmals mehr m sehen, als da erzählt worden ist.

Negative Resultate leistet der Spiegel dann, wenn man von ihm beispielsweise verlangen würde, dass er uns ein Bild jener Nummer zeige, welche demnächst in der und der Lotterie als Haupttreffer gezogen werden wird. Ebenso die Namhaftmachung eines Verbrechers usw., weil eine derartige Schicksalsbeeinflussung vielleicht nicht im Rahmen des Gesuchten liegen dürfte. Ich sehe diese Beeinträchtigungen recht wohl ein und lege sie jedem Leser ans Herz, damit er keinem Hellsehfähigen mit solchen Fragen komme oder damit den Fähigkeitsgrad desselben abmessen möchte. Das eigene Interesse spielt beim Hellsehen eine große Rolle; bekommt man Lust hierfür, so hole man seinen Spiegel hervor, reinige ihn mit einem weichen Tuche, der hierzu ebenfalls extra aufgehoben wird, liebkose ihn und setze ihn so vor sich hin, dass das Licht nicht direkt in ihn hinein scheint. Am besten vollführt man ein solches Experiment *ungestört* und *in einem dunklen Zimmer, das seine notwendige Helligkeit aus einem Nebenzimmer erhält.*

Irgendeine bestimmte Sache, welche uns interessiert, nehmen wir zum Vorbilde, diese nehmen dann nach einiger Zeit Leben und Gestalt an und wie in einem lebhaften Traum fühlen wir uns alsbald von dem Erblickten ergriffen und berührt.

Ist keine besondere Neigung vorhanden, so zwinge man sich nicht. Bei einer solchen Sitzung verhalte man sich sonst möglichst ganz passiv, jedoch dabei den eingeprägten Wunsch, Kurs und Willen vor Augen, dass man hellsehend werde, es tritt dann nicht leicht eine eventuelle Ermüdung ein. Sobald man etwas wahrzunehmen glaubt, beobachte man aus einer Entfernung von etwa 30—50 cm aufmerksam weiter. Man kann jeden Tag üben oder auch jeden 2. und 3. Tag eine halbe Stunde lang, bis man schließlich Bilder zu sehen vermag und sich diese dann zu deuten versucht.

Wer dieses Können zur „schwarzen Magie" ausarten lässt oder für derartige Einflüsse aufnahmefähig ist und kein kräftiges Gegengewicht in sich selber besitzt, lässt diese Versuche lieber ganz sein oder hat es sich selber zuzuschreiben, wenn er ein Opfer seiner eigenen dämonischen Gedanken wird.

Empfehlenswert wäre noch, dass sich Hellsehexperimenteure astrologisch ausbildeten, um sich auch zum Hellsehen günstige Stunden berechnen zu können.

Aus dieser etwas kurz gefassten Anleitung wird jeder Leser und Schüler leicht erkennen, dass Vielerlei erst ein Ganzes ausmachen und dass man nicht eine ganz bestimmte Fähigkeit aus dem großen Bereiche der okkulten Welt herauszureißen vermag, um sie gleich nach Wunsch für einen ganz bestimmten Zweck auszunutzen. So wie man nicht immer einen Spiegel beim Waschen und Kämmen gebraucht, so bedarf man ebenfalls zum Hellsehen nicht stets einen hierzu präparierten Spiegel, aber er ist dienlich und wir benutzen ihn für unser Physisches Auge „als *Brücke*" zur astralen Welt. Alle Gedankenbilder, welche uns umgeben, können von anderen Personen, insbesondere von Sensitiven wahrgenommen werden, ohne hierzu einen besonderen Spiegel zum Hellsehen zu gebrauchen. Ist nämlich erst eine gewisse Sensitivität durch Hellsehübungen erreicht, *geht es auch ohne Apparate!*

Alles was sich ein Mensch denkt, was er geistig sieht und was „er träumt, ist auf der Astralebene sichtbar und in dem großen Raum Rupa (Mahâkâsa) zu erblicken und auch zu empfinden, wenn man sich (den physischen Körper) und seine Seele (unser „Ich"), das Feinfühligste in uns — wie angedeutet — darauf präpariert hat. Und was sich einer denkt, wünscht, will und erhofft, ist in dem geistigen Räume Arupa (Chidâkâsa) oder dem Räume der Erkenntnis, augenscheinlich vorhanden und somit ebenfalls wahrzunehmen. Ob sich nun diese Möglichkeit auf der astralen, mentalen oder gar physischen Ebene abspielt, hängt von der Entwicklungsstufe des Beschauers selber ab.

Hiermit hoffe ich über den Gebrauch eines Hellseh- oder auch Zauberspiegels genug gesagt zu haben und wünsche damit jedem Interessenten Erfolg zu eigenem Besten, sowie im Allgemeinen eine Förderung der okkultistischen Weltanschauung.

Der Verfasser.

Theosophische und okkultistische Studien

in 12 Briefen

von

Ferdinand Schmidt

Brief 9
Über Telepathie.

Brief 9.
Über Telepathie.

> Ist erst Gelehrsamkeit erworben
> mit viel Schwitzen:
> So nehmen Anstoß daran, die sie
> dann nicht besitzen.
>
> Churchill.

Wer „Telepathie" oder die „seelische Fernwirkung" studieren, verstehen und ausüben will, muss sozusagen die „Gedankenkonzentration" und die „passive Haltung' aus dem ff verstehen und kennen gelernt haben.

Tue ich meinen Mund auf und sende eine Botschaft hinaus, so verhalte ich mich sowieso schon positiv, will ich aber fern von meinem jetzigen Standpunkt in irgendeiner Weise wirksam sein, so muss ich alle meine Gedanken zusammennehmen, reservieren und meinen Geist einzig und allein mit allem Willen und Wollen auf die eine Sache gerichtet haben. Dies muss auch geistig mit großer Kraft und Nachdruck wiederholt werden, wobei ich im Geiste bei derjenigen Person weile, welcher ich eine Botschaft zukommen lassen will, und es wird praktischer sein, wenn ich ein Bild derselben habe, dieses zur Hand nehme, um den Empfänger auch geistig vor meiner Seele stehen zu sehen.

Im vorigen Brief führte ich das Beispiel an, dass man, um eine bestimmte Persönlichkeit zu sehen, geistig zu ihr hinreisen müsse; dasselbe ist nun auch hierbei ratsam, wenn ich dieselbe nicht allein sehen, sondern auch mit ihr sprechen will.

Eine solche Reise führe man geistig möglichst genau und mit natürlichen Einzelheiten aus; hat man dann Haus und Zimmer jener Person betreten, so stelle man sich vor, dieselbe dort anzutreffen und die Unterhaltung kann beginnen, d. h. man sagt derselben, was man eben mitteilen will, wiederholt es und wartet auf eine Antwort.

Je nachdem die betreffende Person nun veranlagt ist, kommt ihr unser Wollen zum Bewusstsein; sie denkt daran, woran wir denken und je mehr wir hierbei verharren, umso mehr wird unser Adressat von unseren Gedanken — unbewusst — eingenommen sein und von uns beeinflusst werden können. Hat man das, was man will, dieser Person auf geschilderte Weise gesagt, so springt man vom positiven zum passiven Standpunkt über und macht sich damit aufnahmefähig für die Gedanken jener Person.

Bei einiger Übung stellt man sich die Persönlichkeit auch gleich geistig vor, trägt die Botschaft verschiedene Male vor und verhält sich dann jedes Mal darnach abwartend, bis eine Antwort erfolgt ist. Diese Entgegnung taucht dann wie ein gewöhnlicher Gedanke blitzartig in unserem Innern auf, oder kann auch durch offenbar hörbare Laute zu uns kommen, unser Ohr vernimmt nichts anderes, unser geistiges Auge vermag eine Antwort auch in Schriftzügen, Druckschrift oder gar in symbolischen Bildern wahrzunehmen.

Die Erzählung selber erlebter Beispiele würde das Gesagte besser beleuchten, doch lebende Personen zieht man nicht gern zur Besprechung heran und zwar aus verschiedensten Gründen.

Dagegen habe ich schon einmal gesagt, dass ich großes Interesse für eine englische Persönlichkeit hege und aus deren Geschichte (Jane Eyre, die Weise von Lowood) eine hierher gehörige Episode kurz erzählen will.

Der Missionar Mister St. John wollte Jane mit nach Indien — mehr als Gehilfin als Frau — nehmen, Jane wollte nicht, wurde von St. John aber immer wieder dazu animiert, ja förmlich hypnotisiert, weshalb Jane betete: „Zeige mir, o zeige mir den rechten Pfad, gütiger Himmel!" Janes Herz schlug laut und heftig und plötzlich stand es still unter einer unbeschreiblichen Empfindung. Letztere war wie ein elektrischer Schlag scharf, seltsam und beängstigend, ihre Sinne waren gespannt, während jeder Nerv in ihr erzitterte. —

St. John fragte sie, ob sie was höre oder sehe. Sie hörte irgendwo eine Stimme, die rief: „Jane! Jane! Jane!"

Es schien nicht im Zimmer zu sein, nicht im Hause und nicht im Garten. Es kam nicht aus der Luft — nicht aus dem Erdboden — nicht von Oben. Sie hatte es nur vernommen, wusste aber nicht wie und wo, aber es war die Stimme eines menschlichen Wesens — eine bekannte, geliebte, nie vergessene Stimme — die Stimme Edward Fairfax Rochesters.

Als Jane dieses zum Bewusstsein gekommen war, rief sie aus: „Ich komme, warte auf mich! O! Ich will kommen!" Dann eilte sie zur Tür, sah in den Korridor hinaus und lief in den Garten, ohne denjenigen zu finden, den sie dort zu finden glaubte.

Nachdem sich Jane dann von St. John freigemacht hatte, war sie nach Rochesters Aufenthalt gereist und welchen sie als Krüppel und blind wiederfand. Rochester erzählte dann Jane alles dasjenige, was er seit ihrer Flucht durchgemacht habe und fährt dann fort:

„Erst seit kurzem, Jane — seit kurzem begann ich Gottes Hand in meiner Strafe zu ernennen. Ich begann Gewissensqualen, Reue zu empfinden, den Wunsch, mich mit meinem Schöpfer zu versöhnen. Zuweilen begann ich zu beten; es waren nur kurze Gebete, aber sie waren aufrichtig. — Vor einigen Tagen bemächtigte sich meiner eine eigentümliche Stimmung; an Stelle der Wut und des Wahnsinns trat Kummer, an Stelle des Trotzes Schmerz. — — Ich war in meinem eigenen Zimmer und saß am geöffneten Fenster; die balsamische Nachtluft wirkte beruhigend auf mich. Ich konnte die Sterne nicht sehen und nur ein vager, heller Nebel verriet mir, dass der Mond aufgegangen. O Jane, und ich sehnte mich nach dir. Ich sehnte mich nach dir mit Leib und Seele. Ich fragte Gott in Angst und in Demut, ob ich nun nicht lange genug einsam, heimgesucht und gequält gewesen sei; ob ich denn niemals wieder Glück und Frieden finden solle. Ich bekannte ihm, dass ich alles verdient, was ich leiden müsse, dass ich aber kaum noch mehr ertragen könne. Und dann brach das Alpha und Omega all meiner Herzenssehnsucht unwillkürlich von meinen Lippen in den Worten: Jane! Jane! Jane! Was dann folgte, ist das seltsame an der Sache. Du wirst mich für abergläubisch halten — aber es ist dennoch wahr — wahr wenigstens ist, dass ich hörte, was ich jetzt erzähle. Als ich rief: Jane! Jane! Jane! erwiderte eine Stimme, ich kann nicht sagen, woher sie kam, aber ich weiß, wessen Stimme es war — „Ich komme, warte auf mich", und gleich darauf trug der Wind mir noch die geflüsterten Worte zu: „Wo bist Du?"

Wenn ich kann, will ich dir den Gedanken, das Bild beschreiben, welches jene Worte vor meinem Gemüt entrollten; doch ist es schwer auszudrücken, was ich unterdrücken möchte. Ferndeau liegt in einem dichten Wald begraben, wo jeder Schall dumpf ist und ohne Widerhall erstirbt. „Wo bist Du" schien zwischen Bergen gesprochen, denn ich hörte, dass ein Bergecho die Worte wiederholte. Kühler und frischer schien der Wind in diesem Augenblick meine heiße Stirn zu umfächeln; ich hätte mir beinahe einbilden können, dass Jane und ich uns an einem einsamen Ort wiederfanden. Unsere Seelen, glaube ich, müssen sich gefunden haben. Du, Jane, lagst zu jener Stunde ohne Zweifel in tiefem, unbewusstem Schlummer, vielleicht entwand sich deine Seele ihrer Hülle und kam, um die meine zu trösten; denn es war deine Stimme — so wahr ich lebe — deine Stimme!"

Natürlich horchte Jane auf Mr. Rochesters Erzählung, und wir vermögen aus derartigen Wahrnehmungen den Beweis zu ziehen, dass derartige Fernwirkungen, aus indirekt natürlicher Ursache, wohl häufiger vorkommen werden, als überhaupt acht darauf gegeben zu werden pflegt.

Will der Schüler auch dieses Können forcieren, so beschränke er sich zu Anfang seiner Versuche nur auf eine Frage und eine Antwort; ebenso versuche er sich zuerst möglichst auf kurze Entfernungen, weil diese weniger Schwierigkeiten bereiten, sowie ev. Zweifel leichter beseitigt werden können.

Als das wichtigste Element des Gelingens gilt aber ein fester Glaube an den endlichen Erfolg!

Bekanntlich wird eine jede Sache so lange bezweifelt und verunglimpft, bis sie gerade zur Lebenserfahrung geworden ist. Würde ich z. B. auf das was gegeben haben, was mir die Leute alles bezüglich meiner Briefe gesagt haben, dann wäre ich nicht nur kleinmütig geworden, sondern hätte obendrein das Zutrauen zu mir selber verlieren müssen. Ich sagte mir aber, dass andere Leute ja fürchterlich schlau sein könnten, woran ich armer Erdenpilger gar nicht zu klingeln vermag, aber ich behielt so viel Erfahrung zur Seite, dass ich bei Entmutigung auch niemals auf Erfolg rechnen darf, weshalb derartige weise Belehrungen auf mich keinerlei Eindruck mehr machten. Außerdem hatte ich gar keine Veranlassung, derartige Mundhelden zu belehren, im Gegenteil, ich habe einige nach meiner Pfeife tanzen lassen und daraus die Quintessenz gezogen, dass mein Wille doch wohl ein ganz klein bisschen stärker sein müsse, als deren Wille. Jeder Tor leugnet aber immer dasjenige, was er nicht begreift, und bekanntlich neigten die Menschen jedes Mal mehr oder weniger zum Unglauben hin, als die Dampfkraft praktisch ausgenutzt werden sollte, bei Entdeckung des Telefons und anderer Erfindungen, bis alle diese Errungenschaften im täglichen Volksleben zur Notwendigkeit geworden sind.

Inder glauben an die Möglichkeit telepathischer Mitteilungen, weil sie dort schon seit vielen hundert Jahren als Tatsache existiert. Die Engländer erhielten während des letzten Krieges in Afghanistan auch positive Beweise von der Existenz telepathischer Kommunikation, denn Eingeborene in den Bazaren und Kaffeehäusern in Bombay und Kalkutta besprachen das Ende verschiedener Schlachten und Gefechte viele Tage früher, als die Amtspersonen erst durch das rascheste Kurier-System davon Kenntnis erlangen konnten. Nach eingehender Untersuchung fand man, dass gewisse Hindus lebten, welche zur pünktlichen Übertragung, also auch für den Empfang telepathischer Mitteilungen, ausgebildet waren. —

Der Ingenieur Herr E. W. besaß in einem Kollegen und Altersgenossen einen Freund, welcher seine höchsten Interessen mit ihm teilte. Im Winter 1895 verlebten sie in harmonischem Gedankenaustausch viele schöne Stunden miteinander. Beide wohnten innerhalb des Postbezirks L. und konnten einander von ihren Wohnungen aus auf zwei verschiedenen Wegen erreichen. Um sich aber nicht zu verfehlen, wenn einer den anderen besuchen wollte, hatten sie verabredet, von diesen beiden Wegen immer nur ein und denselben zu benutzen. „Oftmals", so erzählte Herr W., „wenn ich abends einsam ein paar Stunden über meinen Büchern gesessen hatte, hielt ich das Alleinsein nicht mehr aus; ich sehnte mich nach Aussprache mit meinem Freunde. Dann klappte ich die Bücher zu und machte mich auf den Weg zu ihm. Und da hat es sich manchmal zugetragen, dass wir gerade auf der Hälfte des Weges zusammentrafen. Mein Freund hatte sich dann immer um die nämliche Zeit, wie ich, von dem gleichen Verlangen erfasst, zu mir auf den Weg gemacht." — (Anna Zimmermann, Allerlei Okkultes.)

Anna v. R. war auf ihrer ersten Erzieherinnenstelle in der Familie des Barons v. d. G. eines Abends auf ihrem Zimmer allein am Schreibtisch beschäftigt, als sie die Tür hinter sich öffnen und schließen hörte. Sie meinte, das Stubenmädchen sei eingetreten; als aber alles still blieb, wendete sie sich und sah, dass niemand gekommen war, weshalb sie aufstand und hinausging, um auf Flur und Treppe nachzusehen, — es war aber alles still und menschenleer. Sie fand die Sache doch sonderbar genug, um am nächsten Morgen, als die Familie um den Kaffeetisch saß, davon zu sprechen, und da sagte man ihr, es sei an diesem Morgen noch etwas anderes und ganz merkwürdiges passiert, wovon das eine Dienstmädchen erzählt habe. Dasselbe war früh in einem Zimmer beim Ofenheizen beschäftigt gewesen und hatte da gesehen, wie von außen durch das Fenster eine in eine weiße Wolke gehüllte Gestalt ins Zimmer hinein und am Schreibtische vorüber durch die offene Tür in das Nebenzimmer schwebte. Als das beherzte Mädchen sofort mit brennendem Licht der Erscheinung dahin folgte, war dieselbe spurlos verschwunden.

Am Abend dieses Tages traf auf dem Gut eine Depesche ein, welche meldete, dass die Schwester der Frau Baronin frühmorgens in Berlin an den Folgen einer Operation gestorben sei.

In meinen Marinebildern, erschienen bei Eckstein Nachf. und neuerdings bei Spaarmann in Styrum, erzähle ich im Kapitel „An Bord der Bark Codorus" von einem heftigen Sturme, in welchem ich um Mitternacht den Klüver habe allein festmachen müssen, und da Kauffahrteischiffe unter dem Klüver und Außenklüver- (Jager-) Baum kein Sicherheitsnetz zu führen pflegen, ich jeden Augenblick die schäumende Wasseroberfläche berührte und auch leicht ins Wasser hätte fallen können. Das Klüversegel war 'runtergeholt und schlug heftig, plötzlich schlug es über mich weg und von unten wurde ich wie mit 50 Eimer Wasser in eins bespült. Ich konnte mich allein nicht unter dem Segel weg befreien und die Übrigen hatten an Deck wohl mehr zu tun, als sich um mich zu kümmern. Alle Augenblicke bekam ich eine Ladung Wasser von unten herauf und wollte ich nicht umkommen, so musste ich mich festhalten, so gut ich es vermochte. In dieser Verfassung kam ich mit dem Tode fühlbar in Berührung, überflog mein bisheriges Leben in Gedanken und dachte lebhaft an meine Heimat.

Zu dieser Zeit soll nun meine Mutter noch um Mitternacht an der Nähmaschine tätig gewesen sein und ein Einlogierer, welcher nach Hause gekommen war, las in der Stube noch die Zeitung. Plötzlich vernehmen beide, dass sich unten im Hause die Haustür öffnet und schließt und jemand, anscheinend ein Fremder, die Treppen 'raufsteigt. Der Einlogierer war sich bewusst, dass er die Haustür wieder richtig verschlossen habe, und beide Personen wunderten sich darauf, wer denn da noch so spät in der Nacht angestiegen komme. Sie hörten den Unbekannten über den Korridor schreiten, nun stieg er die 3 Stiegen zur Küche empor, öffnete die Küchentür und musste unbedingt die Küchenräumlichkeit betreten haben. In diesem Augenblick hatte meine Mutter beklommen und auch neugierig die Tür geöffnet, welche von der Stube in die Küche führte und leuchtete in letzterer umher. Sie, wie der Einlogierer, sahen niemanden, kein Mensch war auf dem Vorplatze, auf der Treppe noch auf der Hausdiele und die Haustür war richtig und gehörig verschlossen. Dieselben haben dann gleich an mich gedacht und Möglichkeiten erwogen, die dann aber ein Brief von mir aus Rio de Janeiro wieder beseitigte. — (Beide Personen leben heute noch.)

Allerdings sind derartige Mitteilungen, dem okkulten Gebiete angehörig, „auf Treu und Glauben" anzunehmen, es kann aber auch jeder halten wie er will und gar nichts davon glauben. Aber ich denke, wenn jemand all' dem bisher Vorgetragenen misstrauisch gegenübersteht, der wird diesen Briefen auch bisher gar nicht gefolgt sein.

Ein misstrauischer Mensch bringt sich selber um Freude und Segen, wenn er überall nichts als Lüge, Betrug und selbstische Berechnung wittert; er hindert nicht nur sich und andere im Fortschritt, sondern er verbittert sich und anderen obendrein das Leben. Vertrauen erweckt Vertrauen und es wirkt auf Menschenherzen, wie Tau und Sonnenschein auf Blütenknospen; es lockt das Gute aus der Menschennatur hervor, denn es spornt an, sich dessen würdig zu erweisen. Wer an Gott und Menschen zweifelt, der zweifelt naturgemäß auch an sich selbst, und — „Zweifel hat Verzweiflung geboren." —

Es können nun aber auch Menschen leicht von allen Ecken und Enden misstraut werden, und zwar aus dem Grund, weil der beschränkte Einwohnerverstand sich vielleicht die Art und Weise oder das Tun und Treiben des Betreffenden nicht erklären kann, und — weil alle mehr oder weniger selber schlecht sind, vielfach nur zum Schein in die Kirche laufen und mit Vorliebe einer den andern geschäftlich übervorteilt, — so wittert diese erhabene Gesellschaft fast ausnahmslos in einem, seine Wege allein wandelnden Menschen, irgendetwas nicht richtig und möchte ihn gerne an den Pranger gestellt haben. Sollte nun aber jemand arglos in eine solche missliche Lage hineingeraten sein, so muss er sich doppelt zusammennehmen, um nicht von der Flut des Misstrauens überrascht und wirklich dazu gebracht zu werden, wozu die lieben Nächsten ihn gar zu gerne amtlich gestempelt haben möchten. Er verliere unter keinen Umständen sein Selbstvertrauen, er verhalte sich positiv und lasse alle gemeinen Wünsche erbärmlicher Menschen an sich wieder abprallen, um die Oberhand zu behalten und sich nicht selber zu verlieren.

Es ist kein Fehler, diese Kampfesweise kennen gelernt zu haben, wer in der Öffentlichkeit irgendwelche Rolle spielt, wird ohne Anfeindung nicht längst kommen können. Nach einer Hilfe sieht man sich in der Regel vergebens um, meistenteils ist man auf sich selber angewiesen. Aber das ist ja der Sinn und der Zweck theosophischer Lehren, dass sie jeden Einzelnen zur Selbständigkeit anregen, ihn vom Hangen an irgendwelchen Formen und Autoritäten entwöhnen, und ihn zum Selbst-Nachdenken und Selbst-Urteilen erheben wollen. Einer der treffendsten Sinnsprüche für uns ist das mehrfach von Schiller ausgesprochene Wort:

„In deiner Brust sind deines Schicksals Sterne!"

Die ersten Versuche im seelischen Fernwirken mache man

mit einem Gleichgesinnten in demselben Zimmer oder in zwei nebeneinander liegenden Zimmern oder zwei Häusern desselben Ortes. Will man auf große Entfernungen wirken, so muss man betreffs der Zeit ein möglichst vollständiges Übereinkommen treffen. Derartige Versuche stelle man dann auch nur nachts oder in frühen Morgenstunden wie auch an Sonntagen an, weil zu dieser Zeit die geistige Atmosphäre der Halbkugel, auf welcher die Experimentierenden wohnen, viel ruhiger sein wird, als zu jeder anderen Zeit.

Wenn beide Korrespondierende auf verschiedenen Hemisphären wohnen, so sollten sie, wenn nur eine Botschaft abgesandt wird, das Experiment zu einer Zeit machen, wo es dort, wo der Empfänger wohnt, Nacht ist. Größere oder geringere Schwierigkeiten sind immer in Betracht zu ziehen, sollen absichtlich Frage und Antwort überbracht werden, und derjenige, welcher die größte Schwierigkeit beim Empfang einer Mitteilung hat, sollte sie erhalten, wenn es in dem Lande, wo er wohnt, Nacht ist, er kann sich dann leichter in den passiven Zustand versetzen.

Beide Teile müssen sich gut verstehen können, nämlich Freunde sein, und sich derartige Übungen nicht verdrießen lassen, sollten sie nicht gleich zu Anfang gelingen; da wir jedoch aus voraufgeführten Beispielen gesellen haben, dass derartige Fernwirkungen unwillkürlich, also *ohne* Einverständnis geschahen, um wie viel leichter sollte es denn nicht möglich sein, die gleichen Wirkungen *mittelst* Einverständnisses zu erzielen?

Wer von Natur aus sensitiv und negativ veranlagt ist, dem wird die passive Haltung leichter gelingen, und sollte somit in den angedeuteten Versuchen der „Empfänger" sein, während der andere Teilnehmer entgegengesetzteren Temperaments den Absenderposten vertreten müsste.

Versuchen Anfänger hierbei gleich zu viel, so wird die Sache missglücken; allerdings muss einmal der Anfang gemacht werden, aber dieser müsste so einfach wie möglich bewerkstelligt sein und dann regelmäßig fortgesetzt werden, bis aus der Beharrlichkeit Erfolge erzielt worden sind. Sodann könnten auch Frage und Antwort folgen und so fort. Diese Anstrengungen werden ferner nicht vergebens gemacht worden sein, denn es ist keineswegs ausgeschlossen, dass sich auch andere Sinnesempfindungen dabei entwickeln, wie z. B. Psychometrie, Hellsehen oder Hellhören, und die Kraft der Konzentration wird vergrößert und vervollkommnet.

Eine, der Entwicklung der psychischen Kraft gewidmete halbe Stunde, wird allen, welche sich damit beschäftigen, sehr lieb sein, und abgesehen von einem Zustandekommen telepathischer Mitteilungen, anderweiten Nutzen davontragen.

Geistig stark arbeitende Menschen legen sich häufig auf ein Sofa, um nicht körperlich, sondern geistig auszuruhen, und verfallen damit leicht in den passiven Zustand, noch dazu sie quasi an gar nichts denken wollen. Hierbei tauchen bei ihnen oft Ideen auf, wofür sie sich besonders interessieren, weil es in das eigene Fach schlägt, welcher Ideenaustausch daher kommt, dass andere Leute, die sich mit dem Gleichen oder Ähnlichen beschäftigen, ebenfalls nachzudenken pflegen und damit unwillkürlich ihre Ansichten in den Äther hinaussenden, welche dann von harmonischen Interessenten leicht aufgefangen werden können.

In einem derartigen Stadium sind Vorahnungen gleichfalls leicht erklärlich; und kommt uns in passivem Zustand irgendeine Lösung oder Antwort auf irgendeine Frage zum Bewusstsein, so wird dieses häufig auch mit der Bezeichnung „Zufall" belegt, obgleich es einen Zufall im eigentlichen Sinne nicht gibt.

Herr Dr. phil. P. *Braun* sagt in seinem Artikel über Fernwirken:

„Der Schall affiziert die gröberen Moleküle der Luft, aber das Licht vibriert im Universal-Äther und kennt keine Grenzen. Wenn das magnetische Fluidum die Erde umgeben kann, und wenn Tesla (indischer Luftgeist) erklärt, dass er eines Tages Nachrichten durch Elektrizität mitten durch die Erde senden wird, warum sollte es unmöglich sein, Gedankenwellen (welche feiner sind als Elektrizität und Magnetismus) auszusenden und sie dem Bewusstsein Anderer beizubringen? Dies vollzieht sich als Tatsache durch die ganze Welt und das Universum, aber die Wissenschaft hat ihr Diktum zur Anerkennung dieses Faktums noch nicht ausgesprochen, und daher glauben ihre Lehrer ungemein weise zu sein, und werfen euch ein mitleidvolles Lächeln zu über eure Leichtgläubigkeit, wenn ihr euren Glauben an die Möglichkeit telepathischer Kommunikation gesteht. . . .

Nun wir, die wir lernen und uns weiterbilden wollen, kümmern uns um die Weisheit sogenannter wissenschaftlich gebildeter Lehrer und die ihrer Autoritäten nicht, unser kleiner winziger Planet Erde im Verhältnis dreht sich auch ungeachtet dessen vor wie nach in 24 Stunden um seine Achse! —

Jedwede Kenntnis, welche zum Menschen gelangt, existiert gegenwärtig irgendwo, denn irgendwo auf der Erde leben Menschen mit einem Vorstellungsinhalt, den andere Gruppen von Menschen noch nicht haben. Durch Gedankenübertragung können die Vorstellungen der einen Gruppe auf die andere verpflanzt werden. Es ist derselbe natürliche Verkehr, wie der durch die Sprache, deren Ursprung noch niemand materialistisch ergründet hat: also Rätsel gegen Rätsel, Natur gegen Natur. Je nach der Beschaffenheit des Einzelbewusstseins äußert sich die Gedankenübertragung in Abstraktionen, in Gefühlszuständen, in Willensimpulsen, wie ein Lichtbild, welches auf eine Wand geworfen wird, dort sichtbar wird, so wirft ein erregbares Organ den von außen auf das Gehirn geleiteten Gedanken als Gedankenbild hinaus und bewirkt seine Wahrnehmung als Gesichts- oder Gehörseindruck oder als andere Sinnesempfindung. Erregbare Menschen sehen mehr, hören mehr, riechen mehr, — kurz nehmen mehr wahr, als stumpfsinnige Menschen.

Fassen wir einen festen Gedanken, so vibriert er in dem Universal-Äther weiter und da der Äther völlig die Atome unseres Körpers und Geistes durchdringt, so kann man derartige Schwingungen auch bewusst werden, wenn denselben systematische und beharrliche Aufmerksamkeit zugewendet wird.

Wenden wir uns hohen Problemen zu, so interessieren uns solche und alles, was darauf Bezug hat, richten wir unsere Passivität hiernach ein, so fangen wir damit derartige Bilder aus dem Äther in uns auf und diese kommen uns zum Bewusstsein.

Verstehen wir uns auf diese Kunst, so verwandeln wir in unserem schaffenden Bewusstsein jeden Eindruck von irgendwelcher Bedeutung in plastische Bilder.

Im gewöhnlichen Leben wissen wir, dass ein roher sinnlicher Mensch auf Gedanken von rohem und sinnlichem Charakter achtgibt, dass ein Musiker sein Gehör für feinere Tonschwingungen ausbildet und so fort. In welche Richtung wir unsere Beobachtungen andauernd bringen, immer werden wir die Schwingungen der Ebene, welcher wir unsere Aufmerksamkeit zuwenden, wahrnehmen und sie auffassen lernen. Somit erfassen wir auch Gedanken und Begriffe, welche uns zuvor vollkommen fremd gewesen sind.

Um zu einem positiven Resultat in dieser Beziehung gelangen zu können, müssen wir auch wissen, wie wir uns freiwillig negativ oder passiv machen, das wäre eigentlich die größte Schwierigkeit. Werden negative Resultate erzielt, so mögen wir wohl das Verfahren ganz gut kennen, aber uns fehlt es an Fertigkeit darin, ist diese aber endlich errungen, so haben wir damit einen Schlüssel in der Hand, der uns gar viele Geheimnisse der Natur erschließt.

Aus dem Vorgetragenen haben wir also so viel ersehen, dass es eigentlich zwei Wege gibt, um den Zweck dieses Briefes zu erreichen, entweder nimmt man von dem Universal-Wissen nach und nach im passiven Zustand ein, welches sich in der Akasha resp. in dem Äther findet, oder man bahnt eine Kommunikation mit höheren Geisteswesen an, welche noch im Fleische oder außerhalb desselben existieren.

Selbstverständlich muss ein jeder seine Seele und seine Sinnesart reinigen, um überhaupt für höhere und höchste Ideale zugänglich zu sein, er muss in erster Linie jede Selbstsucht hierbei verscheuchen und sein Leben mehr dem Dienste allgemeiner Humanität weihen. Ich weiß aus eigener Erfahrung, wie schwer uns das namentlich im Anfang ankommt, aber es geht und das erhabene Ziel trägt dann ebenfalls dazu bei und erleichtert uns mehr und mehr dieser Mühen.

Auf diesen erhabenen Berg gelangen wir aber nur im Einklang einer höheren Ordnung des Universums und wandeln damit unsere Seele zu einem brauchbaren Diener für den Empfang und die Auffassung der höchsten Wahrheiten um. Wir gelangen hier erst mit höheren Wesen in Kontakt und können uns dann mit Sicherheit auf den physischen und spiritualistischen Ebenen entfalten.

Körper und Geist müssen in Harmonie gebracht und unsere niedere Natur durch die höhere regiert werden, wollen wir uns einen festen Zustand des Friedens und der Eintracht schaffen.

In dieser Verfassung dürften wir dann auch umso eher einen geistigen Führer oder Lehrer finden, der uns zum Wohl anderer Menschen helfen und beistehen wird, keinesfalls dürften wieder unharmonische und sündhafte Wege betreten werden, da das geistige Licht und die Wärme höherer Wesen sich sonst leicht in Sonnenglut verwandeln dürfte, welche der Wohlfahrt der physischen Existenz eines Menschen unerträglich und gefährlich ist. Die Erfahrung des Paulus auf seinem Weg nach Damaskus, sowie der der 3 Apostel auf dem Berge der Verwandlung, welche erblindeten und eine Weile ohne Bewusstsein blieben, dürfte ein Beispiel angedeuteter Gefahr sein.

Was man erreicht hat, muss man nicht nur zu erhalten suchen, sondern weiter entwickeln; Stillstand ist Rückgang und Vernachlässigung gar stürmischer Krebsgang! Bekanntlich tragen Vernachlässigungen bei körperlichen Funktionen regelmäßig üble Folgen nach sich und der kluge Menschenverstand kommt gewöhnlich erst dann zur Einsicht, wenn die Folgen in fühlbarster Form aufzutreten pflegen. Was ich in dieser Beziehung hier ausdrücken will, gehört nicht gerade zur Telepathie, aber diese Art Fernwirkung ist wert, nicht stillgeschwiegen zu werden.

Der einfältigste Menschenverstand weiß, dass die allerbeste Säuglingsernährung die Muttermilch ist, dagegen gibt es genug Frauen, welche bisher aus Unverstand oder unberechtigter Eitelkeit die heiligste Pflicht der Mutter vernachlässigt und ihren Kindern den besten und reinsten Lebensquell, die Mutterbrust, vorenthalten haben. Die Zukunft der Flaschenkinder ist in gesundheitlicher Beziehung eine überaus ungünstige, und vor allem wird das weibliche Geschlecht durch solche Flaschenernährung im ersten Lebensjahre unbedingt beeinträchtigt, indem Knaben durch die Eigenart ihrer Erziehung und natürlichen Veranlagung mehr imstande sind, solche Beeinträchtigungen zu überwinden. Bei Mädchen erscheint mir Bleichsucht als eine diesbezügliche

Folge (Vorenthaltung der Mutterbrust) zu sein. Wird solches Mädchen selber einst Mutter, so wird sie ihren Kindern die Brust nicht reichen können. Diejenigen Organe, welche wir wenig oder gar nicht brauchen, sind einer von Geschlecht zu Geschlecht steigenden Verkümmerung und Entartung unterworfen und so wird die Tochter jener Mutter, welche das Stillen vielleicht aus Bequemlichkeit verweigert hat, schon nicht mehr so wie ihre Mutter zum Stillungsgeschäft befähigt sein. Keine Mutter sollte darum ihr Kind auf die Flasche verweisen. Sie sollte auf jeden Fall, ob Königin oder Bettlerin, ihm die von der Natur bestimmte Nahrung gewähren, und wenn sie das nicht aus Pflichtgefühl tut, so mag sie es wenigstens aus Eitelkeit tun, da durch das Stillen jede Frauenbrust an Schönheit und Rundung nur gewinnt und sich selbst der roheste Mensch beim Anblick einer stillenden Mutter einer tieferen heiligen Empfindung nicht verwehren kann. Die Flasche soll bei Kindern nur ein äußerster Notbehelf, aber niemals Hauptsache sein. —

Ein mir bekannter biederer und rechtschaffener Handwerksmeister, der aber seinen eigensinnigen Quarkkopf für sich besaß, äußerte sich einmal in Bezug der Lernlust seines Sohnes dahin, dass bei dem vielen Lernen nichts herauskäme! Und gerade das, womit sich sein Sohn beschäftigte — aus Liebhaberei — verstand der Alte gar nicht, aber trotzdem glaubte er als Vater das Recht zu besitzen, seinem Sohne jegliches Privatstudium zu verbieten. Er drohte sogar damit, ihn auf die Straße werfen zu wollen. Die natürliche Fernwirkung würde hierbei die sein, dass sich dieser Sohn gegen seine Kinder s. Zt. ebenso und zwar noch etwas schlimmer verhalten wird, sollte er sich seinem biederen Vater gänzlich fügen und „den dummen Kram der Gelehrigkeit" ad acta gelegt haben. Dass dieser Vater mit seiner Verdummungstheorie aber trotzdem vermögende und einflussreiche Leute zur Seite hatte, gab mir insofern Anlass zum Bedenken, dass unsere Ideale, und mögen sie die besten der Welt sein, noch auf lange Zeiten hinaus angefeindet werden. Auch dieses Jahrhundert wird göttlichen Idealen noch feindselig gegenüberstehen!

Werden uns unsere Taten auch aus Unverstand, Missgunst, Übelwollen und dergl. nicht zum Besten ausgelegt, so ist dieses unangenehme Gegenwirken aber eher danach angetan, unser

Wollen nur zu verschärfen, als zur Freude unserer Widersacher gar zu erlahmen.

Haben wir ernstlich die Absicht, uns mit höher entwickelten Wesen in irgendwelche Beziehungen zu versetzen und auch nur einigen Erfolg gehabt, so vermag kein Widersacher uns ernstlich zu schaden; jeder Schlag, den er gegen uns unternommen, trifft ihn selbst und zwar mehr oder weniger schwer. Keineswegs ist es geraten, uns trotzdem in Sicherheit zu wiegen, denn wir könnten dieser Gunst jederzeit wieder verlustig gehen und wir — behaftet und bekleidet mit einem sündhaften Körper — sind noch lange keine Heiligen. Nahen wir uns dem uns wohlgesinnten Geiste, so muss unsere Stimmung eine andächtige sein; und mit dem Geiste sprechen wir natürlich wie mit einem guten Freunde und warten dann passiv und geduldig eine Antwort ab.

Zeigen wir uns außerdem würdig hierzu, auch durch einen entsprechenden Lebenswandel, so wird unser geistiger Lehrer und Führer uns in jedem Fall beistehen und erscheinen, und lebt derselbe noch „im Fleisch", so mag er tausende von Meilen von uns entfernt sein, alle Mitteilungen werden durch die Telepathie oder vielmehr durch die geistige Telepathie stattfinden. — „Und der Friede Gottes, welcher höher ist, denn alle unsere Vernunft, bewahre Herz und Sinnen . . . ." möchte ich hier mit eingeschaltet haben, damit wir alle unsere Anliegen auch *Dem* anheimstellen, der unser Innerstes prüft und vor dem wir nicht anders zu erscheinen vermögen, als wir in der Tat sind.

Wenn wir es nur ernstlich wollen, so sind wir alle gut und edel, und wenn wir nur die feste Absicht unentwegt festhalten, so können wir alle okkulten Wissenschaften erlernen, ein Monopol zwecks Erreichung dieses Zieles gibt es nicht, es steht einem jeden Menschen frei: seine Höherentwicklung in einigen oder erst in unzähligen Erdenleben zu erreichen.

Jeder Schüler kann sich die Vorteile selber klarlegen, die sich jedem Menschen damit bieten, vermag er bewusst fernzuwirken.

Treten erst beim Tode oder in Todesgefahr telepathische Vermittlungen oder Mitteilungen auf, so habe ich gar keinen triftigen Grund, dieses Können und Vermögen dort in weiter Ferne unberücksichtigt liegen zu lassen; ich kann es gebrauchen, mir kann es dienlich sein, vielleicht auch im Interesse anderer Menschen, und darum habe dieses Thema mit großem Gefallen hier zu erklären versucht. Noch einige Beispiele von Telepathie sollen zeigen, dass Fernwirkungen, und zwar telepathische Übertragungen von einem Menschen zum andern, der dafür empfänglich ist, gar keine Seltenheiten sind.

Eine angesehene Familie in der Stadt New-Orleans zählte unter ihren Gliedern eine Dame und deren Zwillingsbruder, einen jungen Mann, der einige Jahre in einem Geschäft auf Neu-Seeland tätig gewesen und 1893 von seiner Schwester zurückerwartet wurde. Eines Abends spät — die Dame hatte gerade einige Freundinnen bei sich — stieß diese einen durchdringenden Schrei aus und brach, eine Hand auf ihre eine Seite drückend, ohnmächtig zusammen. Als sie wieder zu sich gekommen war, gab sie an, sie hätte plötzlich Stiche empfunden, einen über dem Herzen und einen unter dem linken Arm, und bezeichnete genau diese Stellen. Man überzeugte sie, dass so etwas ja die reinste Einbildung sei; aber im Gegenteil, man hatte die größte Mühe aufzuwenden, sie zu überzeugen, dass sie nicht gestochen worden sei, so deutlich hatte sie das Eindringen eines Messers in ihren Körper empfunden. In der darauffolgenden Nacht kam sie dann mit einer Tochter nieder, und man fand bei dem Kinde Merkmale an identischen Stellen, wo die Mutter sich eingebildet hatte, verletzt worden zu sein. Diese Male am Körper des Kindes sahen wie Narben von alten Messerstichen aus.

Am nächsten Tage langte eine Kabeldepesche von Freunden des Zwillingsbruders auf Neu-Seeland an, die der Schwester die Meldung machte, dass dieser von einem Eingeborenen in einem Streite durch Stiche getötet worden sei, und die angegebene Todesstunde des jungen Mannes stimmte genau mit der Zeit überein, in der die Frau den plötzlichen Schmerz eines in ihren Körper eindringenden Messers gespürt hatte. Weitere Nachforschungen bestätigten diese Koinzidenz vollkommen und es stellte sich außerdem heraus, dass der Ermordete 2 Stiche erhalten hatte, einen über dem Herzen und den anderen unter dem linken Arm.

Für Okkultisten muss dieses Zusammentreffen auch noch insofern von Interesse sein, indem der Bruder in seiner Todesstunde lebhaft an seine ihm zugetane Schwester gedacht hat und diese damit seine Gefühle teilte Mit positiver Sicherheit nehme ich ferner an, dass sich der zu seiner lieben Schwester stark hingezogen fühlende Bruder noch in derselben Nacht reinkarniert haben wird und zwar als das Kind seiner Schwester. Es wäre mir lieb und interessant, sollten diese Zeilen in die Hände der Betreffenden in Neu-Orleans fallen, mit qu. Familie in Verbindung zu treten.

Beispiele von Fernsehen im Traum sind auch nicht selten.

Eduard de Neuval, Zögling der k. k. Theresianischen Akademie, träumte als solcher, in seiner Familiengruft zu Meiling gewesen zu sein und dort auf einen Grabstein seinen Namen mit dem Zusatz:

„Gestorben als k. k. Rittmeister im Husaren-Regiment No. 5 am 9. September 1895"

gelesen zu haben. — Er wurde wirklich mit der Zeit Rittmeister und zwar in dem genannten Regiment, kam mit nach Italien und wurde dort am 9. September 1895 bei einem Gelage von Unteroffizieren erschlagen.[1]

Ludwig XII. träumte vor Rochelle, ein Mann seiner Leibgarde wolle ihn ermorden. Er sah das Gesicht desselben so deutlich, dass er den Mann am Morgen bei der Revue erkannte. Er stellte ihn aufs Geradewohl des geplanten Verbrechens wegen zur Rede, worauf der Soldat ihm sogleich zu Füßen stürzte und, um Gnade flehend, sein Vorhaben eingestand.[2]

Camponella erzählt von Lälius Ursinus, der im Traum einen ihm lieben Knaben vom Pferd fallen und sterben sah. Er wollte die Abreise des Knaben am Morgen verhindern, jedoch ohne Erfolg, und es geschah, dass der Sturz vom Pferd mit darauffolgendem Tode wirklich übereinstimmend mit dem Traumgesicht erfolgte.

Aus unendlich vielen Beispielen muss uns darum auch die Einsicht kommen, dass uns im Schlafbewusstsein ein *Fernsehen* in Raum und Zeit möglich ist.

---

1) Du Prel, Entdeckung der Seele. Verlag Edition Geheimes Wissen, Graz.
2) Horst. Deuteroskopie.

Trotz unserer materialistischen Anschauungsweise und Denkgewohnheit, in der wir von Jugend auf erzogen wurden, ist eine weitere Erscheinung bei Somnambulen das *Fernwirken* ein tatsächliches Phänomen.

Jeder Mensch besitzt ein Organ der Fernwirkung, nur müssen wir diesen Sinn ausbilden, wenn die bekannte Volkstelepathie der „klingenden Ohren" nicht so ganz dahingehend anerkannt werden soll.

Wir haben Telegraph und Telefon, den Okkultismus suchen wir mehr und mehr kennen zu lernen und einen Schritt weiter gelangen wir zu der Hypothese einer organischen Resonanz, einer Fernwirkung zwischen gleichgestimmten Nervensystemen.

Über das Fernwirken Sterbender sei hier noch bemerkt, dass derartige Vorkommnisse im Volksmunde unter dem Namen „Anmeldungen" bekannt sind.

Schopenhauer erzählt z. B.: In Frankfurt, im jüdischen Hospital, starb nachts eine kranke Magd. Am folgenden Morgen ganz früh trafen ihre Schwester und Nichte, von denen die eine hier und die andere eine Meile von hier wohnt, bei der Herrschaft derselben ein, um sich nach ihr zu erkundigen, weil sie ihnen beiden in selbiger Nacht erschienen war. Der Hospitalaufseher, auf dessen Bericht diese Tatsache beruht, versicherte, dass solche Fälle öfter vorkämen.

Holtei erzählt, dass, als seine Frau, die früher beliebte Hofschauspielerin Louise Rogée, am 28. Januar abends 9 Uhr in Berlin starb, zur gleichen Stunde zu Obernigk in Schlesien einige Freunde beisammen saßen und der Gutsherr Schauberth einen Pokal hervorsuchte und mit Ungarwein füllte, um auf die Genesung Louisens und auf das Namensfest Holteis anzustoßen. Da ertönte ein Klang wie von zersprungenem Glas und aus dem dicken Pokale fiel ein rundes Stück ganz von selbst auf den Tisch. Aus demselben Pokale hatte Louise 4 Jahre vorher Dank genippt, als diese Freunde auf ihre Gesundheit als Neuvermählte getrunken hatten. —

Es gibt ferner Fälle, wo Fernsehen und Fernwirken vereinigt auftreten, doch müssen vorgetragene Beispiele vor der Hand genügen, denn zweifelsohne würden bei Erwähnung von noch vielleicht 20 Fällen ungläubige Thomasse doch darüber lachen und diese Sache als Humbug hinstellen. Wer es jedoch bis zu einer gewissen Adeptschaft gebracht hat, der hat Augen und Ohren, um damit zu sehen und zu hören, und wird auch imstande sein, derartige Fälle, treten sie in seinem Kreis auf, richtig beurteilen zu können.

Wer sich auf einfaches Ableugnen noch verlegt, gleicht einem Menschen, der die Augen zudrückt, den Mund aufreißt und ausposaunen will, dass es kein Sonnenlicht gäbe.

In Europa blüht der Materialismus, während in Indien der Idealismus günstigeren Boden findet, darum möchte ich ausrufen:

Indien für die Inder und für die ganze Welt! Im Westen, namentlich in Europa, wird allgemein nach individuellem Bewusstsein gestrebt, nach Hoffnungen und Befürchtungen, nach Ehrgeiz, Liebe, Sieg, nach dem äußeren Selbst in all' seinen Phasen und Formen und es wird Zweifel gehegt, dass so etwas, wie ein universelles Bewusstsein, überhaupt existiert. Der Osten dagegen sucht das universelle Bewusstsein und wenn das Suchen Erfolg hat, dann schmilzt das Selbst und das Leben des Individuums zu einer dünnen Schale, zu einem Schatten zusammen, den das jenseits entdeckte Glanzlicht wirft.

Das individuelle Bewusstsein kleidet sich in die Form des Gedankens, der flüchtig und beweglich wie Quecksilber, unaufhörlich sein mühseliges Interesse ändert; jenes andere Bewusstsein dagegen nimmt die Form des Gedankens nicht an: es berührt, sieht, hört und ist dasjenige, was es erfasst — ohne Bewegung, ohne Änderung, ohne Anstrengung, ohne Unterscheidung von Subjekt und Objekt, jedoch mit einer ungeheuren, unglaublichen Freude.

In Indien vertreten die Gurus oder Adepten mit Nachdruck die Lehre, dass die Gewohnheit der ungeteilten Konzentration des Geistes auf das, was man tut, von äußerster Wichtigkeit ist.

Die Fähigkeit der Konzentration erlangt man bei regelmäßiger Übung und Praxis dadurch, dass man seine Gedanken energisch auf irgendeinen Gegenstand mit Ausschluss aller übrigen fixiert, um irgendeinen Zweck am eigenen Körper oder irgendwo in der Welt per Telepathie zu erreichen.

Sind diese Zwecke erhabene, gute, heilige, so gehören sie der „weißen Magie" an, und sie haben für uns keine üblen Folgen; umgekehrt entspringen dieselben rachsüchtigen Gedanken und wir bringen damit andere in üble Lagen, so gehört ein solches Tun zur „schwarzen Magie" und wir geben dadurch Ursachen an, wodurch sich wieder ein trüberes Schicksal für uns gestaltet.

In den Bereich der „schwarzen Magie" würde z. B. der folgende Vorfall gehören, welcher als kurze Lokalnotiz von den Zeitungen gebracht und von den Lesern meist gedankenlos überflogen wird. Die Tatsache ist da, der fernstehende Urheber leitet seine Puppe, wie der Inhaber eines Marionettentheaters seine Figuren bei der Vorstellung, und solche Menschen, die sich von anderen am Gängelband führen lassen, sind eben auch nur Puppen, die dann quasi als „Irrsinnige" betrachtet zu werden pflegen.

„Ülzen, 1. Sept. 1903. (Aufregende Szene im Eisenbahnzug.) Eine aufregende Szene spielte sich in einen! Coupé des Schnellzuges von Hamburg nach Hannover ab. Ein anscheinend geisteskranker Fahrgast versuchte zwischen Lüneburg und Ülzen wiederholt sich aus dem Coupé zu stürzen und eine in seiner Begleitung befindliche Dame mit herauszuziehen. Nur dem energischen Eingreifen der Mitreisenden gelang es, sein Vorhaben zu vereiteln. Verhindern konnten sie es aber nicht, dass er seine Begleiterin misshandelte. Erst als in Ülzen sich zwei Bahn-Beamte in das Coupé setzten, beruhigte er sich und verfiel dann in tiefen Schlaf. Bei seinem Erwachen konnte er sich auf den ganzen Vorfall nicht erinnern."

Sagte ich vorhin, dass man bei zweckdienlichen Gedanken-Konzentrationen seinen Gegenstand fest im Auge behalten müsse, so ist aber der nächste Schritt, „*das Auslöschen der Gedanken*", eine sehr viel schwierigere Sache, die nur dann mit einiger Aussicht auf Erfolg angestrebt wird, wenn man erst einmal eine gewisse Konzentrationskraft erlangt hat. Der Körper muss dabei, wie zuvor bei der Konzentration, vollständig bewegungslos bleiben, und zwar an einem ruhigen, keinen Störungen ausgesetzten Orte, nicht in einer bequemen, einschläfernden Lage, sondern mit gespannten Muskeln sitzend oder aufrecht stehend. Die volle Willenskraft und die größte Wachsamkeit sind dazu notwendig. Jeder Gedanke muss im Moment seines Auftauchens erstickt werden; aber der Feind ist listig und Misserfolge werden für lange Zeit hinaus unvermeidlich sein. Wenn dann endlich der Erfolg kommen will und das Denken dahinschwindet, dann tritt dessen Zwillingskampfbruder, das Vergessen, auf und muss ebenfalls besiegt werden; denn, wenn das Denken nur dem Schlafen weichen würde, was wäre damit erreicht?

Nach Monaten, wahrscheinlicher nach Jahren immer wieder vorgenommener Praxis wächst die Kraft der Selbstbeherrschung; eigenartige, aber ganz bestimmte physiologische Veränderungen treten auf; eines schönen Tages bemerkt der Lernende, dass das Denken bei ihm aufhört und dass er nun auf Augenblicke sich selbst vergessen kann; dann hebt sich jener Schleier, und durch sein ganzes Wesen quillt ein mächtiges, ihn in herrlicher Weise erleuchtendes Bewusstsein, das ihn erfüllt und durchflutet und ihn umgibt wie Wasser einen Topf, das dessen Wände von außen und von innen berührt. Dieses Bewusstsein ist göttliches Erkennen, aber nicht mehr Denken; es ist Samadhi,[1] das universelle „ich bin!"

---

[1] Zustand der Ekstase; Trance.

Theosophische und okkultistische Studien

in 12 Briefen

von

Ferdinand Schmidt

Brief 10
Über praktische Heilmethoden.

Brief 10.
Über praktische Heilmethoden.

> Unsere Aufgabe ist es, die Gegenwart und soweit unser Blick reicht, die Zukunft unserer nächsten Generation nach unseren Kräften, nach unserem besten Willen und Gewissen glücklich zu gestalten
>
> Billroth, Aus C. Schaible
> „Geistige Waffen. Aphorismen-Lexikon."

In den vorausgegangenen Briefen habe ich immer auf die Art und Weise aufmerksam gemacht, inwiefern wir unsere Gedanken zu einer mächtigen Kraft gestalten können, nämlich durch die Konzentration auf einen Punkt. Wenden wir diese Methode zwecks Herstellung unserer Gesundheit oder derjenigen unserer Familie an, so ist dies ganz und gar unsere eigene Sache, in der wir uns durch keinen Vormund, durch keinen Gesetzesparagraphen oder sonst irgendwie beeinflussen zu lassen brauchen. Könige regieren, aber die Gesundheit beherrscht alle Menschen hier auf Erden, und für diesen Herrscher hegen wir das allergrößte Interesse. Sobald die Harmonie im menschlichen Körper gestört ist, so mag eines Menschen Denken sein wie es will, von diesem Augenblick an denkt er mehr an sich, als an alles andere. Und mag er mit dem Munde reden was er will, selbst das Gegenteil beteuern, er denkt doch wieder anders, sobald er nur allein sein wird!

Im Übrigen wird es auch kein Mensch einem andern verargen, wenn der Kranke wieder gesunden will; um eine gestörte Harmonie wieder herzustellen, ist jedes Mal eine Kraftaufwendung nötig, welche dem Grade der Störung angemessen sein muss.

Es war daher als die bedeutendste Neuentdeckung auf philosophischem und psychologischem Gebiet anzusehen, dass ein richtig geregeltes Gedankenleben die Fähigkeit besitzt, Krankheitszustände zu heben und den Organismus auszuheilen.

Durch Gedankenkonzentration in der gläubigen Erwartung der wiederkehrenden Gesundheit wird jedes Atom im Körper von den vorherrschenden Gedankenvibrationen beeinflusst und in den normalen und harmonischen Zusammenhang mit seinen Nachbarn zurückgebracht werden, vorausgesetzt, wenn diese überhaupt noch möglich ist, denn z. B. kann ein vom Körper losgetrenntes Glied nicht wieder anheilen.

In grauer Vorzeit, als der Mensch noch eine natürlichere und weniger raffinierte Lebensweise führte als jetzt, da sorgte noch Mutter Natur für alles, und so unterlag er entweder im Kampfe ums Dasein, oder er erlangte einen guten Gesundheits- und Ernährungszustand, ohne sich darum zu kümmern, wodurch und warum.

Als sich nun aber die Lebensbedingungen des Menschen änderten, da verfiel er mangels eines genügenden Verhältnisses von einem Irrtum in den andern bis in die neueste Zeit hinein, und hat es dahin gebracht, dass an ein Altwerden im Durchschnitt gar nicht mehr zu denken ist.

Beim Studium dieses Briefes vergesse man aber nicht, dass es keine *neuen* Gesetze des „Seins" gilt! Wir können nur Gesetze entdecken, weil sie uns neu sind; die Kenntnis der Gesetze wird dann mit „Wissenschaft" bezeichnet, das „Sein" selbst ist das lebendige, wesentliche Prinzip.

Sobald ein Mensch seine eigene Natur kennen lernt, erweckt er damit auch Fähigkeiten, welche in ihm bislang unter einer dichten Decke falscher Begriffe schlummerten, zur naturgemäßen Tätigkeit; er fängt damit erst an „zu leben".

Unsere intelligente, denkende und vernunftbegabte Seele ist so organisiert, dass sie nach innen und außen nach Grundprinzipien des Universums handelt. Wer nun die Gesetze des Universums versteht und ihnen folgt, für den ist Gesundheit ein ebenso zwingendes Resultat, wie für den, welcher diese Gesetze nicht kennt und ihnen zuwiderhandelt, Krankheit die positiv-sichere

Folge ist.

Durch eine richtig geleitete Gedankenkraft — wie auch schon gesagt — können wir uns ohne irgendwelche medizinischen Hilfsmittel kurieren, womit ich jedoch keineswegs gesagt haben will, dass die medizinische Heilweise überflüssig oder verkehrt sei, ich will vielmehr damit sagen, dass in gewissen Fällen eine Methode zweckdienlicher ist wie die andere und dass es eine Menge Fälle gibt, welche ohne jegliche Anwendung von Medizin geheilt werden können. Hierbei denke ich namentlich an Geschlechtskrankheiten, Nerven- und Gehirnzerrüttungen (sog. Gemütskrankheiten), Besessensein und andere.

Vor einer Reihe von Jahren hatten wir ab und zu eine ältliche Waschfrau, die ganz gern zu uns kam und dabei ihre Angelegenheiten erzählte. Als diese Frau erkrankt war, ging ich eines Tages bei ihr vor. Auf dem Fensterbrett standen eine Menge Medizinflaschen und alle noch halb oder dreiviertel voll. Ich freute mich, dass ich für diese Kur nicht erkoren und auf eine bezügliche Frage hörte ich dann von ihr, dass sie den Doktor schon öfter gebeten habe, ihr nicht so viel Medizin zu verschreiben, „sie könne sie nicht alle 'runterkriegen." Sie sagte mir, dass sie gerne einmal nach .... verlange, der Arzt ihr es aber verboten habe, worauf ich ihr sagte, was ich dann tun würde, nämlich ich würde dem Arzt meinethalben jeden Tag drei Rezepte schreiben, mir aber die Arzneien nicht besorgen lassen und dann das mit Maßen essen, wonach ich Appetit verspüre. Denn auch hierbei gilt die Tatsache und hilft zur Gesundung wesentlich mit: „Was der Mensch mag, das bekommt ihm gut, und das, was er nicht mag, bekommt ihm nicht gut!" — Wenigstens geht das, was wir nicht mögen, unverdaut wieder zum Körper hinaus.

Von dieser Medizinverschreiberei konnte daher nur eins annehmen, nämlich, dass der betreffende Arzt vielleicht noch extra eine Provision vom Apotheker bezöge. Genug, die Frau machte es so, wie ich es gemacht haben würde, machte sich mehr Bewegung, aß Haferschleim, kräftigende Suppen, trank Tee, manchmal Kaffee, kaltes Wasser, natürlich mäßig, und war bald wieder arbeitsfähig. Die Waschfrau war auch davon überzeugt, dass ihr das helfen würde, was ich ihr gesagt habe, weshalb ihr Glaube — meiner Überzeugung nach — zu ihrer Gesundung das Wesentlichste beigetragen haben mag.

Könnte ich einige andere Fälle vorführen, so darf darum nicht gleich auf eine gewerbsmäßige Krankenbehandlung geschlossen werden, und sende ich auch diesen Brief hinaus, so denke ich damit keineswegs an eine „gewerbsmäßige Krankenbehandlung", was an sich ein ganz angenehmes und einträgliches Gewerbe sein würde, aber von ärztlicher Seite bei nichtapprobierten Personen als „Kurpfuscherei" gilt.

Jeder kann machen was er will, denn auch unsere Gesetzgebung steht auf dem Standpunkt, dass dem einzelnen Menschen die unbeschränkte Freiheit der Verfügung über sein Leben und seinen Leib zusteht. („Oho!" höre ich eben hinter mir und sehe niemanden). Richtig, der Mensch der kann sich irren, aber was kann das „Gesetz" machen, wenn ich mich aufhänge, vergifte, totschieße (was ich allerdings aus ganz anderen Gründen unterlasse), was will es dann noch mit seinen vielen Paragraphen? Wenn schon die jahrhundertelang bestandene Bestrafung eines Selbstmordversuches fallen gelassen worden ist, so wird doch noch derjenige bestraft, und zwar mit Gefängnis nicht unter drei Jahren, der einen andern auf dessen ausdrückliches und ernstes Verlangen tötet. Bestraft wird auch die Frau, welche eine empfangene Leibesfrucht aus ihrem Körper absichtlich entfernt, weil die Rücksicht auf das Wohl der Gesamtheit über der Freiheit des Einzelnen steht. Jedoch in der Frage, welche Mittel und Wege ein Kranker anzuwenden für gut erachtet, um seine Gesundheit wieder herzustellen, *darin gibt das Gesetz dem erwachsenen Staatsbürger die vollste Freiheit*. Ein bestimmtes Heilverfahren könnte man Kranken nur dann verschreiben, wenn die medizinische Wissenschaft schon so weit vorgeschritten wäre, dass sie mit Bestimmtheit alle Krankheiten erkennen und auch heilen könnte. Davon sind wir aber noch weit entfernt.

Von den bisherigen Gesetzen wendet sich nur eine einzige Bestimmung direkt gegen die sogenannten Kurpfuscher, nämlich das Verbot, sich als Arzt zu bezeichnen oder sich einen andern Titel beizulegen, durch den der Glaube erweckt werde, der Inhaber sei eine *geprüfte* Medizinalperson. Was aber diese Vorschrift genützt hat, erhellt daraus, dass Naturheilkundige, Magnetiseure, Kaltwasserbehandler u. dergl. gerade darauf Gewicht zu legen pflegen, sich recht deutlich als Personen zu bezeichnen, welche *nicht* in einer ärztlichen Schule studierten, sondern eine völlig abweichende, mehr oder weniger neue Heilmethode haben.

„Unwahre Reklamen" verfallen dem Gesetze unter „unlauteren Wettbewerb". Am 28. Juni 1902 hat der Minister für Medizinalangelegenheiten den Landespolizeibehörden anheimgegeben, Verordnungen zu schaffen, wodurch nichtapprobierte Personen, welche gewerbsmäßig die Heilkunde ausüben, verpflichtet werden, sich bei dem Kreisarzt zu melden, wodurch derselbe diejenigen kennen lernen soll, welche die Heilkunde in seinem Bezirk ausüben, um auf diese ein wachsames Auge zu haben.

Meiner nicht maßgebenden Überzeugung nach vermag nun der betreffende Kreisarzt auch das allerwachsamste Auge auf einen metaphysisch gebildeten Heilkundigen zu haben, ohne jemals greifbare Beweise zu bekommen, eine solche nicht approbierte Person der Kurpfuscherei zu beschuldigen. Denn auch die praktische geistige Heilmethode würde von mehr oder weniger Ärzten sicherlich als unlauterer Wettbewerb angesehen und, wenn angängig, auch angegriffen werden.

Mögen nicht nur neue Verordnungen nach beleuchteter Seite hin erlassen werden, sondern auch die Herren Ärzte ihre Methoden haben, welche sie wollen, hier in diesem Brief will ich insonderheit die Erfolge fester Gedankenkonzentrationen bei Krankheiten für Ärzte und Laien betonen. Dass nur wenige Menschen von Erfolgen dieser Art überzeugt sind, liegt daran, dass diese zwar jedem zugängliche Methode wiederum nicht als gebratene Taube umherzufliegen pflegt, daher glauben viele nicht daran, und die Heilwissenschaft scheint mit Stillschweigen darüber hinweggehen zu können. Aus diesem Mangel an Vertrauen entspringt dann auch eine Erfolglosigkeit medizinischer Wissenschaft, soweit sie auf „Heilung von Krankheiten" abzielt mitsamt ihrer schädlichen Mittel.

Unser Blut kreist unaufhörlich durch den Körper, es führt überall dahin neues und frisches Material, wo solches nötig wird, und nimmt gleichzeitig verbrauchtes wieder auf, damit es durch dazu bestimmte Organe vom Körper wieder ausgestoßen wird.

Geschieht dieses bei normaler Lebensweise und ist die Person phlegmatischer Natur, so wird sich letztere einer guten Gesundheit erfreuen. Ist dieselbe aber aufregenden Gedanken ausgesetzt und dafür zugänglich, so wirken diese gesundheitsschädlich auf die Verdauung und bringen den ganzen Ernährungsprozess in Unordnung.

Ärgerliche oder aufregende Gedanken muss man bei Kranken nicht fördern, sondern zu verscheuchen suchen, wie wir ja solche durch bloßes Wollen in den Orkus verjagen können. Andererseits benutzen wir unsere Gedanken in aktiver Weise, um bewussterweise auf die unterbewussten Geistestätigkeiten einzuwirken. Wir sollten dann unsere Gedanken auf die innere Vollkommenheit „als Geist" richten, das Bewusstsein von dem krankhaften äußeren Zustande ablenken und im Glauben auf Bewältigung der Krankheit uns einer mehr andächtigeren Stimmung hingeben. — Je intensiver sich solche Betrachtungen gestalten, desto vollständiger wird auch die Rückwirkung auf den Körper sein. Die Atom-Massen werden unter solchen Gedankenvibrationen wieder in normalen und geordneten Zusammenhang gebracht und alle körperlichen Funktionen kehren zur alten Ordnung zurück.

Wer nun in dieser Zuversicht seinen Mitmenschen helfen will, könnte meines Erachtens diese wohlwollende Tätigkeit ungestört ausüben, denn er handelt ja keineswegs mit verbotenen Mittelchen in natura, sondern übt seinen Einfluss, seinen Willen damit zum Wohle auf irgendeinen Kranken aus.

Ein solcher Mensch, welcher seine Beziehungen zu Gott, den Menschen und dem All empfindet, ein Mensch, welcher in allen seinen Beziehungen zu seinen Mitmenschen wahr und dessen Reinheit unantastbar ist, welcher die wirkliche Quelle seines Lebens, seines Wissens und seiner Macht erkennt und dessen Stütze Gott ist, erzeugt um sich eine gesunde Atmosphäre durch seine Wahrheit und seine Vollkommenheit, und alle, welche in den Einfluss dieser Sphäre gelangen, werden sie angenehm empfinden, bewusst oder unbewusst.

Er selber ist ebenfalls bewusst oder unbewusst ein Krankheitsheiler, und in Zeiten des Ungemachs und der Gefahr eilt das Volk zu ihm, wie die Pflanzen sich dem Licht der Sonne zuwenden, um Licht, Wärme, Stärke und Kraft zu empfangen. Es sieht in ihm eine Verkörperung der Wahrheit, des Gesetzes und der Ordnung und deshalb als Mittel, durch welches ihm alles dieses wiedergegeben werden kann. Somit ist der ideale Mensch der wirkliche Mensch; wenn der Mensch sein Ideal erreicht, erlangt er sein wahres Selbst. Der Realismus ist dagegen, soweit er das Ideal verleugnet, eine Verblendung, eine falsche Vorstellung.

Zum Beruf eines Heilenden gehört, die Erkenntnis der Vollkommenheit zu erlangen!

Wünscht jemand z. B. von physischen Schmerzen und Leiden befreit zu werden, ohne aus seinem Gemüt alles, was der Gerechtigkeit widerspricht, auszuschließen, der kann auch nicht durch das Licht der Weisheit geheilt werden, er befindet sich mit allem Sinnen und Trachten auf physischer Ebene und sucht somit auch nur durch Arznei geheilt zu werden.

Ist der Geist des Menschen erst durch den Geist der Wahrheit erleuchtet, dann werden wir sehen und verstehen, was die ganze Weltweisheit nicht zu begreifen und zu verstehen imstande ist.

Wünschen wir uns darum nur den Geist des Guten, der Gesundheit und Erleuchtung, so haben wir damit ein Mittel zu erwarten, das uns über alle Sorgen des Lebens hinwegzuheben vermag und verleiht uns Kräfte, unseren Lieben und Nächsten beizustehen und zu helfen.

B. Auerbach sagt: Wohlwollen der Menschen, freundliche Ansprache ist wie milder Sonnenschein in ersten Frühlingstagen, es macht gesund und weckt alle Keime.

Vollkommene Gesundheit überragt jede Erkenntnis, welche die Menschheit bis jetzt erreicht hat oder je fassen kann. Sie ist die Verkörperung einer unendlichen Macht, Schwungkraft des Geistes und jene Eigenkraft, welche sich aus dem Gleichgewicht aller Kräfte ergibt; und derjenige, welcher zu vollkommener Gesundheit gelangt ist, braucht kein bürgerliches Gesetzbuch zu seinem Schutz, denn er hat die Zauberrüstung an, welche undurchdringlich ist und die Schneide von Schlachtbeilen umbiegen soll, als wären es Disteln.

Ein Ausrottungskampf von irgendwelchen Übeln mittelst Wort und Tat kann es demnach für einen Denker direkt nicht geben, resp. wenig Zweck haben, denn z. B. sind Mikroben und Bazillen von der freundlichen Natur vorgesehen worden, um eine Reaktion herbeizuführen, wenn wir infolge unserer Lebensweise unseren Körper mit nutzlosen Energien überfüllt haben sollten. Es soll dadurch das Gleichgewicht wieder hergestellt werden, was man Gesundheit nennt, und tritt ein Krankheitsfall ein, so können wir bei richtiger Gemütsverfassung die betreffende Krankheit sicherlich überstehen.

Lasst uns darum das Gesetz der wahren Beziehungen kennen lernen, um zu diesem verlockenden Schutz und Verteidigung gegen Krankheit und Übel mancherlei Art gelangen zu können.

Ist es von Gott, so wird es sich auch bewahrheiten müssen!

Und da unser Leben bekanntlich ein Kampf ums Dasein ist, weil die Menschen es so haben wollen, so will ich auch noch ein mir bekanntes Schutzmittel nennen, nämlich: In einem sturmvollen Leben lernt man, dass der Moment für die Selbstverteidigung im Moment des Angriffes gegeben ist!

Allerdings wird ein Menschenfreund, der okkultes Wissen beherrscht, ganz andere Schutzmittel und Schutzgeister um sich haben, wogegen selbst Ochsenkräfte nichts auszurichten vermögen.

Diese verfügbare Macht steht uns zu Gebote, sobald wir die an sich einfache Maschinerie in unserem Körper durch das Hebelwerk unserer Gedanken genau zu regulieren verstehen, ferner ermöglicht es uns auch, *unseren Körper umzugestalten, sollte er uns etwa nicht mehr gefallen.*

Ich denke hierbei gerade nicht an einen tatsächlichen Seelen- und Körper-Austausch zwischen zwei sonst fremden Leuten, als vielmehr an Personen, die z. B. durch Trunksucht — ein recht häufiges Leiden — oder durch zu intensiven Geschlechtstrieb körperlich heruntergekommen sind. Diese können sich in verhältnismäßig kurzer Zeit einen besseren Körper wieder aufbauen, und zwar indem sie dieses fest wollen und auch fest an die Möglichkeit glauben. Ein systematisches Fasten soll die dazu notwendige Zeit beträchtlich verkürzen, denn während dieser Zeit zehrt sich der Körper selber auf, und nachdem der Patient wieder zu essen anfängt, wird das aufgebrauchte Material ganz rasch wieder durch neues ersetzt. Dass diese Einbildungs- oder auch

Vorstellungskraft eine „schöpferische Kraft" ist, welche durch den Glauben und die Erwartung noch verstärkt werden kann, sieht man sehr häufig bei Leuten, die sich eine Krankheit einbilden, vorstellen und jeden Tag erwarten, — was Wunder, wenn diese Krankheit dann selber auftritt!

Durch eine intensive Betrachtung der Wunden Christi sind solche Male an deren Körper sichtbar geworden, welche derartige innere Betrachtungen angestellt haben (Franz von Assisi u. a.); und wer daher die Gabe der Vorstellung zu eigenem Schaden anwendet, indem er sich gern Krankheiten vorstellt und dadurch dann erkrankt, wird solange *schwer zu heilen* sein, bis er sich selber von der Macht der Gedanken überzeugt haben wird; es kommt auch vor, dass mitunter solche Leute durch Einbildung krank werden und dann durch irgendein Wundermittel durch gleiche Einbildung wieder gesunden.

Die Gabe der Vorstellung existiert, und es ist Dummheit, Stumpfheit, wenn man diese zum eigenen Nachteil anwenden würde, „umgekehrt ist hier was wert!"

Lässt sich z. B. jemand die Rose besprechen, so tut er es doch nur im Glauben, dass ihm diese Manipulation helfen wird, glaubt er nicht daran, so hilft es auch nichts. Sind derartige Patienten an und für sich willensschwach, so könnten deren Zweifel von derjenigen Person, die die Rose bespricht, leicht beseitigt werden, übt diese ihre Kraft dahingehend aus. —

Ein braver Offiziersbursche liest in seinem Gebetsbuch, sein Herr kommt dazu und kann sich eines Lächelns nicht erwehren, indem er sieht, dass sein Bursche gerade „ein Gebet auf hoher See in Sturm und Not" vorhabe. Der Leutnant spricht eine Bemerkung aus, dass ein solches Gebet bei dem schönen Wetter und in der Stadt doch auch bei wirklicher Betrübtheit nicht zuträfe, worauf ihm sein Bursche entgegnete: „Herr Leutnant mit Verlaub, Not ist Not und Gott ist Gott!"

Den Inhalt dieser paar Worte erkannte nicht nur sein Herr an, sondern wird auch von jedem, der Gott im Herzen wohnen hat, anerkannt werden, denn uns geschieht nach unserem tiefsten Glauben. Glauben wir daher — und konzentrieren wir unsere Gedanken daraufhin, wenn wir krank und in Not sind, — dass Gottes Allmacht und Liebe stets in unserer Nähe ist, dass Gott mächtig genug ist, uns von allem Übel wunderbar zu befreien. Ist eine Heilung nur irgendwie möglich, so wird eine solche auch stets ungehindert vor sich gehen können.

Christus drückte dieses ganz einfache Geheimnis in den Sätzen aus, indem er dem Einen sagte: „Dir geschehe nach Deinem Glauben" und zum Andern: „Dein Glaube hat Dir geholfen!"

Von diesem Standpunkte aus vermag ein jeder zu helfen, die menschliche Natur ist überall dieselbe, und wo dieselben Bedingungen vorherrschen, da äußert sie sich auf gleiche Weise. Überall, wo man Heilungen bewerkstelligt unter Mithilfe des Bewusstseins, da geschieht es durch den Glauben und die Erwartung, und je intensiver dieser Glaube und die Erwartung, je mächtiger ist die Wirkung. Habe ich Zutrauen zu meinem Arzte, so glaube ich, dass er mir helfen wird, dies ist schon mehr wert, als die teuerste Medizin im anderen Fall. Der Helfer mag wohnen und wirken wo er will, er mag ein Studierter sein oder auch nur ein Schäfer, [1] wie z. B. *Ast* in Radbruch, er muss seinen Patienten den Eindruck einflößen, dass diese zuversichtlich auf Abhilfe rechnen dürfen, um glückliche Kuren überhaupt verzeichnen zu können.

Immerhin sind dieses wieder äußere Mittel, selber vermag es aber auch der Glaube an die Kraft der inneren Allmacht zu tun. Sobald sich bei uns irgendwelche Aufregung, Entmutigung oder niederdrückende Vorstellungen einstellen, muss man wollen, dass einem nichts anfechte, man bitte Gott um Beistand und unser Geist wird in diesem positiven Zustande nicht verfehlen, seinen wohltätigen Einfluss auf seinen Körper geltend zu machen. Wir begehren und erwarten diesen Einfluss, und sowie sich dieses irgendwo bemerkbar macht, verhalten wir uns passiv, lassen dem Geiste Ruhe und er wird alles besorgen, dass die Harmonie in uns wieder hergestellt werde.

---

[1] Schäfer Ast in Radbruch gelangen glückliche Kuren in schwierigen Fällen, er wurde dadurch Rittergutsbesitzer. Er schnitt den Leuten einige Haare ab, besah diese durch ein Glas und verschrieb irgendein Medikament. Besserungen schreibe ich auch hierbei einer zuversichtlichen Hoffnung auf Bettung in Krankheitsfällen zu, welche, wie schon betont, bei jedem Medikament unerlässlich ist.

Der Verfasser.

Der Geist ist mächtiger in uns, als mancher ahnt, für ihn gibt es weder Zeit noch Raum, und die Macht unserer Gedanken ist die feinste Kraft, welche wir bislang auf Erden kennen gelernt haben. Wie bereits explizierte, können wir unsere Gedanken in die weitesten Fernen schicken, und keineswegs ist es ausgeschlossen, dass unsere Gedanken von dort wohnenden Personen empfunden und verstanden werden.

In der Mehrzahl derartiger Fälle aber dringen diese Gedanken, welche wir an andere Personen senden, nur zu deren Unterbewusstsein und bleiben dort halten. Nun kontrollieren gerade die unterbewussten geistigen Tätigkeiten alle inneren unwillkürlichen körperlichen Funktionen, wodurch es uns nicht ausgeschlossen ist, dass wir auf andere, welche weit von uns entfernt leben, einwirken und auch heilen können.

Die beste Zeit für derartige Einwirkungen ist, wenn der Patient in tiefem Schlaf liegt, also gewöhnlich zur Nachtzeit. Haben wir kranke Freunde oder Bekannte, so lasst uns des Nachts mit ihnen experimentieren; wir reisen zu einem Kranken und sprechen mit ihm, wir suchen seine Krankheit als eine Lappalie hinzustellen, wobei wir ihm die Sache so einleuchtend erklären müssten wie nur möglich. Wird dessen Geist durch unser Wollen angeregt, so wird sein Körper auch damit geheilt werden; unbewusst mögen viele gute Freunde ebenfalls schon oft den regsten Wunsch konzentriert haben, dass ihr lieber Freund bald wieder besser werde. Wie die Erklärung bei günstiger Wendung einer Krankheit auch immer gewesen sein mag, eine derartige Einwirkung wird dabei mitgespielt haben, und Tatsache ist es für mich, dass schon viele Leute auf diese Weise kuriert worden sind.

Hat man einen skeptischen Freund, dem man helfen möchte, so muss man dieses geistigerweise des Nachts tun, kommt er uns aber mit halbem Vertrauen entgegen, so ist es schon besser; allerdings darf er geistigerweise unseren Gedanken keinen aktiven Widerstand entgegensetzen.

Wenn man die Augen schließt, kann man seine Gedanken besser konzentrieren; dann spreche man (selbstverständlich in Gedanken) zu dem Kranken, dass er als Geist ein Teil des allmächtigen Weitengeistes ist, der das ganze Universum erschaffen hat. Als Ebenbild Gottes dürfe er nicht krank werden können, darum solle er nun auch mit Gottes Hilfe bald wieder hergestellt werden usw.

Diese Experimente wiederhole man täglich oder einen Tag um den andern, weil nur eine Sitzung nicht genügen würde; natürlich muss man auch die Erwartung auf Besserung beim Patienten wachrufen, um desto sicherer Helfer sein zu können. Wird man per distance als Helfer angerufen, so verfahre man wie angedeutet und belehre den Kranken außerdem noch schriftlich bezüglich seines Besserwerdens. Man gebe eine Zeit an, wo man seinen Einfluss geltend machen wolle, damit der Kranke sich zu gleicher Zeit passiv und ruhig verhalte, um unseren Einfluss dann umso besser zu seinem Besten zu erwarten.

Sensitive Naturen werden unserer Gedanken bewusst werden.

Nach meiner Überzeugung strengen solche Beeinflussungen auch an und der Helfer ist nicht imstande, vielen Kranken auf diese Weise zu helfen. Ein sogenanntes Gesundbeten ist mit der geschilderten Behandlung verwandt, aber ich halte deshalb nicht allzu viel davon, weil Gesundbeter, die ein Gewerbe daraus machen, nicht imstande sein würden, einen größeren Patientenkreis mit Erfolg *„für die Kranken"* behandeln zu können.

Die Methode, die ich näher dargetan habe, ist nicht neu, schon die Jünger Jesu und Jesus selbst haben damit Kranke geheilt, aber trotzdem wird diese Methode gern angezweifelt und verfemt, und man freut sich daher, Menschen kennen gelernt zu haben, die ebenso denken wie ich und die gleich glücklichen Gedanken hegen.

Durch hypnotische Suggestionen können ebenfalls krankhafte organische Veränderungen nicht nur erzeugt, sondern auch geheilt werden.

[Zu diesen merkwürdigen Erscheinungen der Hypnose bemerkt Dr. Carl du Prel in seinem Buch: [1]) „Das Rätsel des Menschen" Folgendes:

„Der Hypnotismus lehrt, dass organische Veränderungen durch Suggestion herbeigeführt werben können, dass krank-

---

1) Verlag Edition Geheimes Wissen, Graz.

hafte Zustände beseitigt und jene organischen Prozesse durch Suggestion eingeleitet werden können, die der Arzt für angezeigt hält. Jene physiologischen Funktionen, welche für uns unbewusst verlaufen und unserer Willkür entzogen sind, z. B. Blutumlauf, Sekretionen usw. können durch Suggestion geregelt werden. Nun ist es aber ohne Weiteres klar, dass nicht etwa der Arzt gleichsam durch magisch wirkende Worte in einen fremden Organismus einzugreifen vermag; vielmehr kann die Suggestion nur dadurch wirken, dass sie vom Patienten akzeptiert wird, und diese seine Fügsamkeit erzielt man eben dadurch, dass man ihn in hypnotischen Schlaf versetzt, also in einen Zustand physischer Abhängigkeit. Daher die Möglichkeit selbst verbrecherischer Suggestionen. Die Fremdsuggestion ist also nur darum wirksam, weil sie widerstandslos in eine Autosuggestion verwandelt wird, und erst diese ist das eigentliche Agens. Der Patient beherrscht also sein organisches Leben durch die Vorstellung und damit ist der Primat des Geistes vor dem Körper erwiesen. Der Materialismus, welcher umgekehrt den Geist zur bloßen Funktion des Körpers macht, ist also auf den Kopf gestellt, wie man überhaupt so ziemlich immer die Wahrheit trifft, wenn man das auf den Kopf stellt, was der Materialismus lehrt."—]

Ich wundere mich, dass praktische Ärzte nur in Minderheit dieses vorgetragene Gebiet betreten, da doch gerade von ihnen der Mensch studiert werden soll. Und wenn sie das Letztere auch tun, so geschieht es aber am wenigsten auf diesem Gebiete. Glauben aber unsere Ärzte heutzutage noch, sie könnten mehr für ihre Wissenschaft erzielen, wenn sie sich mit Fröschen, Kaninchen oder Hunden beschäftigen, diese lebendig abschlachten, was mit „Sezieren" benannt wird, so tut es mir leid, dass derartige Gräuel noch längst nicht staatlich verboten worden sind.

Hütet Euch vor Ärzten, die sofort mit Messer, Säge und Schere bei der Hand sind!

Jeder Arzt, der vielleicht das Gehirn eines verstorbenen Verbrechers aus dem Grund bloßzulegen beabsichtigt, um daraus etwaige Kenntnisse zu erwerben und dann verwerten zu können, wird wohl höchst negative Resultate erzielen. Das Gehirn ist nicht das wirkliche Magazin, worin sich etwaige Gedanken und Eindrücke abprägen und dem sie zur Aufbewahrung dauernd übergeben würden, dann könnte ein Mensch unmöglich alles behalten, da die graue Substanz, aus der das Gehirn gebildet ist, sich immerfort erneuert. Als Speicher für unsere Gedanken ist es daher nicht anzusehen, dagegen aber als das Mittel oder die Leiter, an dem sie wieder zum Bewusstsein heraufsteigen können.

Das Gehirn, wie der ganze Körper, ist als ein wunderbares Instrument zu betrachten, wodurch der Geist zum äußeren Ausdrucke gelangen kann.

Der Körper ist vergleichbar mit einem Klavier und der Geist ist der Spieler. In ihm ist die Musik und durch das Instrument bringt er sie zum Ausdruck. Je vollkommener das Instrument gebaut ist, desto besser kann er darauf spielen. Gleichwie das heutige Klavier kein Spinett mehr ist, aber die bisher erreichte Stufe der Vollkommenheit im Klavierbau darstellt, so ist der menschliche Körper mit seinem bis jetzt entwickelten Gehirn das Abbild oder der Index innerer Fähigkeiten, welche zum physischen Ausdrucke gelangt sind. Wer nun aber behaupten wollte, dass das Klavier nicht weiter verbessert werden könnte, würde seine Unwissenheit ebenso an den Tag legen, als wie derjenige, welcher behauptet, dass es im Menschen keine weiteren Fähigkeiten gibt, als wie diejenigen, welche von der Menschheit im allgemeinen bisher entwickelt worden sind.

Ist irgendeine neue praktische Entdeckung da und im Gebrauch, so wird der Entdecker gepriesen und geehrt, was er auch ehrlich verdient hat; dann kommt bald wieder eine neue Idee dazu, welche die erste Erfindung abändert und verbessert und damit oft die Grundlage für eine ganz neue Sache hergibt.

Die Röntgenstrahlen eröffneten dem Arzte ganz andere Aussichten, heute kennt man ihre Gefährlichkeit für den Experimentierenden; dem Erfinder Edison soll es beinahe das Augenlicht und zweien seiner Assistenten und ebenso zwei Ärzten eines Londoner Hospitals Arme und Finger gekostet haben.

Man braucht darum nicht gerade skeptisch irgendetwas Neuem gegenüberzustehen, denn die Zeiten ändern sich und wir mit ihnen, sondern man nimmt das Gute, wo man es findet und will das Beste für alle Menschen. Haben solche Gedanken erst bei uns Fuß gefasst, so kommen sie auch anderweit zum Ausdruck, und es heißt nicht umsonst: Lasst *uns* besser werden, gleich wird es besser sein!" —

Jeder Schüler mache es sich zum Vorsatz, beim Essen und Trinken nur an Gutes und Fröhliches zu denken, damit der Verdauungsprozess harmonisch vor sich gehe, denn in jedem Atome, welches vom Blute aufgenommen wird, ist beim Einnehmen der Charakter unserer Gedanken aufgedrückt. Ferner können wir die Beobachtung machen, wenn wir etwas unternehmen und zwar fröhlich und guten Muts, so gelingt es auch.

Meinen geistigen Lehrern bin ich unendlich dankbar, v/eil ich weiß, dass ich durch sie nur gewonnen habe und ferner durch Gottes Hilfe und festen Willen erbärmliche Übel habe besiegen und abstreifen können. Allerdings weiß ich auch, dass unablässig die eine Versuchung nach der anderen an uns herantritt, um uns zu Fall zu bringen; darum müssen wir jederzeit vor ihr auf der Hut sein. „Derjenige, der steht, sehe zu, dass er nicht falle", lautete die Warnung des Nazareners. Heute verstehe ich es auch, dass niemand in einer niedrigen Gedankenatmosphäre, die miasmatisch und voller Irrtümer, zu gesunden vermag. Wer diese Luft lange einatmet und sich daran gewöhnt hat, ohne zu wissen, dass es eine bessere gibt, verkommt und es müssen die Mikroben der Armut, der Krankheit und des Lasters diesen Menschen ja schließlich ganz überwältigen und umbringen. Wehe allen jungen Leuten, die aus irgendwelchen Gründen schon früh Gefängnisluft atmen müssen; Besserung soll hier bezweckt werden, aber diese wird ungemein erschwert, hat erst ein junger Mensch unter gemeinem Gelichter sein besseres Selbst und sein Zutrauen zu sich selber verloren, dann hat diese erste Strafe einen Verbrecher mehr geschaffen. Welche ungeheure Verantwortung ein Richter damit übernimmt, wenn er die erste Bestrafung eines Menschen diktiert, möge auch die bereits klargelegte Lehre der Widerverkörperung (Karma) beleuchten.

Ein Mensch muss auch geistig gesunden, will er seinen irdischen Körper vor Krankheiten schützen. Ist er geistig intakt, so ist eine körperliche Krankheit bald gehoben, und sollte er die Hilfe eines Arztes bedürfen, so wird er dessen Bemühungen durch entsprechende Gedanken unterstützen können. Liegt man im Bett oder auf einem Sofa, so kann man etwaige Gedankenvibrationen noch dadurch besonders verstärken, indem man langsam einatmet und dann die Luft in den vollen Lungen möglichst lange zurückhalten muss und hierbei sich ein Bild von dem vorstellen, was man zu erreichen wünscht. Ferner, während der Atem angehalten wird, muss man möglichst alle Körpermuskeln allmählich straff anziehen, beginnend mit Händeballen, Straffziehen der Armmuskeln und Fortsetzung nach dem Rücken bis zu den Füßen. Treten hierbei irgendwelche Schmerzen auf, so müssen solche Übungen eingeschränkt werden. Beim Ausatmen ist es praktisch, zuvor erst noch etwas Luft einzuatmen und dann die ganze Luft langsam ausströmen zu lassen. Einatmung durch die Nase, abwechselnd durch den linken und dann durch den rechten Nasenflügel, Ausatmung durch den Mund! — Kann man mit straff angezogenen Muskeln und vollen Lungen lange aushalten, so ziehe man den Magen ein und wieder aus, durch welche Übungen wir unsere Lungen, Nerven, Nieren und den Magen stählen und unser Körper an Lebenskraft nur gewinnen kann.

Wer derartige praktische Winke in sich aufnimmt, befolgt und weiterentwickelt, wird die angenehmen Folgen bald verspüren und damit ein ganz neues Gebiet sich auftun sehen, wovon er bislang noch gar keine Ahnung hatte. Wir brauchen darum keine Sonderlinge zu werden, die sich durch irgendeine Askese auszuzeichnen suchen; wir leben wie bisher, aber mäßig und vernünftig und tun, was in unseren Kräften steht; in dieser Hinsicht brauchen wir keine Mode mitzumachen.

Jenes Gebiet tat sich auch mir auf, sonst hätte es nicht andeuten können, ja, sonst hätte diese Briefe gar nicht zu schreiben vermocht. Keineswegs erhebe damit etwa Anspruch, etwas Besseres vorzustellen, als andere Brüder, ich kenne die menschlichen Schwächen und habe auch meine. Immerhin, sollte anfangs etwas absurd erscheinen, was ich sagte und noch vortragen werde, so bitte selber *„über die Möglichkeit dazu"* nachdenken zu wollen, denn für uns schickt es sich nicht, zu lachen, wenn wir etwas nicht gleich verstehen.

Kein Lehrer, kein Meister kann sagen, dass er genug gelernt habe; haben wir eine neue Ebene, eine neue Sphäre, ein neues

Können erreicht, so kommen uns neue Fragen und neue Probleme zu Gesicht, die uns früher, als wir weniger Kenntnisse besäßen, auch noch gar nicht kommen konnten. Erst wenn wir für ein höheres Gebiet reif geworden sind, öffnet sich das entsprechende Tor von selber, das bislang auch im Übrigen von Wolken verhüllt gewesen ist, sodass wir von der Existenz solch' neuer Gebiete fast gar keine Ahnung haben konnten.

Wollen wir vorwärts in der Welt, so müssen wir unseren Geist und unseren Körper gesund erhalten; erkranken diese, so geht es uns wie mit einer Maschine, welche stoppen muss.

Was wir in Bezug auf Gesunderhaltung unseres Leibes zu tun und zu lassen haben, zeigt uns Mutter Natur so klar und deutlich, dass es kaum zu glauben ist, wenn hier der Wald vor lauter Bäumen nicht gesehen wird. Wir wissen nämlich recht gut, dass *Freude* angenehm und *Schmerz* unangenehm berührt, und hiernach brauchte man sich im Leben nur einfach zu richten.

Als Kind bekam ich oftmals Schelte und Strafe, wenn ich manche Speisen nicht essen mochte. Wenn ich an Aalsuppe, Kopfwurst, Schwarzsauer usw. denke, so steigt es mir bei derartigen Delikatessen noch heute auf. Weshalb soll ein Kind derartige Blut- und Fleischspeisen in sich aufnehmen, wenn es sie nicht mag? — *„Kinder müssen alles essen lernen!"* ist ein ganz verkehrter Grundsatz und Ausspruch bei Eltern, denn was wir mögen und gerne essen, bekommt uns auch, und umgekehrt, was man nicht mag, bekommt nicht und wandert fast unverdaut wieder zum Körper hinaus!

Jedem Kind wird später im Leben schon Gelegenheit kommen, bei der ihm der Hunger manches 'reintreibt, was sonst unberührt geblieben wäre.

Was nun der eine gerne isst, lässt der andere links liegen, dem Letzteren würde es darum auch schlecht bekommen, müsste er des Ersteren Delikatesse teilen.

Tun wir etwas, das uns Schmerzen bereiten würde, so müssten wir es von Rechts wegen unterlassen; unterlassen wir es nicht, so tritt großer, heftiger Schmerz ein und Krankheit wird uns zwingen, dieses Tun zu unterlassen. Ebenso verhält es sich mit der Freude, forcieren wir sie, so tritt hohes Lustgefühl ein, was wiederum unserem Selbst zugute kommen muss.

Sicherlich kann dieses nicht bestritten werden, aber Gegner könnten mir vorwerfen, dass z. B. die Ausübung des Geschlechtsaktes immer mehr dazu anregen müsste, unsere Freude zu erhöhen, während dieses angenehme Vergnügen in Wirklichkeit jedoch Krankheiten und Schmerzen zur Folge hat.

Diesem stimme ich nur insofern zu, dass die meisten Menschen es eben nicht besser kennen und in dieser Hinsicht — merkwürdiger Weise — den engen Kreis ihres Wissens nur ungern erweitern. Wenn uns in hundert anderen Fällen immer dasjenige, was uns lieb und angenehm ist. Freude verursacht und uns gut bekommt, dann sollte es bei dem angedeuteten einen Fall einmal nicht zutreffen?! —

Allerdings, um dieses schnell fassen zu können, muss mich der Schüler wenigstens bis an die Grenze des transzendentalen Gebietes begleiten, wo ich ihm dann durch ein Beispiel diese Gedanken erörtern will, und ohne dass' ich gerade die ganze Szenerie des Bildes einzeln erklären müsste.

Errungene okkulte Kräfte reizen, sodass man Verlangen nach der ganzen okkulten Naturkraft verspürt; dass letztere da ist auch in ihrer Latenz, verspüre ich, und könnte ich sie mir erringen, so würde ich mit besonderer Lust diese erbärmlich gewordene Welt umkrempeln und das Unterste zu oberst kehren. Als ich von einem derartigen Können noch keine Ahnung hatte, lebte ich wie andere Menschen in einförmiger Balance, dann lernte ich, dass man seinen Standpunkt auf dieser Wage ein wenig verlegen müsse, um aus dem Einerlei zu etwas Angenehmeren zu kommen. Ich entschloss mich dem Mittelpunkte zu nähern, wodurch ich mich schon etwas gehoben fühlte, und rücke ich meinen Stand durch Kenntniserweiterung auf allen Gebieten wieder ein wenig mehr der Mitte zu, so würde jene wünschenswerten Kräfte umso merklicher fühlen und damit mein Selbst sich weiter heben. Ich will nicht nur Fernwirken können, sondern *will bewusst den Körper einer anderen menschlichen Persönlichkeit einnehmen,* — mit derselben leichten Möglichkeit, wie man deren Kleider anziehen könnte, — und dann darin nach meinem Gutdünken wirken!

Der Lohn eines wirklichen Meisters ist das Wissen und die

Macht im Raum zu reisen und zu wirken, wie und wohin er will.

Dass dieser Kult in Maurerlogen noch gepflegt wird, glaube ich nicht, denn diejenigen Maurer, die ich im äußerlichen Leben kennen lernte, wären hierfür gar nicht zu gebrauchen. Diese nutzten ihre Angehörigkeit scheinbar damit aus, dass sie andere Brüder aufsuchten und ihren Kram feilboten; ihre Logenangehörigkeit soll dann anderen gegenüber etwas vorstellen, die nicht in der Loge sind, ein Logenbruder zu werden.

Indem ich die Gedanken einiger Maurer in mir aufnahm, welche Gedanken zum Teil sehr geschäftlicher Natur waren und zum Teil gar nicht besser als diejenigen eines ganz gewöhnlichen Menschen, so glaube ich auch nicht mehr daran, dass ich innerhalb einer Maurerloge mein okkultes Wissen gerade hier noch vermehren könnte.

Dagegen halte ich die hebräische Kabbala für eine Quelle, woraus okkulte Wissenschaften geschöpft sein mögen, und existiert ein Born dieses Wissens, so gibt es sicherlich auch noch mehr Quellen. So existierte zuvor das „chaldäische Buch der Zahlen", vielleicht auch noch ein echtes Exemplar in irgendeiner geheimen Krypta. Unsere Bibel drückt mit allen Allegorien, welche wir darin finden, in unvollkommener Weise nur die religiöse Wissenschaft der Hebräer aus, und hat man lange genug außen herumgesucht, so entdeckt man im eigenen Innern eine selten versagende Quelle, die uns immer neu zu beleben vermag.

Wie gesagt, was uns lieb und angenehm ist, muss man tun oder dürfte man ruhig tun, wenn sich die Gelegenheit dazu bieten würde, natürlich unter Berücksichtigung des Rechtes dazu, der Schicklichkeit und der eigenen Gesundheit.

Ich will nun das Bild entrollen, was ich vorhin angedeutet habe, der Weg bis dahin wäre zurückgelegt. — Gesetztenfalls, ich würde eine junge Frau kennen, die sich in anderen Umständen befände und große Angst vor dem bevorstehenden Geburtsakt hätte. Diese würde ferner auf jede erdenkliche Möglichkeit eingehen, wodurch sie einem vermeintlichen Tode oder den bevorstehenden Schmerzen entrinnen könnte. Ferner, ich könnte mit einer solchen Frau meinen Körper austauschen, sodass dieselbe in meinem bisherigen Körper und ich in dem ihrigen weiterlebe, so wäre unser Ego dasselbe geblieben, nur bekleidet mit einem anderen Körper. Für andere wären wir, unserer äußeren Form nach, dieselben Personen geblieben, nur durch unsere Gedankenäußerungen würden wir vielleicht von unserer neuen Umgebung kaum wiedererkannt werden.

Haben Sie schon einmal einen Menschen kennen gelernt, den sie an seinem Auftreten, Denken und Handeln kaum wiedererkannten, obgleich es äußerlich derselbe Bekannte oder Verwandte war?

Doch weiter. Ich hätte also meinen Körper vertauscht und in meinem neuen, der sich im vorbeschriebenen Zustande befindet, müsste ich im weiteren Verlaufe der Tatsache die Stunde der Geburt eines neuen Wesens ruhig abwarten. Nach geschehener Geburt wäre das Kind gesund und ich, vielmehr auch mein jetziger Körper, bald wieder guter Dinge und wohlauf. Bald hätte ich mich in meine neue Umgebung hineingelebt, haben die Angehörigen manches bei mir nicht verstanden, so werden sie es ganz natürlich dem Wochenbette zuschieben und sich nicht gerade allzu viel darüber den Kopf zerbrechen. Dann würde ferner die Zeit eintreten, wo mein Mann wiederum sein Recht verlangt, aber so, wie er sich das dachte, darauf ginge ich vor der Hand noch nicht ein. Wenn er mich lieb hat, so müsste er sich ebenfalls an meine Brüste legen und Milch trinken, damit sein Blut sich mit dem meinigen ganz vermische. Durch Gedankenkonzentration müsste auch er seine Brüste entwickeln, sodass auch ich aus seiner Brust zu trinken vermöchte, und haben wir auf solche Weise uns gegenseitig vielleicht 14 Tage lang genährt, abgesehen von anderer Speise und Trank nebenbei, so dürfte mein Mann den Geschlechtsakt getrost wieder bei mir ausüben, Folgen würden bei mir dann weiter nicht entstehen. —

Wenn zwei Ehegatten sich gegenseitig an die Brust zu legen und auch zu trinken vermögen, dann würde der Geschlechtsakt nichts schaden, oder würde auch nur der Mann von der Brust der geliebten Frau trinken, weil bei ihm die Brüste nicht entwickelt sein werden, so mag er getrost bei ihr schlafen und mit ihr den Geschlechtsakt ausüben, dasselbe Blut beider Teile käme damit gereinigt nur noch besser zum Kreisen und weiterem Kindersegen wäre dadurch vorgebeugt; außerdem fiele die unangenehme

Menstruation bei der Frau fort.

Da der Mann Brustwarzen hat, so kann er auch seine Brüste wachsen lassen (cfr. Brief 3) und was die Natur erschaffen hat, das erhält sie auch, mag auch eine kleine Ewigkeit darüber verstreichen, in welcher überkluge Menschen das nicht einsehen wollen, was ihnen die Natur immer vor Augen geführt hat. Die Frau genießt etwas mehr Nahrung und könnte daneben auch noch ihr Kind selber nähren, und da ferner die Einverleibung der Milch aus junger Frauenbrust schmerzlos und natürlich ist, muss es uns auch natürlich erscheinen, dass eine solche Blut-Transfusion zum Geschlechtsausgleich von unserer weisen Natur vorgesehen ist, um den angenehmen Geschlechtsakt ohne Folgen unter Ehegatten geschehen zu lassen.

Wenn Frauen vor dieser Blutausgleichung aber erst ein oder zwei Kinder bekommen haben, so hat es den Vorteil für sie, dass sie nach einigen Geburten hübscher und schöner zu werden pflegen.

Da der wichtigste Bestandteil unseres Körpers das Blut ist, weil alle, auch die kleinsten Teile unseres Leibes dadurch ernährt werden, so müssen wir es auch rein und gut im Interesse unserer Gesundheit erhalten; wird das Blut aber verdorben, so muss auch unser Körper darunter leiden und wird krank. Die Organe, welche das Blut fortwährend reinigen müssen, liegen im Unterleibe und scheiden ununterbrochen die giftigen Stoffe aus, denn wir sind es leider nur zu gewohnt, tagtäglich mehr oder weniger giftige Nahrung in uns aufzunehmen. Da aber die Milch das Beste von dem Blute ist, würde es auch zum Heil eines Kranken ausschlagen, könnte er diese direkt von einer Amme trinken.

Wissen ist eine große Macht und der Wille ist allmächtig. Der menschliche Wille ist dabei gemäß des Menschen Können begrenzt, während der göttliche Wille grenzenlos und über alles erhaben ist. Innerhalb unserer Grenzen besitzen wir aber ein Gebiet, das wir noch lange nicht erforscht und ausgenützt haben, geradeso wie die Menschen auf ihrer dünnen Erdkruste die Erde selber noch lange Zeiten hindurch bewohnen und weiter erforschen werden. Kenntnis ist bei uns Menschen nur Macht für den, der begreift, was er besitzt, und daher ist er befähigt, sie für die

Zwecke zu gebrauchen, die seinem Herzen am nächsten liegen. Das Studium okkulter Wissenschaften steht jedem Menschen frei, verwehren kann es uns eigentlich niemand, und es ist gleichgültig, ob wir hierbei die alte oder die moderne Wissenschaft als Ausgangspunkt erwählen; wir wollen und sollen vorwärtskommen und nicht den Krebsgang gehen, den uns begrenztes Wissen oder Religion so gerne vorschreiben möchte.

Es ist uns die Macht gegeben, alles Krankhafte abzustreifen, uns zu veredeln und zu vergeistigen, und selbst schon in diesem Leben zu jener Ruhe, Vollkommenheit der Erkenntnis und Seligkeit zu gelangen, welche die Seele in ihrer Heiligkeit erst eigentlich im Himmel genießen soll. Der richtige Weg, um zu einem Beweise unserer unsterblichen Macht zu gelangen, ist der, dass wir unsere eigene unsterbliche Seele suchen; und haben wir diese gefunden, dann werden uns erst ihre eigenen Geheimnisse klar.

Diesen Weg erleichtert kein Omnibus, keine liebevolle Hilfe unseres Nächsten, kein anderer kann ihn für uns betreten, selber haben wir ihn zu gehen, und nur richtig verstandene Wegweiser in Wort und Schrift erleichtern uns, die Richtung inne zu behalten, um das erhabene Ziel im menschlichen Leben eher zu erreichen.

Mitunter sieht, hört und liest man, dass Leute vermeinen, welche nach höherem Wissen streben, dasselbe könne man mit Sicherheit nur durch physische Enthaltsamkeit erreichen und kasteien ihren Körper auf allerlei Weise. So dachten nicht nur die Einsiedler der Wüste in frühchristlichen Zeiten, die Säulen-, Wald- und Höhleneremiten aller Nationen, und heute noch der römisch-katholische Mönch, die Nonne, der mohammedanische Fakir und die Hinduasketen, sondern auch jetzige strenge Vegetarianer, Antialkoholiker usw. Es ist unglaublich, zu welcher Askese sich solche Fanatiker verurteilen, um bis an die Schwelle von Gnanam zu gelangen und mit einem Gnani in Berührung zu kommen. Welche essen nur Blätter, Weizenkörner, geronnene Milch, ja sogar Kuhmist, oder sitzen mit untereinander geschlagenen Beinen immer auf ein und demselben Fleck; andere tragen eine ganze Menge Kleider oder gehen auch nackt umher; diese lassen Nägel, Bart und Haare wachsen, jene rasieren den Schädel; die einen starren in die Sonne, die andern lassen sich eingraben; diese rutschen meilenweit auf den Knien, jene essen alle 24

Stunden oder alle 48 Stunden nur einmal usw. und warum? — Um auf diese Weise geistige Größe zu erlangen und glauben damit Werke der Buße zu tun.

Ein derartiges Verhalten mag an und für sich wohl dazu beitragen, menschliche Leidenschaft und Begierde zu unterjochen, aber Irrwege sind es doch, sie führen nicht zu dem gesteckten Ziel, und die unter der Asche fortglimmende Leidenschaft und Begierde kann im geeigneten Augenblick plötzlich wieder aufflammen und der ganze an Mühen und Leiden reiche Kampf war ein vergeblicher.

Ein religiös-philosophisches, altindisches Epos, die Mahabharata (der große Krieg) lehrt:

„Von jenen hochgesinnten Menschen, welche nicht sündigen, weder in Worten und Handlungen, noch im Herzen und in der Seele, hört man, dass sie sich wohl einer asketisch-strengen Lebensart befleißigen, aber nicht, dass sie die Gesundheit des Körpers durch Fasten und Büßungen untergraben. Derjenige, der seinem Nebenmenschen nicht mit Freundlichkeit begegnet, kann nicht frei sein von Sünde, auch dann nicht, wenn er seinen Körper rein erhält. Seine Hartherzigkeit ist die Feindin seiner Askese. Askese „hinwiederum ist nicht bloße Enthaltsamkeit von den Freuden dieser Welt. Der, welcher rein und tugendreich ist, der, welcher immer menschenfreundlich ist, ist ein Muni, [1] selbst dann, wenn er ein Familienleben führt." —

Da eine entsprechende Lebensweise zur Gesunderhaltung unserer Seele wie Körpers notwendig ist, so wird der nächste Brief über dieses Wichtige und sehr Wissenswerte noch extra sprechen. Um diesen wie den nächsten Brief richtig zu verstehen, müssen alle voraufgegangenen Briefe wohl gelesen und durchdacht werden, denn der Zweck unseres Lebens ist die Förderung der eigenen Gesundheit bis in ein hohes Alter hinein, um gesund, verständig und kräftig zum Wohl der ganzen Menschheit mit beitragen zu können.

---

[1] Ein Weiser, insbesondere Sakhy Muni, der Weise aus dem Sakhy-Stamm, nämlich Gautama Buddha.

Theosophische und okkultistische Studien

in 12 Briefen

von

Ferdinand Schmidt

Brief 11
Über Lebensweise, Altwerden usw.

Brief 11.
Über Lebensweise, Altwerden usw.

> Wem fremdes Leid mehr rührt als
> eignes Los,
> Der ist als Mensch nicht klein, —
> nein, der ist groß.
> Pfungst.

Wir leben in einem schwarzen oder geistig finsteren Zeitalter (Kali-Yuga), welches im Jahre 3102 v. Chr. begann und wovon 1905 n. Chr. demnach erst 5007 Jahre verflossen sind, ein solches Zeitalter umfasst etwa 300000 Jahre. Allerdings wird dieser Zeitraum wellenförmig zurückgelegt, sodass geistig-hellere Perioden mit geistig dunklen Perioden abwechseln, und wir können es, da wir es noch nicht bis einem Nirmanakaya gebracht haben, doch so einrichten, dass wir jedes Mal z. Zt. einer geistig-hellen Periode zu absolvierende Lebensläufe durchmachen.

Nach brahmanischer Zeitrechnung sind bis zum Jahre 1905 seit der Entstehung unseres Sonnensystems 1 955 884 705 Jahre verflossen; die Periode des Astral-, Mineral-, Pflanzen- und Tierreiches vor dem ersten Erscheinen der Menschheit überhaupt, nicht der heutigen, beträgt rund 300 000 000 Jahre; somit verliefen seit dem Erscheinen der Menschheit auf der Erde 1 655 884 705 Jahre. Die heutige (in 2 Geschlechter geteilte) Menschheit besteht seit 18 618 746 Jahren.

Die Zeitdauer einer kleinen Manvantara beträgt 308 448 000 Jahre; 14 solche kleine Manvantaras nebst einer Satya-Yuga bilden 1 Tag Brahmas oder eine vollständige Manvantara gleich 4 320 000 000 Jahre, und da 1 Nacht Brahmas von gleicher Dauer, so umfasst ein Tag und eine Nacht Brahmas nicht weniger als 8 640 000 000 Jahre. Die Periode einer kosmischen Tätigkeit dauert 4320 Millionen Jahre. Ein Manvantara umfasst folgende 4 große Zeitalter:

1. Satya-　 Yuga, das goldene Zeitalter,
2. Treta-　　 „　　 „ silberne　 „
3. Dvâpara-　 „　　 „ eherne　　 „
4. Kali-　　　 „　　 „ schwarze oder (geistig) finstere Zeitalter.

In jedem Manvantara erscheinen 14 Stammväter des Menschengeschlechts.

Unsere heutige Menschheit bildet die 5. Hauptwurzelrasse, wovon es 7 gibt, und ist diese mit ihrer Lebensperiode zu Ende, wird auch die Stunde unseres Planeten geschlagen haben.

Werfen wir einen Blick zurück in die unendliche Vergangenheit, so tauchen die Atlantier, die Lemurier und die beiden ersten Hauptwurzelrassen der Menschheit vor unserem geistigen Auge auf, welche Weltenbilder ich aber nicht hier zu schildern beabsichtige, sondern mit dieser Einleitung meines letzten dieser Briefe nur die Unendlichkeit Gottes, des Alls, streifen will, auch will ich damit zeigen, dass wir noch eine Unendlichkeit vor uns haben und von einem Weltuntergange noch lange keine Rede sein kann.

Allerdings kann unser oder ein anderer Erdteil untergehen, ins Meer versinken, wie z. B. der Rest von Atlantis vor ca. 10000 Jahren (Poseidonis), oder für unser gegenwärtiges Leben kann jeder Tag der letzte sein, so ist das aber gar kein Grund, darum etwa trübselig in die Zukunft zu schauen.

Wir sollen keineswegs unser Leben verbittern und dadurch abkürzen, wie es tatsächlich heutzutage der Fall zu sein scheint, sondern unser Leben aufheitern und zu verlängern suchen, damit wir unsere gegenwärtige Aktivität zum Wohle aller Menschen und unserer selbst so viel wie möglich be- und ausnutzen, um — tritt unsere Passivität ein — eine höhere Ebene betreten zu dürfen. Welche Wichtigkeit für unser Ego gerade hierin liegt, wird jeder, der bis hierher aufmerksam gefolgt ist, einsehen können, darum dieser Schlussbrief.

Wir sollen nachsichtig sein und vergeben, was leicht gesagt

aber schwer getan ist. Wollen wir eine bessere Zukunft haben, so müssen wir uns dieser Askese unterwerfen, sie ist schön und erregt keinen Anstoß.

Wir können alt genug geworden sein und uns für noch so weise halten, aber tritt eine Enttäuschung an uns heran, so wird diese trotzdem nie ganz schmerzlos an uns vorüber gehen; wir können aber klug genug geworden sein, um solche Unannehmlichkeiten für uns zu behalten.

Wir leben in einer Welt, in der es vielfach Brauch ist, dass sich der Eine gern unbändig über das Unglück des Andern freut!

Salomo sagt: „Besser ein Mahl von frischen Kräutern, wo die Liebe ist, als ein gemästeter Ochse wo der Hass ist". —

Die Forschung nach außen mit ihrer Annäherung an die äußersten Grenzen des Lebens überzeugte uns bislang immer, dass diese Welt voller Kämpfe, Leiden, Sünden und Verhängnisse — eine Welt der Sünde sein muss, Die schönsten Dinge vergehen vor ihrer Vollendung, die lieblichsten Blüten verwelken vor ihrer Entfaltung, Jugend vergeht im Alter, selbst die Weltkörper sind verurteilt zu verfallen und zu verschwinden. Der Tod scheint die einzige offene Tür zu sein, durch welche die endlose Prozession aller lebendigen Wesen hinausgehen muss in die ewige Vergessenheit.

Diese traurige Wahrheit unseres bisherigen Wissens hat wiederum Gedanken erzeugt, dass die Welt oder besser, der Zweck des Seins unmöglich solch' hoffnungsloses Bild schildern kann, würdig einem schwarzen, geistig-finsteren Zeitalter. Jedoch, wie wir im Verlauf dieser Briefe empfunden haben werden, leuchtete uns das Karmagesetz ein und in ihren milden Strahlen einer geistigen Sonne verschwinden die alpartigen Gespenster, als wie: Angst und Schrecken, Krankheitsplage und Todesfurcht. Wird das reine Menschenherz durch die Strahlen unserer materiellen Sonne erwärmt und erfreut, so entwickeln jene Strahlen, der nun kennen gelernten geistigen Sonne, in uns eine Hoffnungsblüte nach der andern und lösen uns ein Rätsel nach dem andern.

Wer sich allerdings ohne Kasteiungen, ohne eigene Forschung und vor allem ohne eigene Besserung von menschlichen Fesseln befreien will, fällt sich selber anheim und dann wehe, wenn das Fahrwasser, dem er sich anvertraut, ihn, den Vertrauenden, nicht tragen kann. Samsaro ist einmal unsere Welt des Leidens und der Täuschung, aber keine Hölle, zu der sie leicht gemacht werden kann, nur durch eigene Besserung und Mühen bilden wir sie für unsere Person um.

Mit dem Wunsch allein ist nichts getan, der Lernende sollte zunächst so viel wie möglich aus sich selbst zu machen, sein Gedächtnis zu üben, seinen Willen zu stärken und alle seine Fähigkeiten zu vervollkommnen suchen. Im praktischen Leben gebraucht man bekanntlich Geld, aber Kenntnisse sind Kapitalien, die uns niemand wegnehmen kann, und welche, wenn einmal erworben, unverlierbar sind.

Man muss das Studium der Philosophie, der Naturwissenschaft und der vergleichenden Religionswissenschaft betreiben und daneben die täglichen häuslichen resp. geschäftlichen Pflichten nicht vergessen, dann mögen unsere Gegner, Neider und Eingebildete, welche sich in irgendeiner gesicherten Stellung — (was man eben darunter heutzutage versteht) — befinden, schimpfen und anstellen, was sie wollen, ihre giftigen und galligen Pfeile treffen nicht uns, nein ihre eigene erbärmliche Person und macht diese vor der Zeit alt und grau.

Der Okkultismus stellt an uns Forderungen, die eine gewisse Isolierung und strenge Selbstzucht verlangt, wollen wir durch das enge Tor des Tempels schreiten und die erste Weihe empfangen. Die Bhagavad Gita lehrt sogar wiederholt Gleichgültigkeit gegen Schmerz und Lust, Gleichmut unter allen Umständen, ohne die kein wahrer Yoga möglich ist.

Ein wahrer Okkultist ist gegen sich selbst der strengste Zuchtmeister und ist in seinem eigenen Heim eine Persönlichkeit, von der ein jeder in Sorge, Angst und Sünde mit Sicherheit, Sympathie und Hilfe erwarten kann.

Haben wir uns die Kenntnisse und die daraus zu entwickelnde Fertigkeit voraufgegangener Briefe zu eigen gemacht, so haben wir auch kennen gelernt, uns unserer niederen Natur zu entziehen und ihre Gefühle zu empfinden, ohne von denselben affiziert zu werden, wodurch dann unsere Gemütsbewegungen unserem Intellekt unterworfen bleiben. Hierdurch sind wir befähigt das zu fühlen, was unser Nächster fühlt und denkt und vermögen somit zu helfen, wie es in unseren Kräften steht, und ohne dass es gerade in eine Zeitung kommen muss!

Das Studium okkulter Wissenschaft hat für uns aber den Hauptzweck, uns selber kennen zu lernen, uns zu Besserem zu erziehen, und — *uns leben zu lehren*. Es führt auch nur dann zur Entwicklung des Geistes, wenn wir uns bemühen, ein okkult veranlagtes Leben zu führen; es ist also das Leben selber, die Tat und nicht allein das Wissen, es ist die Reinheit des Herzens und nicht der vollgepfropfte Kopf, der uns zu des Meisters Füßen führt.

Wir wollen nicht infolge eines lasterhaften Lebens und dann als daseinsdurstige Schatten in spiritistischen Zirkeln Komödie spielen, sowie endlich in ein Nichts aufgehen, aber *Tanha*, unsere Begierde zum Leben wird endlich schwinden. Solange dieses nicht geschehen ist, solange wandeln wir durchs Leben, durch *Kama-loka* nach *Devachan* und remkarnieren uns wieder; sind wir endlich ein *Sakadâgâmi* geworden, so kehren wir nicht mehr zum Erdenleben zurück, sondern suchen damit *Nirvâna* zu erreichen. Ist es unser Wille, so lasst uns diesen stählen und dieses erhabene Ziel schneller als andere Menschen erreichen, indem wir alle absolut notwendigen Kenntnisse durch eine Reihe Erdenleben hintereinander in verschiedenster Menschengestalt erwerben und dann diesem Planeten ein endgültiges Ade sagen können, womit wir ein *Anagâmi* geworden wären.

Wer sich durch solches Wollen auf einer höheren geistigen Ebene bewegt, wird hin und wieder Leute antreffen, die ebenfalls diesen Weg einschlagen, ihn aber wegen der Schwierigkeit — entsprechend zu leben — wieder verlassen haben, und nun große Lust verspüren, diese Wissenschaft gern ins Lächerliche zu ziehen. Sie wissen die ungefähre Bedeutung dieses oder jenes Sanskritwortes und tun sich damit dann auch hervor, so wurde mir einmal von solch einem Gelehrten erklärt, dass „Nirvâna" so viel wie „Nichts" bedeute, und wenn ich mir auch noch so große Mühe gäbe und schließlich in *Nirvâna* eingınge, so hätte ich damit auch so gut wie „Nichts" erreicht.

„Nichts" hat natürlich derjenige, der mir seine diesbezügliche Belehrung uneigennützig angedeihen ließ, erreicht, obgleich ihm Schulen und Universitäten zu Gebote gestanden haben. —

„*Nirvâna*" ist aber das Auslöschen von Empfindung (*Raga*), Furcht (*Dasa*), Leidenschaft und Unwissenheit, also ein sehr erhabener Zustand, worüber ich noch das Folgende zur Belehrung gelesen habe und wiederhole.

„Und ihm, dessen Geist schon der Leidenschaft abgeneigt war, kam die Antwort: „Wenn das „Feuer der Lust erlöscht ist, das ist *Nirvâna*; wenn Stolz, Irrglauben und alle anderen Leidenschaften und Qualen erlöscht sind, das ist *Nirvâna*!"

(Aus dem Jataka).

Wer Nirvâna erreicht hat, lebt nicht länger „im Leben der Individualität, beschränkt auf individuelle Zwecke, sondern wird eins mit allen guten und edlen Bestrebungen, ohne zwischen einer und der anderen Individualität einen Unterschied zu machen. —

Wer in Nirvâna eingegangen ist, wird nicht vernichtet, im Gegenteil, er hat den Tod überwunden und lebt fort. Er lebt, aber er hängt an nichts, er ist energisch, aber frei von Leidenschaft; er strebt, aber er ist nicht ehrgeizig oder hochmütig. Sagt Nagasana. (Q. of K. M.) —

Wahrer Okkultismus und wahre Theosophie bestehen in der großen Entsagung des Selbst', unbedingt und absolut, in Gedanken, wie Handlungen.

Es ist Altruismus, (eine dem Egoismus entgegengesetzte Eigenschaft), und zieht denjenigen, welcher ihn praktiziert, vollständig aus der Gedankenwelt und Spekulation der ihn umgebenden menschlichen Reihen. Er entwickelt sich zu einer reinen, wohltätigen Kraft in der Natur, er erklimmt mühevoll ~ durch Inkarnationen ohne eine devachanische Ruhepause — die goldene Leiter, welche zur Mahatmaschaft führt, — und lässt er sich durch Fehltritte gleiten, fällt er in die Dugpaschaft.

Ein Mahatma ist ein zur Vollkommenheit gelangter Mensch, der die Vereinigung mit dem Göttlichen erlangt hat; es ist ein Mensch, der durch allmähliches Fortschreiten alle Möglichkeiten der geistigen Natur entwickelt hat und triumphierend schon dort steht, wohin zu gelangen wir uns heute noch abmühen.

Bezeugt jede Religion ihre Existenz, so finden wir auch, dass jede Religion der Welt auf einen göttlichen Lehrer zurückblickt. Man mag den Namen von Zoroaster in Persien, von Laotze in China, von Manu im alten Indien, von Buddha im späteren Indien, von Christus in Palästina, von Mohammed in Arabien und anderen nehmen, jeder von diesen ist ein Gottmensch gewesen, der denjenigen die Gewissheit menschlicher Vervollkommnung gebracht hat, die alle in den Bereich seines Einflusses gekommen sind.

Diese Religionsstifter waren Mahatmas und stellten jedes Mal ein hohes Ideal dar, und nehmen wir irgendein Glaubensbekenntnis, welches wir wollen, so sind sie alle auf dasselbe Ideal gegründet und jedes erblickt in seinem Lehrer einen Menschen, dessen Leben ein göttliches war.

Diese erhabenen Lehrer der Menschheit würden damit ihre Erdenpilgerschaft erledigt haben und in einer höheren Sphäre göttlich weiter wirken dürfen, aber derjenige, den wir einen Mahatma nennen, ist eine von der „Erde" befreite Seele, die das Recht erworben hätte, weiter zu schreiten, aber aus Liebe zurückkehrt, die ihr Wissen zur Hilfe für den Unwissenden, ihre Reinheit zur Läuterung der Befleckten, ihr Licht zur Vertreibung der Dunkelheit spendet, und von neuem die Bürde des Fleisches auf sich nimmt, bis die ganze Menschenrasse mit ihr befreit ist und die Seligkeit von Nirvâna genießen kann. Dieses zur Erklärung eines Mahâtmâ.

Wenn nun ein solcher Mensch, ein Erlöster, aus dem gleichen Grund nicht ins Nirvâna einzugehen beabsichtigt, sondern in niederen Welten und in *unsichtbarer Gestalt* den Fortschritt der Menschheit aus Barmherzigkeit weiterfördern will, so nennt man diese: *Nirmanakaya*. Diese verhüten manches Unglück, namentlich bei würdigen Menschenseelen, was insbesondere bei Kindern zu Tage treten pflegt. Ist ein Kind z. B. aus einem Fenster gefallen und unverletzt geblieben, so sagt man: des Kindes Engel hat es beschützt.

Lasst uns darum würdig sein, unserem Helfer in der Not anrufen zu können, vor dem wir rein erscheinen müssen und durch

Heuchelei nichts bezwecken werden. —

Sicherlich werden verschiedene Interessenten bei Eingehung dieser Studien gedacht haben, dass man bei Erlernung des Okkultismus alsbald ein Roger Bacon oder ein Graf St. Germain werden könne und haben zweifellos Okkultismus mit Hexerei verwechselt. Nun, diese Kandidaten für „Weisheit und Macht" werden eines Besseren belehrt worden sein und sich keineswegs mehr kopfüber in die Arme der „schwarzen Magie" stürzen wollen.

Frau H. P. Blavatsky sagt hierüber:

„Aber was liegt daran? — Die Voodoos und Dugpas essen, trinken und sind über Haufen von Opfern ihrer infernalischen Künste lustig. Und gerade so machen es die liebenswürdigen Vivisektoren und die diplomierten Hypnotiseure der medizinischen Fakultäten. Der einzige Unterschied zwischen diesen zwei Klassen ist nur der, dass die Voodoos und Dugpas bewusste die Vivisektoren und Hypnotiseure aber unbewusste Zauberer sind. Und weil beide die Früchte ihrer Arbeiten und Errungenschaften einheimsen müssen, deshalb sollten dem weltlichen Praktikanten seine Strafen nicht ohne den Genuss und die Freude, welche sie aus ihrer Tätigkeit gewinnen mögen, zuteilwerden. Denn ich wiederhole nochmals, das Hypnotismus und Vivisektion, so wie sie in solchen Schulen praktiziert werden, nichts als reine Zauberei sind minus die Wissenschaft, welcher sich die Dugpas und Voodoos erfreuen, und die von keinem Hypnotiseur selbst durch 50-jähriges mühevolles Studium und Beobachtung erlangt werden kann —"

Es wird aus dem Angedeuteten unzweifelhaft hervorgegangen sein, dass behufs Verwirklichung eines höheren Ideals auch eine andere Lebensweise notwendig sein muss, als wir solche bisher aus Angewohnheit geführt und gehuldigt haben.

Unsere Selbsterkenntnis soll aus dem Leben Religion machen und die Gesinnung des Menschen so gestalten, dass jeder Gedanke, jeder Wille, jede Handlung des Bewusstseins der Zusammengehörigkeit mit Gott entspricht und entspringt. Dieses Streben nach Vollendung umfasst das letzte Gebot der Theosophie: mit allem Denken, Wollen und Handeln auf eigenen Füßen zu stehen, in jeder Beziehung zur Selbständigkeit heranzureifen und den höchsten Grad der Selbstbestimmung zu erreichen!

Haus und Schule dagegen geht mit ihren Bildungsgrundsätzen darauf hinaus, den aufwachsenden Menschen zu einem Kampf ums Dasein fest und hart zu machen, als sei das ganze Leben nichts weiter als ein Kampf aller Menschen gegen alle Menschen. Betrachten wir diese Erziehung theosophisch, so erkennen wir darin nur die Ausprägung des Tierverstandes, der seine höchste Vollendung in der Wahrnehmung aller persönlichen Vorteile findet.

Das Tier im Menschen hört da auf, wo das Gemüt, Wohlwollen und Religion, das Streben nach dem Göttlichen beginnt. Mit dem Gemüt beginnt der wirkliche Mensch. Gemüt ist aktives Mitgefühl; Mitgefühl ist der Weg zur Liebe, und die Erziehung zur Liebe ist theosophische Erziehung.

Junge Flegel, die sich im Garten ihrer Eltern oder von Verwandten im Katzen- oder Spatzenschießen üben, sind schon in ihrer Erziehung verroht; zwar vermag man nichts dagegen zu tun, aber nur deren Lebensweg späterhin ein wenig zu verfolgen, um zu sehen, was aus diesen Sportjüngern geworden ist. Ein Jäger, der den Rehbock durch den Pfiff auf einer Pfeife, welche die Stimme des Rehes nachahmt, belügt, besitzt kein Gemüt. Er schlachtet das arglose Tier, welches sich bei der Stimme des weiblichen Tieres eine freudige Begegnung verspricht, einfach durch einen Druck auf die gutgearbeitete Büchse ab.

Wer bei einer derartigen Materialisierung und den bekannten Entartungen der Jagd in rohes Morden noch von der Menschenwürde eines edlen Vergnügens sprechen kann, wie man das Waidwerk zu bezeichnen pflegt, dessen Wiege stand wohl nicht weit von einem Schlachthaus. Und wenn Rene Descartes vor einigen 100 Jahren den ungeheuerlichen Gedanken hat aussprechen können, dass Tiere fühllose Maschinen seien, über die ein Mensch jedes Recht besitzt, so ist er trotz Mitbegründer der modernen Philosophie aber in Hinsicht jeder Rechtabsprechung des Tieres einem Schlachtergesellen nicht ganz unähnlich. Denn durch seine Ansicht war die Tierquälerei wissenschaftlich begründet, die heute in der Vivisektion ihren teuflischen Höhepunkt erreicht hat.

Die Journale der Vivisektion enthalten meistenteils auch nur Arbeiten, die die Öffentlichkeit scheuen werden und welche mit gänzlich zwecklosen Schmerzen menschenverwandter Wesen erkauft sind. Forschungen werden dadurch nicht gefördert, sondern nur Tiere gequält, und aus einem jungen Tierquäler wird später nur ein Menschenquäler, der mit innerer Wollust zum Messer und zur Sonde greift, anstatt mit Nachdenken für Erhaltung der Glieder zu sorgen. Früher gössen Ärzte sogar kochendes Öl in frische Schusswunden, und ebenso wie ein moderner Arzt an solche Radikalkur nicht mehr denken wird, müsste auch die Vivisektion schon längst ein überwundener Standpunkt sein.

Ist unser Gemüt soweit entwickelt, dass wir die Rechte des Tieres gleichfalls zu wahren suchen, so werden wir auch das einfache mosaische Gottesgebot: „Du sollst nicht töten!" verstanden haben und damit von der anerzogenen Fleischnahrung mehr und mehr zur Pflanzennahrung ganz von selber übergehen.

Demnach wird auch eine Betrachtung darüber überflüssig sein, inwiefern Tierkadaver zur Ernährung gesitteter Menschen nötig seien. Ein gesitteter Mensch bedarf weder Tierfleisch, Alkohol noch Tabak, während ihm die Produkte des Pflanzenreichs, ferner Eier, Milch, Butter und Käse im gesunden wie im kranken Zustand die allerbeste Nahrung liefern, und je besser er diese Mittel zubereitet, desto vorzüglicher werden sie ihm munden und nützen.

Das Schlachtergewerbe mag mit allem, was dazu gehört, allmählich wieder verschwinden, es gibt dafür edlere Gewerbe genug, die zum Wohle der Menschheit eher beitragen, als das Schlachterhandwerk; dieses existiert nur vom Tiermord und vermehrt die allgemeine Blutschuld, unter der das Menschengeschlecht im Gesamt zu leiden hat.

Solche Gewerbetreibende und eine große Menge Menschen mögen nun an sich ganz gute Leute sein, die ihre bisherige Existenz und Anschauungsweise nicht so ohne Weiteres über Bord zu werfen vermögen, darum redete ich von einem allmählichen Verschwinden dieser Nahrungslieferanten und Konsumenten.

Schlimmer und falsche Propheten sind dagegen diejenigen, die das Gebot: „Du sollst nicht töten!" umdrehen oder so hinstellen, als sei dieser „Tiermord" die harmloseste Notwendigkeit von der Welt.

Ein Schlachtergeselle kann darum — durch Zwang, falsche Anschauungsweise oder einen anderen Umstand in dieses Gewerbe hineinversetzt — ein besserer Mensch sein, als derjenige, der für die Existenz dieses Handwerks eintritt; bei einem der letzten Art möchte ich weder übernachten noch in Händel geraten.

Ferner, wer von Tiermord oder irgendwelcher Beteiligung daran Abstand nimmt, der wird gleichfalls keinerlei Menschenmord mehr wollen; Krieg, Hinrichtungen und gleich zum Messer greifende Ärzte werden ihm ein Gräuel sein.

Ein besseres Zeitalter beginnt erst mit der allgemeinen Gewohnheit, vegetarisch zu leben.

Buddha sagt: So, wie eine Mutter mit Gefahr des eigenen Lebens ihren Sohn, ihren einzigen Sohn, beschützt, so soll der, welcher die Wahrheit erkannt hat, grenzenlose Güte üben gegen alle Geschöpfe.

Fleischgenuss bedingt alkoholische Würzen und ist Freund von Nikotin, während ein Vegetarianer hiernach weniger Verlangen trägt, weil seine Nahrung solcher Würzen nicht bedarf. Wenn nun Antialkoholiker die Folgen von Trunksucht bekämpfen wollen, so verstehe ich nicht recht, weshalb sie diesem Übel nicht noch besser zu Leibe rücken und als edlere Menschen, die sie doch sein wollen, nicht gleich Vegetarianer werden. Sie essen vor wie nach Fleischspeisen und das Trinken behalten sie auch bei, letzteres hingegen in anderer Form, während ein Vegetarianer weder ein Fresser noch ein Säufer sein kann und Mäßigkeit in jeder Richtung auf sein Schild erhoben hat.

Der Genuss toter Tiere trägt ungemein zur Krankheitsverbreitung bei und es ist ein großer Irrtum, dass gerade Fleisch mehr als alles andere in der Welt unseren Körper kräftigen soll.

Unsere Pferde fressen nur Hafer, das Rind, der Hirsch, das Schaf usw. meistenteils nur Gras, der Elefant lebt von Reis, der Affe von Nüssen; so kann sich der Mensch wenigstens nur insofern hieran ein Beispiel nehmen, dass er gleichfalls mit einer einfacheren Kost auszukommen vermag. Aber je mehr Bedürfnisse, je größere Sorgen um das tägliche Brot und ständig weiteres Entfernen von Gott, zu dem sich doch jeder Mensch mehr oder weniger hingezogen fühlt. Tiere sind genügsam, während der Mensch heutzutage ungenügsam ist, erjagt alles durch den Magen und wundert sich schier darüber, dass nichts mehr verschlägt. An Tieren verzehrt er alles: Austern, Frösche bis hinauf zum Elefanten und hat es schon dahingebracht, dass das Durchschnittsalter seines Geschlechts laut Mortalitätstabellen der Lebensversicherungen nur noch 51 Jahre beträgt.

Unsere Lebensbedingungen verschärfen sich tagtäglich mehr, vor dem 30. Lebensjahre ist es nicht ratsam zu heiraten und mancher vermag seinen eigenen Herd erst noch später zu gründen, was bleibt dann bei immer düsterer werdenden Aussicht noch über? — Was soll denn der vernünftige Mensch tun, will er nicht wie andere Menschen blind in den Tag hineinleben?

Das Nächste, was uns belehren kann, muss bei diesem rapiden Fallen das Beste sein. Das dümmste Tier weiß nun z. B. ganz genau, welche Nahrung es bedarf, während der klügste Mensch nicht weiß, welche Nahrung ihm die geeignetste ist. Streit hat Rechthaberei im Gefolge, und darauf darf man sich nicht verlassen; je größer die Reklame, umso schlechter die Ware. Aber wen der Herr strafen will, den schlägt er mit Blindheit; uns scheint es so auf Erden zu ergehen, darum Augen auf, damit uns Beispiele als Fingerzeige Gottes nicht verloren gehen.

Wir wissen, dass uns dasjenige, was wir mögen, auch bekommt, und alles das, was wir nicht mögen, nicht bekommt; ziehen wir hiervon alle Fleischspeisen ab und handeln hiernach, so haben wir ganz gewiss das Richtigste getroffen.

Dieses Exempel muss sich jeder Okkultist oder anstrebende Theosoph selber ausrechnen, obgleich ich etliche gute und kräftigende vegetarische Speisen schon erwähnt habe und es deren eine ganze Menge noch gibt. Mögen höhere geistige Lebensweisen und diesbezügliche Wissenschaften auch noch so viel verlacht, verhöhnt und einzuführen erschwert werden, ein Okkultist wird sich deshalb nicht beirren lassen und seine Perlen zu hüten wissen. Anderseits hat er das erlangte Wissen nicht bloß um seiner selbst willen erstrebt, sondern doch vor allem, damit es der Menschheit dienen solle auf ihren Wegen aufwärts. Und daraus erwachsen überhaupt allen Hütern des Wissens heilige Aufgaben, mit denen man sich nicht im Studierzimmer unter Bücherstaub vergraben, sondern hinaustreten soll in den freien Odem des Lebens. Hier gilt das Wort von dem Licht, dass man nicht unter den Scheffel stellen soll. Brennen soll es, wärmend und erleuchtend nicht bloß für den, der es sein eigen nennt, sondern für die ganze Menschheit.

Aus einem Zeitungsartikel ersehe ich, dass in Madrid aus einem bakteriologischen Institut 47 Kaninchen gestohlen seien, welche mit den furchtbarsten Krankheitsgiften: den Mikroben der Tollwut, des Typhus, der Pocken, der Tuberkulosis usw. geimpft waren, und ich denke, was dort geschehen, kann hier gleichfalls geschehen, aber ich beneide den Geschmack der Feinschmecker nicht. In den Jahren 1876—1892 sollen über 3000 Vergiftungsfälle durch verdorbenes Fleisch ärztlich beobachtet worden sein, wie viele andere Krankheitsfälle mögen noch außerdem hierdurch veranlasst worden sein, ohne dass die wahre Ursache geahnt werden konnte? Von Jahr zu Jahr mehrt sich erschreckend die ärztliche Statistik über Todesfälle durch Fäulnisgift und die Anklage gegen alle jene Menschen, welche aus Habsucht, Geiz oder Leichtsinn in Zersetzung übergegangene Fleischspeisen noch verkaufen oder genießen lassen, verschärft sich mehr und mehr, indem die Gesetze umgangen und die Dummen ständig betrogen werden. Wer zu dieser Kategorie (in Bezug der Nahrungsmittel) nicht gehören will, kann sich leicht davon ausschließen, denn der Wille ist mächtig und stark! Finden wir z. B., dass eine Nahrung schlecht aussieht, schlecht riecht und schmeckt, sich nicht weich genug oder heiß anfühlt, wenn man sogar das klägliche Geschrei des Tieres hört, das geschlachtet werden soll, so ist das eine Nahrung, die nicht für uns bestimmt ist, mag trotzdem auch die Wissenschaft ellenlange chemische Tabellen über ihren Nährwert aufstellen.

Was inbetreff der „Lebensweise" nicht unerwähnt bleiben dürfte, wäre die üppig wuchernde und zunehmende Vergnügungssucht, sowie das Überhandnehmen sogenannter Vereinsfestlichkeiten. Mancher Geschäftsmann ist gezwungen, will er bessere Geschäfte erzielen, die alberne Vereinsmeierei mitzumachen. Ganz natürlich lernt die heranwachsende Jugend den Ernst des Lebens und damit die Ausbildung edlerer Ideen nicht mehr kennen. Was nützt wohl manchem jungen Manne seine elterliche Erziehung, die Mühen und die Kosten? Was die riesigen Auslagen in den Volksschulen zur Heranbildung eines strebsamen, charakterfesten Geschlechts, wenn bald darauf in den gefährlichen höheren Jugendjahren allerorts die verderblichste Gegenarbeit in dem Vergnügungsrummel zur dauernden Einrichtung gemacht ist! Abgesehen von den Sonnabend-Abenden und Sonntagen vergeht kaum ein Tag mehr, wo nicht dieser oder jener Verein auch noch seine Feste feiert. Behördlicherseits mag dies insofern ganz gern gesehen werden, indem eine sogenannte Vergnügungssteuer als willkommener Beitrag zur Steuerkasse dienen muss, — oder soll diese Vergnügungssteuer gar ein Bekämpfungsmittel gegen Vergnügungswut sein?

Ich bedaure die armen Kinder, welche bei vergnügungssüchtigen Eltern geboren worden sind, es ist zwar ihr Karma, das ihnen diese matt übergetünchte Strafe zu teil werden ließ; kommen diese Kinder aber nicht früher oder später zu einer besseren Einsicht, zu ihrem höheren Selbst, dann lebten sie abermals ein Leben vergebens. „Lustig gelebt und selig gestorben" ist nur ein wohlfeiles Billet, mit dem man in Ewigkeit nicht weit kommen kann.

Das Abbild irgendeiner glücklichen Kindheit wirkt auf mich erwärmend, der Kinder Karma prägt sich darin schon ersichtlich aus, deren Eltern werden auch so veranlagt sein, dass sie für eine gute Erziehung Sorge tragen, und sollten solche Kinder dann späterhin aus der Art schlagen durch Verlockungen zu vielerlei Vergnügen, so untergraben sie damit blindlings ihre eigene Zukunft selber. Die Hauptschuld wird zwar das böse Beispiel, die Verleitung und die ständige Anregung hierbei tragen, ohne als schuldiger Teil zur Rechenschaft gezogen werden zu können.

Ein Haus, worin keine Kinder sind, ist wie ein Nest ohne Vögel, und dennoch ist es noch nicht so trübe darin, als in einem solchen, wo die kleine Schar wegen des Lärms und der Unruhe, die sie verursacht m den Hintergrund geschoben, auf ihre Behaglichkeit und ihr Vergnügen keine Rücksicht genommen wird. Es ist eine heilige Pflicht der Eltern, dass sie den eigenen Kindern ihre Heimat glücklich gestalten, wie auch die Prüfungen des Lebens an uns herantreten mögen, die Erinnerung an eine glückliche Kindheit lässt die Hoffnung auf bessere Tage nie ganz schwinden. Ist dagegen die erste Jugend trübe und mag ein gütiges Geschick auch später genug Licht und Freude senden, dem Leben ist doch der Schmelz genommen, jener Blütenstaub, der, einmal verwischt, durch nichts zurückzubringen ist. Ein Kindergemüt ist wie weiches Wachs, das jeden Eindruck aufnimmt, denselben aber für das spätere Leben bewahrt, als ob er in Erz gegraben wäre.

Natürlich sollen Kinder weder verwöhnt noch verzogen werden, in welcher Hinsicht die Elternliebe oft zu nachsichtig ist und damit später die Macht gänzlich aus der Hand gegeben haben; Strenge mit Milde gepaart wird das Richtigste sein. Können Kinder etwas nicht abwarten, so müssen sie eben warten lernen; fangen sie irgendeine Arbeit an, so dürfen sie dieselbe nicht gleich wieder beiseite werfen und etwas Neues ergreifen. Die Geduld ist ein Hauptpfeiler bei der Erziehung von Kindern, nicht nur bei diesen, sondern auch bei den Eltern; diese kostbare Eigenschaft gebraucht jeder Mensch vom Eintritt ins Leben bis zur letzten Stunde und da niemand ohne Geduld auszukommen vermag, so wäre es empfindlicher und schwer, wenn sie uns erst in späteren Jahren durch das Leben selbst aufgenötigt werden würde.

Über die Frage, was unsere Kinder werden sollen, ließ sich auch ein Hühnchen pflücken, denn hierbei tritt der Elternverstand krasser zutage, als bei jeder anderen Sache. Da lernt man Eltern kennen, die knapp ihr Auskommen haben, aber ihre Jungens müssen das Gymnasium besuchen, weil doch andere Leute ihre Knaben auch dahin schicken! Die Elternliebe tut hier zu viel und der beste Wille der Welt handelt verkehrt, ja, fast strafwürdig. Kommen diese Kinder späterhin in andere Lebenslagen, so nutzt ihnen ihre höhere Bildung gar oft nur wenig; sie können mit ihren Kameraden nicht so mittun und wollen sie sich nicht von allem ausschließen, so geraten sie in Schulden, in Misskredit und Nachteil; die alt gewordenen Eltern können nicht mehr helfen, werden von eigenen Kindern beschuldigt, dass sie es waren, die ihren Kindern die unhaltbare Lage verschafften und das papierene Haus schöner Illusion fällt zusammen.

Viele Eltern — ohne Bildung — schicken ihre Kinder nur deshalb in eine höhere Schule, weil sie es sich leisten können und bauen unbewusst dadurch eine Mauer zwischen sich und ihren Kindern. Die Mädchenerziehung, namentlich in großen Städten, hat auch einen eigentümlichen Anstrich bekommen, denn die Mädchen werden förmlich so erzogen, als hätte man sich darauf verschworen, sie zu möglichst untüchtigen und unnützen Geschöpfen heranzubilden. Es wird nichts versäumt, was ihre geistige Frische, ihre gesunden Instinkte, ihre Vernunft und ihre Gesundheit untergraben kann. Körperliche Arbeit, die Geist und Körper stählt und Schönheit verleiht, wird ihnen untersagt; dafür drillt man sie mit der sogenannten Bildung, lähmt und verwirrt damit ihren Geist und führt sie völliger Borniertheit in die Arme. Kein Mann, der sich genügend Wind um die Ohren hat wehen lassen, das heißt, der die Welt kennen gelernt hat und nun beabsichtigt, sein eigenes Heim zu gründen, wird ein Mädchen zur Frau nehmen, die das Nachplappern einiger fremder Sprachen, etwas Klavierspiel, Deklamieren, Singen, Tanzen, Radfahren und sonstigen Sport betreibt und als „Bildung" in sich aufgenommen hat. Alles, was als unnatürlich dem Mann schädlich, ist der Frau dreimal schädlich. Vor allem: Alkohol, Vergnügungshetze und Bildungs-Fusel. Gerade die armselige Verstandes-Bildung und Gedächtnis-Dressur ist dem weiblichen Naturell ungemein nachteilig und erstickt alle die tiefen gewaltigen Gaben, die der gesunden Frau von Natur eigen sind: Gemüt, Herzlichkeit, Instinkt, Mutterwitz und Vernunft. Diese okkulten und unerschöpflichen Kräfte können durch den eitlen Wissensplunder niemals ersetzt, wohl aber getötet werden.

Ein heiratsfähiges Mädchen, eine zukünftige Hausfrau, muss gelernt haben, eine vernünftige Speise selber zu kochen, sie darf sich nicht scheuen, an Wäsche und Kleider Reparaturen vorzunehmen und das Heim eigenhändig sauber und rein zu halten. Kommt sie in die Lage, besser gestellt zu sein und Dienstboten halten zu können, so werden ihre praktischen Kenntnisse in dieser Beziehung ebenfalls wertvoll sein; und eine solche Frau, die ihren Posten in jeder Weise voll und ganz auszufüllen versteht, passt in die Welt, verdient Achtung und Ehrerbietung und weiß durch eigene Klugheit manches zu erreichen, was der Ungestüm des Mannes nicht zu erlangen vermochte.

Im Laufe der Jahre, in meinem Gewerbe, oder als Vormund und in anderer Weise, habe ich vielfach Gelegenheit gehabt, Frauen zu studieren, und zwar auf Grund meiner Anschauung, dass deren Geschlecht auch das meinige im nächstfolgenden Leben sein könnte. So nahm ich in mir auf, dass Kummer und Elend namentlich da zur Tagesordnung gehörten, wo die Frau keine Hausfrau war. Dagegen herrschte bei einer tüchtigen Frau Ordnung im Hause, und da dieses haushalten hilft, geht es in einer solchen Wirtschaft auch nicht verkehrt und durcheinander. Eine solche Frau weiß mit besonderer Gewandtheit, Schnelligkeit und Scharfsinn die Lage aller derer zu erkennen, mit denen sie zusammenkommt; sie dringt in die kleinsten Motive ein und zeigt in dieser Beziehung dem Manne gegenüber eine Klugheit, durch welche sie denselben zur Bewunderung anregt und an sich fesselt. Diese Sphäre ist dem Mann zu entfernt, als dass er mit der Frau in derselben wetteifern könnte, er muss dieser hierin den Vorrang zugestehen und wird oft, wenn er von seinen weiten Spekulationen sich erholen will, in der Unterhaltung mit Frauen durch die ruhige und richtige Beurteilung des Lebens ergötzt, erfreut und belehrt.

In Bezug der Fehler, welche ebenso gut bei einer Frau wie bei einem Manne zu finden sind, möchte ich hier für junge Eheleute oder alle Menschen, die mit einander in Gemeinschaft leben, den Spruch Rückerts rezitieren;

„Wir werden beide manchmal fehlen,

D'rum lerne zu verzeih'n mein Kind,

Und lass uns beide nicht verhelen,

Dass wir auch beide Menschen sind!"

In der Ehe fühlt sich der Mann als Herr und Gebieter, aber seiner Frau räumt er deren Reich unumschränkt ein, diese darf ihre Ehe nicht als ein Schäferleben betrachten, und indem jeder für sich arbeitet und schafft, sind beide in Liebe trotzdem innig vereint. Dieses Band darf nicht lose gewebt sein, dass es bei erster bester Gelegenheit wieder zerreißt. Eigentümliche Ehen werden oft in höheren Ständen geführt, wo Gatte und Gattin ihre besonderen Appartements besitzen und sich wenig um einander bekümmern, wenn nur ihre Reputation nach außen hin gewahrt bleibt.

In einem glücklichen Familienheim ist Frohsinn und Heiterkeit zu Hause, das Leben bekommt hier einen anderen Anstrich, und innerlich erwärmt verlässt der Besucher solche Leute. Leben Eheleute nicht in Frieden, so merkt der Fremde es sehr bald und geht schneller fort als er kam.

Mutterpflichten sind schwere aber schöne Pflichten und der Mann hat hier seiner Liebe zu seiner Frau am ersten zu gedenken, indem er vielleicht eine Weile nicht ganz seiner Gewohnheit leben kann. Da wartet die junge Mutter voll Sehnsucht neun lange Monate auf das freudige Ereignis in „ihrer Familie", auf den Tag, an dem sie zum ersten Male ihr erstes, kleines, zappeliges, rosiges Kindchen im Arme halten darf, an dem sie dieses liebe Geschöpfchen mit berechtigtem Mutterstolz an ihr Herz drücken wird. Das Kind darf seitens der Mutter aber keineswegs nur als nettes Spielzeug betrachtet werden, das man sich zwei- oder dreimal täglich zeigen lässt, für hübsche Kleidchen sorgt und es im Übrigen einer Amme überlässt.

Ammen halte ich meistenteils für leichtsinnige Geschöpfe, die für ihr eigenes Kind selten viel Gefühl haben, es oft nur als Mittel zum Zweck betrachten und es irgendeiner Fremden, wenn sie nur billig ist, überlassen. Sie suchen aber selber einen guten Posten zu bekommen, wo sie anstatt karger Armutskost wohl gefüllte Schüsseln vorfinden, nicht geärgert werden dürfen, ungestört schlafen können und am Tage mit dem Kinde spazieren und in die frische Luft geschickt werden. Tritt sie in frühere Lebensverhältnisse zurück, so wird sie die Gelegenheit wahrnehmen, am das soeben geschilderte Schlaraffendasein bald wieder aufnehmen zu können. Gewiss, Ammen können auch aus einigen anderen natürlichen Gründen zu diesem Verdienste gegriffen haben, sind notwendig und existenzberechtigt, aber kann eine junge Mutter ihr Kind nur irgendwie selber säugen, dann wäre es im höchsten Grade tadelnswert, wollte sie ihr Kind einer Fremden überlassen und damit bekunden, dass ihre eigene äußere Persönlichkeit höher steht, als ihr eigen Kind. Nach meiner Überzeugung gedeiht ein Kind nur durch eigene Sorgfalt und Pflege; mit der Muttermilch trinkt es die Liebe, lauter süße, heilige Mutterliebe, die den Keim in ihm legen soll zu einem guten, sittlichen, edlen Menschen, zur Liebe für die Angehörigen, zur Liebe für die ganze Menschheit.

So wie wir von unseren Eltern das Temperament geerbt, die Gewissenhaftigkeit, die Schüchternheit, das Selbstbewusstsein, ebenso wie wir ihre Natur, ihren Vorderarm oder ihre Handspanne geerbt haben. Außerdem vererben sich körperliche Eigenschaften in der Hauptsache beim Menschen in der gleichen Weise wie bei den niederen Lebensformen.

Ist dieses (nach Professor Karl Pearson) nicht zu bestreiten, so vererben sich auch Genialität, Rechtschaffenheit, hervorragende Begabung, und können durch die Familie, durch die weitere Umgebung, durch die Fürsorge einer guten Schule oder durch wohl ausgestattete Institute weiter gefördert werden, *aber ihr Ursprung ist angeboren* und kann weder geschaffen noch anerzogen werden.

Schwärmt nun eine junge Mutter mehr für Bälle, Theater, Vergnügungen und dergl. und betrachtet die Pflege ihres Kindes nur als ein notwendiges Übel, so darf sie sich keineswegs wundern, dass ihre groß gewordene Tochter sich schon frühzeitig in den Strudel von Lustbarkeiten stürzen wird, oder ihr Sohn ebenfalls für *„das Leben zu genießen"* schwärmt. Die Folgen bleiben nie aus und mag sich jeder selber skizzieren; Vormünder werden in Deutschland hierüber Erfahrungen gesammelt haben.

Für eine gesunde, kräftige Frau bringt die Erfüllung der Mutterpflicht aber durchaus keine Entsagung mit sich, denn in Wirklichkeit ist die Mutterpflicht an und für sich der höchste und der reinste Genuss, den Gott im Herzen einer Mutter keimen lässt.

Wie jedes Zuviel in der Welt aber wiederum unangenehme Folgen mit sich bringt, so ist ein reicher Kindersegen kein Segen, namentlich in Familien, wo der Groschen zweimal umgewandt werden muss, ehe er ausgegeben werden darf. In einer Ehe sollten Mann und Frau an sich selber genug haben und wollen sie Kinder, so sollten zwei Kinder genügen; ein Riegel an der Tür, wodurch aufdringliche Gäste, Kummer und Sorge geheißen, so gern und oft hereinzuschlüpfen pflegen.

Ich habe schon im vorigen Brief darauf hingedeutet, inwiefern Eheleute an sich und in sich schon selber alles mitbekommen haben, was ihr Heim mit dem beneidenswerten Glorienscheine der Eintracht und Zufriedenheit erfüllt, wollten sie nur die Augen ein wenig anstrengen, sehen und verstehen lernen.

Wenn die Anschauungen inbetreff der Ehe erst dahin gelangt sein werden, dass die Ehe ein Sakrament ist und der Zeugungsakt nur aus innigster Liebe zu einander und bei vollkommenster Gesundheit geschieht, so wird ein gesunder Nachkomme wohlbehalten auf dieser Ebene wieder anlangen, um seine Weiterentwicklung, sein Studium für eine höhere Ebene wieder aufnehmen zu können.

Ist ein zweites Kind dann geboren, so wäre es praktisch für den Mann, dass er sich gleichzeitig an die Brüste seiner Frau legte und vielleicht einmal jeden Tag trinkt, — ja, die Milch seiner Frau trinkt, damit sein Blut sich mit dem Blute seiner Frau ausgleiche und der fernere Geschlechtsakt für beide Teile keinerlei üble Folgen mit sich bringe. Sicherer und noch besser würde dieses sein, den Genuss erhöhen und das Wohlbefinden beider Ehegatten zur Folge haben, wenn sich der Mann, nachdem seine Frau das zweite Kind erwarten dürfte, seine Brüste ebenfalls entwickeln ließe und nachdem dieses geschehen, beide Ehegatten gegenseitig die Brust nehmen würden.

Sind Kinder in einer Ehe vorhanden, so sorge man möglichst dafür, dass dieselben allein im Bette schlafen. Lässt man z. B. ein Kind bei einer älteren Person schlafen, so findet während der Nacht durch die Haut bei beiden Körpern ein Austausch von Stoffen (natürlich in unsichtbarer Gasform) statt. Das Kind hat nur Gutes zu geben, und die neben ihm liegende Person wird demgemäß am Morgen frisch und heiter sein und sich ungemein gekräftigt fühlen. Die Abgabe dieser Lebenskraftstoffe seitens des Kindes aber und der Umstand, dass dasselbe von dem neben ihm liegenden Körper nicht nur keinen Ersatz, sondern sogar noch schlechte Stoffe zugeführt bekommt, haben zur Folge, dass das Kind beim Erwachen matt und abgeschlagen ist und zu gar nichts Lust hat. Wird die schädigende Ursache nicht gemieden, und meist wird sie es nicht, da die Eltern an das Bestehen einer solchen ja gar nicht denken, so wird der kindliche Organismus ungemein geschädigt und in seiner Entwicklung gehemmt. Bleiches Aussehen, matte Gesichtszüge und unnatürliche nervöse Reizbarkeit sowie als Folge davon ein merkliches Zurückbleiben in der körperlichen und geistigen Entwicklung sind nur zu häufig die Folgen davon, dass man Kinder nicht allein schlafen lässt.

Lehrer sind im Durchschnitt gesund, weil sie viel bei Kindern sind. Steckt Krankheit an, so muss Gesundheit auch anstecken!

Dass zwei nebeneinanderliegende Körper ihre Eigenschaften wirklich gegenseitig austauschen, können wir auch an leblosen Gegenständen beobachten. Legt man z. B. ein kaltes Stück Eisen neben ein heißes, so kann man in ganz kurzer Zeit bemerken, dass das heiße Stück Eisen kälter geworden ist, also von seiner Wärme abgegeben und dafür von der Kälte des anderen Stückes etwas eingetauscht hat, während das kalte Eisen wärmer geworden ist. Dasselbe Verhältnis führte auch zur Herstellung der Wärmflaschen.

Ist die Gesunderhaltung in der Ehe nun eine allgemeine Familienpflicht, der sich jeder unterwirft und nachkommt, so gut er es vermag, so hat die Erreichung dieses Zweckes auch ein langes Leben zur Folge. Ein gesunder und vernünftiger Mensch will nicht in seinen besten Jahren, von dieser Bildfläche verschwinden, er will alt werden. Ach, und das sind schöne Worte: „Unser Leben währet 70 Jahre und wenn es hoch kommt 80 . . . .", aber dieses Exempel stimmt nicht, oder dieses Resultat kann nicht stimmen, niemals, noch dazu heutigen Tages alte Leute wenig Verlockendes darbieten.

Wer natürlich annimmt, dass jedem Geschöpf dieses Ziel gesetzt sei, weil es so in der Bibel steht, schneidet mit diesem Glauben auch seine Lebensdauer ab. Indem ich wiederholt Aussprüche aus der Bibel rezitiert habe und sie keineswegs verachte, so will ich doch noch erwähnen, dass dieselbe mit all' ihren Allegorien, welche darin zu finden sind, in unvollkommener Weise hauptsächlich nur die religiöse Wissenschaft der Hebräer ausdrückt. Galt damals das Durchschnittsalter 70, 80 oder 90 Jahre, so kann man es heutzutage wohl fast auf die Hälfte reduzieren. Wer danach lebt, kommt über das Durchschnittsalter hinaus und außerdem kommen noch Einzelindividuen mit einem sehr hohen Alter vor.

Z. B. wurde der Abt Johann Baldeck 185 Jahre alt (1348); im Jahre 1566 starb in Indien ein Mann mit Namen Nunis de Cugna, welcher 370 Jahre alt geworden ist; in Saint-Beal starb 1838 Marie Priou im Alter von 158 Jahren und neuerdings könnte man noch einige 100 jährige da hinzurechnen, wenn diese in Betracht gezogen werden müssten. Den Rekord soll hierin natürlich der selige Methusalem mit 969 Jahren gemacht haben. Ferner gibt es junge Leute, die ungemein alt, und alte Leute, die noch jung aussehen. Wer heutigen Tages bei gewohnter Lebensweise alt werden will, muss doch wohl sein Tun und Treiben ändern, denn unsere ganze Lebensweise ist nur darnach angetan, das erreichbare Durchschnittsalter noch mehr zu verringern.

Meine Großeltern lebten einfach, mäßig und regelmäßig und erreichten ein Alter von achtzig und einigen Jahren; ob ich so alt werde, kann ich weder vermuten noch aussprechen. Es liegen Wendepunkte in meinem Leben hinter mir, in denen ich mir den Tod gewünscht habe; vielfach schwebte ich in Todesgefahr und kam nicht darin um Dann warf ich den ganzen Plunder anerzogener und eingeimpfter Anschauungen über Bord, wollte an nichts mehr glauben und an nichts mehr denken, ich hatte mit der Gegenwart zu kämpfen. Hier in diesem Zustande lernte ich dann die bisher vorgetragene Anschauungsweise, Glauben, Einsicht, Hebung des besseren Selbstes oder wie ich es nennen soll, kennen und bin den unsichtbaren Helfern, wie Gott dankbar, dass sich meiner angenommen wurde. Eine gänzliche Umwandlung in mir hatte zur Folge, dass ich den eigentlichen Lebenszweck kennen lernte und dass es hierbei vorteilhafter sei, wenn man diesen Zweck bis in ein hohes Alter hinein streng befolge. Gewiss darf das memento mori nicht außer Acht gelassen werden, aber ich habe die Überzeugung gewonnen, dass der Mensch als das höchstentwickelte Geschöpf auf Erden auch das höchste Alter erreichen kann. Können Tiere und Bäume älter werden, als man anzunehmen pflegt, so muss der Mensch in dieser Beziehung doch mit ihnen Schritt halten können!

Auf Ceylon gibt es den heiligen *dô*, ein Feigenbaum, der 288 v. Chr. gepflanzt worden ist, und in Australien sind Bäume gefällt worden, die einige 1000 Jahresringe aufwiesen und einer sogar mit 4000 Jahresringen!

Was der Mensch erreichen kann und wozu er mittels okkulten Wissens fähig ist, habe ich schon gesagt und angedeutet. Ist die Ehe von Gott und der Natur gegeben, so soll sie keineswegs von Menschen missbraucht werden; Ehebrecher gehen meistenteils elend zugrunde, sie werden von einem höheren Richter gestraft; leben Eheleute nur so, damit ihren Lüsten Rechnung getragen werde, so werden Krankheiten nicht ausbleiben und durch eine größer werdende Kinderschar die Sorgen sich vermehren, was einen früheren Tod, als notwendig, zur Folge haben muss.

Die Übel in der Ehe würden sofort beseitigt sein, wenn beide Ehegatten für ein mäßiges und möglichst regelmäßiges Leben sorgen wollten; ich wiederhole daher: sind ein bis zwei Kinder vorhanden, so müssten beide Ehegatten sich gegenseitig an die Brust legen können und dadurch ihr Blut ausgleichen, wodurch stete Kräftigung und Erhaltung jugendlicher Frische beider erzielt würde und beide ein hohes Alter erreichen müssten. Alle Mixturen, Präparate, Lebenselixiere und dergleichen anderer Art kämen dieser einfachen Methode nicht gleich. Alle andere Milch von Tieren hat nicht die Wirkung wie Jungfrauen- oder Frauenmilch direkt vom Fass natürlich getrunken. Die Milch ist das Beste vom Blute und ein Universalserum unter der Gattung; Tiermilch ist nur für Tiere und keineswegs von der Natur als Nährmittel für Menschen erkoren.

Goethe sagt in seinen „Sprüchen in Prosa": „Einem alten Manne verdachte man, dass er sich immer mit jungen Frauenzimmern abgab. „Es ist", sagte er, „das einzigste Mittel, sich zu verjüngen und das will doch jedermann!" —

Junggesellen werden in der Regel nicht alt, Verheiratete erreichen meistenteils ein höheres Alter und würden sie so leben, wie ich hier angedeutet habe, so könnten sie mit 100 Jahren den 40 jährigen noch gleichgestellt werden, aber wer will den Anfang machen?

Ein langes Leben ist uns von Gott und der Natur beschieden,

aber es ist uns selber gegeben, diesen Wunsch nach ewiger Jugend gleichfalls erfüllen zu können, hierbei dürfen wir jedoch niemals den Glauben oder die Ansicht anderer Leute annehmen, dass das Leben, wie wir es zu sehen gewohnt sind, immer so gewesen ist — und immer so bleiben werde.

Bei Gott ist kein Ding unmöglich und daher mein Zutrauen auf seine Allmacht und Güte so groß, dass wir unser Leben selbst durch die Kraft der Vorstellung weit über die Grenzen des menschlichen Daseins verlängern können!

Diejenigen Eheleute, die wie geschildert leben, würden in Eintracht und Frieden ihre Tage dahinbringen, sich diesen Frieden nicht selber stören und einträchtiglich ihr jeweiliges Karma zu tragen wissen. Friedensstörungen irgendwelcher Art von außen würden hier nicht einzudringen vermögen und diese Familien dürften das Prädikat „glücklich" verdienen. Trachten wir also danach, jeden Tag außerdem so zu leben, als wäre es der letzte, der uns die Gelegenheit gäbe, unseren Angehörigen zu zeigen, wie lieb sie uns sind.

Indem ich dieses empfehle, weiß ich auch recht gut, wie schwer es ist, aber unser Wille ist stark und mächtig und diese Askese schön.

„Bei dem, was Gott will, da hilft die Seele mit!" sagt ein altindischer Spruch, und wenn man etwas ernstlich will, so fangen selbst die unüberwindbarsten Schwierigkeiten bald an, als einfache Schatten zu verschwinden.

„*Ich will!*" und nun mögen noch so viele Einwendungen gemacht werden, wie angängig, ich gehe meinen Weg, ich kann mich überhaupt nicht mehr beeinflussen lassen, strebe und lerne weiter.

Das geschilderte „Nirvânâ" ist jener Zustand eines Lebens, worin wir weder durch Tod noch Geburt in Leideform versetzt werden. Jenem entfernt liegenden Ziele müssen wir uns nähern, wollen wir ehrlich für Wahrheit und Klarheit eintreten und Gottes Ebenbild in der Tat sein. „Was nicht mit mir ist, ist wider mich, und wer nicht mit mir sammelt, der zerstreut", spricht Gott der Herr, und: „Was der Mensch säet, das wird er ernten". Der Mensch bestimmt sein Geschick selbst, er steigt oder sinkt je nach seinen Werken und Gedanken.

Im Lao-Tse, Tao-Te-King, Kap. 63, heißt es: „Sicher ist das Schwerste (die Besserung der Menschheit) auf der Welt erreichbar, wenn das Herz der Menschheit sich zum Guten gewendet hat, das Größte und Erhabenste der Welt wird sicher weniger durch Außendinge, als durch Geisteskraft vollbracht. Daher ist das höchste Ziel, der Endzweck des Weisen, nicht etwa das Große und Erhabene unmittelbar zu schaffen, — aber er vermag und kann und will die Menschheit hinführen zum Erfassen des Erhabenen und hierdurch zum Vollbringen und Vollenden des Großen und Edlen." —

Alles, was ich hier vorgetragen habe, habe ich durch esoterische Philosophie kennen gelernt und durch eigene Experimente und Erfahrungen befestigt; ich kann wahrheitsgemäß aussprechen, dass ich durch all' diese Lehren keinen Nachteil empfunden habe, und wenn ich somit meine Überzeugungen hier dargeboten habe, so steht es jedem, der bis hierher gefolgt ist, frei, das Vorgetragene in sich aufzunehmen und zu befestigen oder auch zu verwerfen, denn im Denken und Tun ist jedermann sein eigener Herr.

Bevor ich aber diese Briefe beschließe und auf sie zurückblicke, will ich noch einige Worte hinzutun, welche gewiss Anregung geben werden, den einen oder den anderen Brief nochmals in die Hand zu nehmen.

Über unserem Körper und unserem Geist steht unsere Seele, die beiden ersten benutzt sie als ihre Werkzeuge. Früher da glaubte ich auch einmal, ich bestände aus Körper und Intellekt und interessierte mich für Dinge, die meinen Körper affizierten.

Ich kannte die Menschen auch nie anders, als dass sie ihren Geist für ihren Meister hielten, denen es nie eingefallen ist, ihre eigenen Gedanken zu bemeistern oder das Gebiet ihres Intellekts so zu beherrschen, wie ihren physischen Körper.

Nachdem nun die Wissenschaft einer großen Wahrheit auf die Spur gekommen ist, sagt sie, dass Mikroben in das System des menschlichen Körpers eindringen und diese nun wieder hinauszuexpedieren sucht. Hierbei denke ich unwillkürlich an Käse und zwar im Zustande seiner Entwicklung, ich denke an die Raupe, die sich verpuppt und woraus ein prächtiger Schmetterling entsteht, ich denke an die Körper derjenigen, die heute begraben werden und an den beginnenden Verwesungsprozess.

Da nun in Wirklichkeit der ganze menschliche Körper aus lauter kleinen Lebewesen zusammengesetzt ist, von denen jedes einzelne Wesen seine eigene unabhängige Existenz führt, in den Körper hinein und aus demselben wieder heraustritt und während seiner Verbindung mit dem Körper den Stempel des Individuums empfängt, von dem es eine Zeit lang ein Teil bildet, so dringt auch eine neue Wahrheit oder vielmehr die alte in neuem Gewände in uns hinein und umso leichter, wenn wir Interesse dazu entgegenbringen, wie solches von Schülern und Lernbeflissenen in erster Linie anzunehmen ist.

Mag die merkwürdige esoterische Philosophie auch vielfach bestritten und ihr mit unhaltbaren Beweisen noch so oft zu Leibe gerückt werden, sie bleibt bestehen, sie kann nicht tot geschrien werden, sie ist lebensfähiger als alles andere und darum wert, eingehend studiert zu werden.

Geist und Körper sind eins und dürften demnach nicht getrennt werden, nach Professor Busch ist die Seele dagegen dasjenige Prinzip im Menschen, welches seine Persönlichkeit aufbaut. Und unter Psychologie versteht man — nach William Hamilton - diejenige Wissenschaft, die sich mit den Erscheinungen der Seele oder des bewussten Subjektes, des Selbstes oder „Ego" beschäftigt. Die Bestimmung der Seele ist, sich mehr und mehr von der materiellen Welt frei zu machen und dem höheren Leben anzugehören, von dem aus sie den Stoff beherrscht und nicht mehr leidet. Gemäß des unabänderlichen Gesetzes des Fortschritts drängt alles auf Erden vorwärts und nach oben; und alles, was sich von diesem Gesetze zu befreien sucht, bleibt zurück, bleibt liegen und vergeht; an Beispielen fehlt es nicht.

Hoffentlich kann nun jeder, der diese Briefe studiert hat, sich eine befriedigende Antwort auf folgende vier Fragen geben:

Was ist der Mensch?

Woher kommt er?

Wohin geht er?

Was ist der Zweck seines Lebens hier auf Erden?

Und ist Euch dieses gelungen, so zieht freudig hinaus in Gottes freie Natur, schaut um Euch und versucht mit den Augen eines theosophisch Gebildeten die Natur anzublicken. Wie schön tritt sie uns in ihrer Ruhe, Macht und Veränderung jetzt entgegen! Wir erkennen alle Formen als Ausdrücke unsichtbarer Ideen, welche alle eine gemeinsame — ihnen zugrunde liegende — Kraft haben, die sie erhält und da sein lässt.

Fühlen wir diese Kraftäußerung als Gottes Odem, wie nahe ist er uns dann — und wir ihm!

Freudig und mutig lasst uns diesen Glauben bekennen, diesen unseren Glauben, der darin besteht, Religion, Philosophie und Wissenschaft zu vereinigen, sie zu lebenden Realitäten zu machen, die geistige Natur des Menschen zu predigen und die Kräfte der Menschenseele zu verkünden.

Lasst Euch die Mühe nicht verdrießen, denn: wer gibt, dem wird gegeben!

Theosophische und okkultistische Studien

in 12 Briefen

von

Ferdinand Schmidt

Brief 12
Theosophische Terminologie.

Brief 12.
Theosophische Terminologie.

Erläuterung der gebräuchlichen und für angehende Theosophen oft vorkommenden eigentümlichen Ausdrücke.

Bekanntlich hat jedes Fach, es möge betreffen, was es wolle, seine eigenartigen Kunstausdrücke. Angehende Theosophen und Interessenten für den praktischen Okkultismus können in dem materiell gesonnenen Europa nur wenig ihren Zweck erreichen, würden sie die Heimat dieser Wissenschaft unberücksichtigt lassen.

Tauchen in Europa Leute auf, die mit okkultem Können veranlagt sind, so haben diese in der Regel nichts Eiligeres zu tun, als damit Vorstellungen zu geben und von einer staunenden Menge sich bewundern und bezahlen zu lassen.

Der wahre Theosoph und der echte Okkultist in Indien, die Heimat dieses Könnens, profaniert sein Wissen in dieser Form nicht, er will vielmehr nicht nur sich, sondern auch seine Nebenmenschen heben, bilden und für eine höhere Weltordnung zur Reife bringen, und dieses göttliche Wollen zieht empfängliche Gemüter auch in Europa an,

Wer hiervon inspiriert worden ist, wird sich fortan bemühen, okkulte Wissenschaften kennen zu lernen und wird in dem sich hierzu bietenden Material oft Sanskrit-Worte und aus Indien stammende Redensarten finden, die manches Neue sowie bei uns Unbekannte so kurz und treffend als möglich benennen, aus welchem Grund hier noch eine kurze Erklärung solcher (Fach-) Ausdrücke folgen sollen, welche am häufigsten vorkommen.

A.

Achàrya, ein Lehrer, Meister.

Adept, ein Mensch, der durch die Entwicklung seines geistigen Wesens transzendentales Wissen und ebensolche Kräfte erlangt hat.

Advaita Vedanta, Schule des Vedanta.

Advaiti, ein Anhänger der von Shankarâchârya begründeten philosophischen Schule.

Äonen, lange Zeiträume; nach der Lehre der Gnostiker auch die vor aller Zeit aus Gott ausgeströmten Kräfte, welche noch als Geister existieren.

Äther, feine, elastische, noch wägbare Materie, den Weltraum und die Räume zwischen den Molekülen der Körper erfüllend.

Abraham, Stammvater der Israeliten und Araber.

Abráxas, mystische Bezeichnung des höchsten Wesens in gnostischen und altchristlichen Sekten.

Agni, Gott des Feuers.

Agnostizismus, Nichtwissen.

Ahankara, das Ichgefühl.

Ahamkara, Ichheit (früheste Entwicklung, eine Stufe, die der der niederen Tiere um uns her entspricht).

Ahriman, das Prinzip des Bösen im Universum (nach Zoroasters Anhängern).

Ahura mazda, das Urwesen des Lichts, des Guten (nach Zoroasters Anhängern).

Aitareyopanishad, ein philosophisches Werk.

Akasha, feine, übersinnliche Materie, welche der Geisterwelt angehört, in der alle Begebenheiten aller Wesen und aller Zeiten sich registrieren und aufbewahrt finden; das vor Adepten offen daliegende Gedächtnis des Logos.

Alaya, Weltseele (Brahma Aspekt).

Altruistisch, für andere bedacht sein, etwas tun.

Anagâmi, eine Seele, die nicht zum Erdenleben wiederkehrt.

Ananda, die Wonne, Seligkeit.

Anandamaya-Kosha, Hülle des wonneartigen Selbst (Buddhi-Leib).

Anaostasis, die Fortdauer der Existenz der Seele.

Annamaya-Kosha, Hülle des nahrungsartigen Selbst (physischer Leib).

Anantam, Seligkeit.

Apisstier, der — ist eine Inkarnation des Osiris auf der Oberwelt.

Apokryph, im Gegensatz zu kanonisch: unecht.

Aranyaka, Einsiedler, welche in Wäldern leben.

Archaisch, uralt.

Ardschuna, der irdische denkende Mensch.

Arhats (wörtlich: die Würdigen), die eingeweihten Heiligen der Buddhisten und Jains (einer den indischen Buddhisten nahe verwandten religiösen Sekte).

Arier, die indo-germanische Rasse, die 5. der sieben Hauptwurzelrassen unserer Weltperiode.

Arupa-Ebenen, wovon es drei gibt, sie sind die höchsten Sphären der Götter- oder Himmelswelt, des Devachan, der eigentlichen Heimat der menschlichen Seele.

Aryâvarta, Indien.

Asana, das 3. Stadium von Hatha-Yoga; eine der vorgeschriebenen Körperstellungen während der Meditation, des Nachsinnens.

Aseka, sehr hoher Grad von Adeptschaft.

Askese, Bußübung oder entsprechende Lebensweise.

Asket, ein Büßer.

Asoka, buddhistischer Kaiser, welcher ungefähr 250 Jahre v. Chr. Geburt lebte.

Aspekt, Eigenschaften, welche ein Objekt besitzt und von welchen es uns die eine oder andere darbietet, je nach dem Gesichtspunkte, unter welchem wir das Objekt betrachten.

Astralleib, ein jedem gewöhnlichen Menschen unsichtbarer und vorletzter Bestandteil des lebenden Menschen; er spielt in spiritistischen Erscheinungen eine große Rolle, ist der Sitz der Fähigkeit des Hellsehens sowie der Leidenschaften und löst sich nach dem Tode mit dem verwesenden Leichnam allmählich auf.

Astrallicht, eine subtile, feine Existenzform, die die Basis unseres materiellen Universums bildet.

Astralwelt, die Zwischenwelt, welche die Seele unmittelbar nach dem Tode ihres irdischen Körpers betritt und in der sie längere oder auch kürzere Zeit zu verweilen hat, bevor sie nach Devachan und weiter gelangen kann.

Asuras, eine Klasse von Elementarwesen bösartiger Natur; Dämonen.

Ataraxie, eine unerschütterliche Gemütsruhe.

Atlantier waren Menschen der 4. Hauptrasse, hoch kultivert, gingen aber vor ca. 10000 Jahren zugrunde; unsere jetzige Menschheit ist die 5. — Diese Weltperiode bringt 7 Hauptrassen hervor, dann geht die Lebenswoge auf den nächsten Planeten über (cfr. Poseidonis).

Atlantis, so hieß der im atlantischen Ozean versunkene Wohnort oder Weltteil der Atlantier.

Atmâ oder Atman, der Geist, die göttliche Monade, das höchste Prinzip des siebenteiligen Menschenwesens.

Augoeides, das aurische Ei (cfr. Kausalkörper).

Aum, die heilige, die Dreiheit bedeutende Sanskritsilbe; entspricht unserem Amen.

Aura ist die jedem Menschen entströmende, ihn umgebende, rundem Hellsehenden sichtbare ätherische Hülle oder Aus Strahlung.

Avatâra, die Verkörperung eines erhabenen Wesens nach der Bezeichnung der Hindus.

Avesta, die heil. Bücher der Anhänger der Zoroaster.

Avidyâ ist das religiöse Nichtwissen.

Avitchi ist derjenige Zustand, welcher schwarzen Magiern **bevorsteht** und ihre Persönlichkeit zur Vernichtung führt.

Azteken, jenes alte mexikanische Kulturvolk und späte Zweigrasse der Atlantier.

B.

Bhagavad Gîtâ (wörtlich: der Gesang des Herrn), eine Episode des Mahâbhârata, des großen indischen Epos. Sie enthält ein Zwiegespräch zwischen Krishna und Arjuna über Geistesphilosophie. Bibel der Inder.

Bhagavat, der Gebenedeite (Buddha).

Bhakta, ein Treuer.

Bhakti, Frömmigkeit, Treue, Hingebung, Glaube.

Bhikshu, ein religiöser Bettler und Asket, der allem Verlangen entsagt und in fortwährender Selbsthingabe lebt; buddhistischer Mönch.

Bhikshunî, im vorstehend. Sinn, buddh. Nonne.

Bhut, Astralleib eines schwarz. Magiers in Tiergestalt, Böses ausübend.

Bhuta, ein lebendes Wesen.

Bhutadi, das erste aller Wesen.

Bódhi-baum, unter ihm erlangte Buddha-Nirvana.

Bodhisattvas, Egos, die sich dem Buddhatum nähern.

Brahmâ, Gottheit der Inder, die aktive kosmische Energie personifizierend.

Brahmachâri, brahmanischer, keuschlebender Mönch.

Brahmane, ein von gutem Willen erfüllter Mensch, auch ein zur ersten der 4 Kasten, der Priesterkaste, Gehöriger.

Brahman, das Gebet.

Brahmarandhra, Scheitelpunkt, aus welchem die Seele auszieht,

Brihadaranyakopanishad, philosophisches Werk.

Buddha, ein Erleuchteter, die verkörperte Wahrheit. Einer der vielen Buddhas war Gautama Siddhârtha, der Gründer des modernen Buddhismus.

Buddhi, das geistige Ich, die Geistseele, sechstes Prinzip des siebenteiligen Menschenwesens. Die Erkenntnis, der Intellekt.

Buddhi-Manas, der eigentliche Mensch, Bewohner des Himmels.

Buddhi-Ebene, die 3. Ebene, worin das auf ihr funktionierende Bewusstsein mit demjenigen aller anderen Wesen vereint ist.

C.

Cataclysmen, Meeresüberflutungen.

Causalkörper, Ursachenkörper oder Karana Sharira, ist der Leib der menschlichen Individualität auf dem Arupa-Niveau. Cerebral, das Gehirn betreffend.

Chakram, Rad, insbesondere gewisse Organe des Astralleibes.

Chandogyopanishad, philosophisches Werk. Chelâ, der Schüler eines Adepten im Okkultismus.

Chit, Kenntnis, Erkenntnis, Gedanke.

Concret (Gegenteil von abstrakt), aus einem Einzelding gewonnene Vorstellung.

Çudra, Dienende, der 4. Der vier Hindukasten Angehörige.

Cyklisch, so viel wie kreislaufend.

D

Dämon, der unverderbbare Teil des Menschen, die vernünftige Seele.

Dâgoba, ein tempelartiger Reliquienschrein (buddh.).

Daiviprakriti, das Licht des Logos.

Dalai-Lama, höchster nord. buddhistischer Priester, angeblich eine Inkarnation des Buddha.

Dasa, Furchtgefühl.

Dayu, kosmische Bewegung.

Deha, der physische Leib.

Demiurg, nach den Gnostikern ein von Gott verschiedenes Wesen, das, von Planetengeistern unterstützt, die Sinnenwelt erschaffen hat.

Deva, altvedischer Gott.

Devas, Wesen, die der subjektiven Seite der Natur angehören;

Bewohner der Himmelswelt, hochentwickelte früher menschliche Wesen, die zwar nicht mehr wieder Mensch zu werden brauchen, deren Seligkeit gleichwohl aber nicht von ewiger Dauer ist.

Devachan, ein wonnevoller Zustand nach dem Tode; himmlisches Dasein. Als Ort gedacht, die Himmelswelt, die eigentliche Heimat der Menschenseele, ihr hauptsächlicher seliger Aufenthalt zwischen zwei Lebensläufen, zugleich der der Devas.

Devaloka, Götterheim, Himmel, Götterwelt.

Devî, Göttin.

Dhammapadam, ein buddh. heil. Buch, das Buch des „guten Gesetzes".

Dharma, das sich aus unserem jeweiligen Entwicklungszustand für unseren weiteren Fortschritt ergebende Gesetz.

Dhyâni-Chohans, ehemals Menschen vor weit zurückliegenden Entwicklungsperioden, sehr erhabene Wesen (Devas, Götter), in der Bibel Erzengel, hebräisch Elohim genannt; Planetengeister.

Druiden, keltische Magier und Priester.

Dugpas, gefürchtete und berüchtigte Schwarzkünstler in Tibet.

Durga, böse Gattin, Gattin des Shiva (Giva).

Dpvâara-Yuga, das eherne Zeitalter, das 3. der 4 großen Zeitalter.

Dyzan, soviel wie Buch. — Ein uraltes Buch, welches Frau Blavatsky ihrem Hauptwerk, der „Geheimlehre" zugrunde gelegt hat.

E

Ebenen, welcher Begriff hierbei noch dahin zu erläutern wäre, indem damit unsere irdische wie auch alle höheren Geistes-und Himmelswelten gemeint sind, sofern diese sich räumlich durchdringen und auch ihrer Art nach — ohne sich zu stören — wie Ebenen übereinander liegen.

Ego, das lateinische Ich; die menschliche Seele, das höhere Ich, an sich geschlechtslos, welches sich verkörpert.

Elementals, halbbewusste Wesen in der Zwischenwelt, die als Werkzeuge und Produkte der Magier in allen okkulten Dingen eine große Rolle spielen.

Elementargeister sind Naturgeister, Sylphen, Gnomen etc.

Elementarreiche, wovon es 3 gibt und welche noch weniger entwickelt sind als das bekannte Mineralreich; sie gehören der Astralwelt, resp. der Devachan-Ebene an.

Elementarwesen, allgemeine Bezeichnung für alle der subjektiven Seite der Natur angehörenden Wesen, die nicht menschliche Geschöpfe sind.

Esoterisch ist das bloß für Eingeweihte Bestimmte.

Esoterische Lehre ist eine solche, welche der Öffentlichkeit vorenthalten ist und nur gewissen Menschen unter gewissen Bedingungen mitgeteilt wird oder sich von selbst ergibt; also das eigentliche „Geheimwissen".

Esoterische Wissenschaft, die Wissenschaft des Objektiven.

Ethik (griech.) Sittenlehre, Zweig der Philosophie oder Theologie, handelt vom praktischen Verhalten des Menschen, wie es sein soll, oder vom Ideal des Wollens.

Evolution, die Entwicklung aus dem Allgeist hinab in die Materie,

Exoterisch, sinnbildlich oder das Gemeinfassliche.

F.

Fakir, ein mohammedanischer Einsiedler oder Yogi.

Fohat, tibetanisch für Shakti; kosmische Kraft oder Energie des Universums; es ist die auf allen Ebenen wirkende, schöpferische Gewalt des kosmischen Gedanken

G

Gito, der Gesang.

Gnanam, der Gedanke.

Gnani, ein aus höheren Welten herabgestiegenes Wesen, welches Mensch geworden, um den Fortschritt unseres Planeten fördern zu helfen. (Mit Mahatma nicht zu verwechseln).

Gnosis, das geheime Wissen zur Zeit Christi.
Gnostiker, Kundige des Geheimwissens aus dem Urchristentum.
Gnyanam, Weisheit, Erkenntnis, okkultes Wissen.
Grihasta, Gründer einer Familie.
Gunas, drei aus der Natur entspringende Eigenschaften oder Kräfte: Licht der Wahrheit, Macht der Begierde und Unwissenheit.
Gupta-Vidyâ, die Geheimlehre.
Guru, ein geistiger Führer, okkulter Lehrer.

H

Hamsa, Brahmas Symbol, Schwan oder Vogel der Weisheit.
Hatha-Yoga, Schule zur Gewinnung physischer Kräfte, Kasteiung des Leibes zu gleichem Zwecke. Hauptcharakterzug dieses Systems ist die Regulierung des Atems,
Hermaphroditen sind mann-weibliche Wesen.
Hermes Trismegistos (der dreimal große), griech. Name des ägypt. Gottes Thoth, des Erfinders der Schrift, der Künste und Wissenschaften; später wurde derselbe als ein ägyptischer König, als ein Weiser hingestellt, als Verfasser geheimnisvoller Bücher, daher hermetische Schriften, welche bei Neuplatonikern eine große Rolle spielen.
Hermetisch, auf Heimes Trismegistos, dem legendenhaften ägyptischen Weisen, bezüglich; zum Geheimwissen der Ägypter gehörig; hermetischer (luftdichter) Verschluss.
Hierarchie, Priesterherrschaft, Priesterrangordnung.
Hierophanten, hohe Priester.
Hinayâna, das kleine Fahrzeug (d. h. der Erlösung). Der Name wird von nördl. Buddhisten, im Gegensatz zu Mahayana, gebraucht, um den südl. Buddhismus zu bezeichnen.
Hindu, arische Unterrasse in Indien.
Hiranyagarbha, Personifizierung aller himmlischer Wesen.
Horoskop, Schicksalsdeutung aus dem Stand der Sterne zur Zeit der Geburt.

I

Iddhi, übernatürliche Kraft.

Inkarnation ist der Wiedereintritt einer Seele in das irdische Leben, um darin weitere Erfahrungen zu sammeln. Wiederverkörperung.

Individualität ist das alle Leben überdauernde unsterbliche Ich.

Indra, hoher altvedischer Gott.

Induktiv, vom Besonderen aufs Allgemeine schließend.

Initiation, Antrieb, ist die Weihe, welche dem okkulten Jünger auf gewisser Stufe seiner Pilgertaufbahn vor den Meistern zuteil wird.

Intellekt, Verstand.

Intensität, innere Stärke, wirksame Kraft.

Intuition, eine Erkenntnis, die nicht durch logische Schlussfolgerungen gewonnen wird, sondern durch unmittelbares Anschauen.

Involution, Entwicklung aus der Materie zum Allgeist zurück.

Ishvara, das Göttliche im Menschen, auch der persönliche Gott.

Isis, ägyptische Göttin; Gemahlin und Schwester des Osiris; das weibliche, empfangende und gebärende Prinzip.

J

Jagrata, normales Bewusstsein des Wachens.

Jahveh, der jüdische Gott.

Jainismus, eine dem Buddhismus ähnliche Sekte.

Jevishis oder Kâma Rupa, Begehren, Lust, Verlangen.

Jiva, absolutes Leben, die eigentliche geistige Monade, die geistige, auch individuelle Seele.

Jivamukta, ein bei Lebzeiten Erlöster.

Jivâtm, der Menschengeist, seine göttl. Essenz, auch die höchste Gottheit.

Joga, mystische Vereinigung. Jogi, mystischer Heiliger.

K

Kabbala (Kabalah), die alten mystischen Bücher der Juden; jüd. Geheimlehre.

Kâla, Zeit.

Kâlahamsa, der ewige Schwan oder Pelikan, der seine Brust aufreißt, um seine sieben Jungen zu füttern (Symbol).

Kali-Yuga, Zeitalter tiefen Verfalls; schwarzes oder finsteres Zeitalter, in dem wir uns befinden, es ist das vierte der sieben Zeitalter, in welche die Entwicklungsperiode des Menschen geteilt wird. Sie begann 3102 Jahre vor Christus; 1905 n, Chr. wären demnach erst 5007 Jahre verflossen, und etwa 300000 Jahre dauert ein solches Zeitalter, kleines Manvantara.

Kalpa, die Periode kosmischer Tätigkeit; auch „ein Tag Brahmas" genannt; Dauer 4320 Millionen Jahre.

Kâma (tierische) Leidenschaft, Begierde, Lust, Verlangen, Begehren, Selbstsucht.

Kâma-Loka, der Aufenthaltsort der Verlangenden; der erste Zustand, den eine menschliche Wesenheit in ihrem nach dem Tode beginnenden Fortgang nach Devachan hin durchschreitet. Kâma-Loka entspricht dem Begriff Fegefeuer oder Purgatorium.

Kâma-Rupa, der Begierdenleib, in welchem der Abgeschiedene die Zwischen- oder Astralwelt bewohnt und die tierische Gestalt seiner vorherrschenden Leidenschaften zur Schau trägt.

Kanonisch, Gegensatz zu apokryph; glaubwürdig, zu kirchlichem Gebrauch gehörig, den Kirchengesetzen gemäß.

Karana Sharira ist der Leib der menschl. Individualität auf dem Arupa-Niveau, wo derselbe die Gestalt eines Eies haben soll.

Krano-padhi, Bestimmung des körperl. Organs.

Karma, das Gesetz der ethischen Kausalität; die Wirkung einer Handlung zur Erreichung eines Gegenstandes des Verlangens; Karma ist die Summe aller unserer guten und bösen Taten, deren Folgen ich genieße oder noch zu gewärtigen

habe.
Kathopanishad, ein philosophisches Werk.
Kosams (Koça), Hüllen. Unsere Umgebung, unsere Hüllen, welche außer unserer Seele existieren.
Kosha, Hülle, Leib.
Kosmopolit (griech.) Weltbürger.
Krishna, der dem Menschen innewohnende und ihn „überschattende" göttliche Mensch, der geistige Führer oder (eigene) Meister des irdischen Menschen.
Kumara, asketische Jungfrau.
Kundalini-Feuer oder Schlangenfeuer, die Organe des Ätherleibes, welche den ungebrochenen Übergang des Bewusstseins zwischen dem Astral- und physischen Leib vermitteln.

L

Lakshmi, Göttin, Gattin des Vishnu.
Lama, buddhistischer Priester in Tibet.
Lanka, Ceylon.
Lanu, Schüler.
Lemuria, ein meist versunkener Weltteil, Wohnort der Lemurier.
Lemurier, dritte Hauptwurzelrasse der Menschheit.
Linga, Merkmal.
Linga-Deha, die Bestimmung des Körpers.
Linga-Sharira, der Astralkörper, weil von unsichtbarem Stoffe, ist der Sitz der Fähigkeit des Hellsehens usw. Derselbe löst sich im Verhältnis zum fleischlichen Körper mit diesem nach dessen Tode allmählich auf; so lange noch vorhanden, spielt der Astralkörper bei spiritistischen Phänomenen eine große Rolle.
Lipika, hohe Wesen, „die Herren des Karma" und Leiter der Inkarnationen, z. B. Wahl der Eltern.
Logos, ist das höchste einem Welt- oder Sonnensystem vorstehende Wesen, dessen geistige Zentral-Sonne, in der Bibel „das Wort" genannt; es gibt nun zahllose Sonnensysteme

und demgemäß auch ebenso viel Logoi.

Loka, Ort der Verklärung, Welt.

Lotusblume, Sinnbild des Lichtes, auch des schöpferischen Feuers.

M.

Magie bedeutet im Allgemeinen ein größeres Wissen und Können; okkultistisch: mehr als die Schulweisheit träumt von

arisch: Mah.
persisch: Maga
sanskrit: Mahas.
lateinsich: Magia
deutsch: Mehr

Maha bedeutet als Vorsilbe gebraucht, „groß", z. B. Maha-atma „große Seele".

Mabharata, das berühmte altindische Epos: der große Krieg.

Mahadeva, großer Gott.

Mahaparinirvana, die höchste der sieben Ebenen.

Mahat, kosmischer Gedanke, der dritte Logos oder „heil. Geist". Er ist für den Kosmos, was Manas für den Einzelmenschen.

Mahatma (großer Geist), ein Adept höchsten Grades im Okkultismus; ein lebender Mensch, der sich rascher als die ungeheure Mehrzahl der menschlichen Rasse entwickelt und eine Stufe seelischer, moralischer und geistiger Entwicklung bereits erreicht hat, welche diese erst nach Ablauf von Jahrtausenden erreichen wird.

Mahayana, wörtl. das große Fahrzeug (d. h. der Erlösung), Bezeichnung des nördl. Buddhismus.

Maha Yogi, der große Asket.

Maitri' ya, Name des zukünftigen Buddha, wörtl. voller Milde,

Maitri, Erbarmen, Liebe.

Maja, die materielle Seite des Ewigen, die Weltmutter, im Christentum quasi die Jungfrau Maria.

Majavi-Rupa, Körper der Illusion.

Matoara, Meeresungeheuer, Krokodil.

Makrokosmos, das Weltall.

Manas, der Intellekt, das denkende Prinzip, die Menschenseele, der Denker, Zentralorgan des Vorstellens und des bewussten Willens.

Manasaputras, die als dritte Ausgießung des Logos sich aus der Gottheit hinabsenkenden Geistesstrahlen, welche sich mit den Tiermenschen verbanden und dadurch unsterbliche menschliche Individualitäten bildeten.

Mandukyopanishad, philosophisches Werk.

Manifestation, Kundgebung, Offenbarung.

Manomaya-Kosha, Hülle des verstandartigen Selbst (Mentalleib).

Mantra, ein religiöser, durch Schwingungen gewisse Wirkungen hervorrufender Gesang aus den Veden.

Mantra-Periode, eine der vier Perioden, in welche die Literatur der Veden zerfällt.

Manu, großer indischer Gesetzgeber; feiner die dem Menschen oder der Menschheit zugrunde liegende Idee, oder auch hohe geistige Wesen, denen die planmäßige Bildung neuer Rassen obliegt. Stammväter des Menschengeschlechts, von denen vierzehn in jedem Manvantara erscheinen.

Manvantara, das Ausatmen des schöpferischen Prinzips; Periode kosmischer Tätigkeit zwischen zwei Pralayas; Zeitraum von 308448000 Jahren, ein „Tag Brahmas", währenddessen durch den „großen Atem" das sichtbare Universum aus dem Nichtoffenbaren behufs Entwicklung in die Erscheinung tritt (Schöpfung), um schließlich wieder im Nicht-offenbaren zu verschwinden.

Maro, das personifizierte Böse, der Teufel, der Versucher.

Marut, Gott des Windes.

Materialisation ist die in einer spiritistischen Sitzung mehr oder weniger sichtbare und greifbare Astralform, die mit dem betreffenden Medium gewöhnlich eine gewisse Ähnlichkeit in den Gesichtszügen und der Gestalt besitzt.

Maya, Täuschung, Illusion, die kosmische Kraft, welche phänomenale (höchst wunderbare) Existenz möglich macht.

Mayari Rûpa, Doppelgänger, Perisprit; Astralkörper; es ist derjenige Leib, den sich ein Adept aus dem Mentalleib bildet und nur er sich zu bilden vermag, dem er jede sichtbare oder unsichtbare Form verleihen und mittelst dessen er vollbewusst sich überall hin begeben und wirken kann.

Meditation / **Meditieren** ein Sichversenken in ein Ideen-Gebiet.

Medium ist im Sinne des Spiritismus eine besonders veranlagte Person, welche in einem Zustand der Passivität (Trance) fähig ist, als Mittel (Medium) zu dienen, durch welches sich die niederen seelischen Grundteile eines verstorbenen Menschen oder sonstige Geister des Raumes (Elementarwesen) vermittelst Gesten, Sprache oder Schrift manifestieren können. Ein hypnotisches Medium ist eine Versuchsperson des Hypnotiseurs.

Meister oder Mahatma, ein Adept.

Mental (lat.), den Geist betreffend; gedacht, nicht in Worten ausgesprochen.

Mentalebene ist die Ebene des Verstandes, auch Devachan.

Metaphysik, die Wissenschaft des Übersinnlichen.

Metaphysisches Heilen ist eine Heilmethode, welche durch geistige Mittel die Gesundheit wieder herstellt und wird durch ein Verständnis der Grundprinzipe des Seins, des universellen Lebens und ihrer Gesetze ermöglicht.

Mikrokosmos, der Mensch als Welt im Kleinen, sofern alle Kräfte des Weltalls mit ihm vorhanden sind.

Moksha, die Erlösung (Nirvana).

Monade, die individuelle geistige Seele; das, was durch alle Veränderungen objektiver Existenz hindurch bestehen bleibt (einfache Wesen).

Mondpitris, Menschen auf dem Monde.

Monismus, die Einheitslehre, Gott und Welt betreffend.

Mukta oder / **Mukti** bedeutet: befreit, erlöst aus objektiver Existenz.

Mulaprakriti, undifferenzierte kosmische Materie; die unmanifestierte Ursache und Substanz alles Seins.

Mundakopanishad, philosophisches Werk.

Muni, ein Weiser, insbesondere Sakhya Muni, der Weise aus dem Sakhya-Stamm (Gautama Buddha).

Mystik, das Geheimwissen.

N

Naudi, Stier.

Narayana, Gottheit, identifiziert mit Vishnu.

Neophyt, Kandidat zur Einweihung in die Mysterien der Adeptschaft. Noviz.

Nidanas, 12 Nidanas bilden die Kette der Verursachung, wodurch das Elend der Welt erzeugt wird.

Nirmanakaya ist ein Mensch, der den Punkt erreicht hat, wo er in Nirvana eingehen könnte, aber zunächst darauf verzichtet, um in einem unsichtbaren Körper auf der Erde zurückzubleiben und den Menschen zu helfen. Dieses größte und glorreichste Opfer wird „die große Entsagung" genannt

Nirvana, Seligkeit, abstrakte geistige Existenz, die Gotteswelt, das Reich der Gestaltungslosigkeit, wo es weder Zeit noch Raum gibt, und die Vollendung — das Endziel aller Entwicklung — erreicht ist: das Aufgehen im All.

Noumena, die wahre, wesentliche Natur des Seins zur Unterscheidung von dem täuschenden Schein der Sinne.

Nyaya-Philosophie, ein System der Logik bei den Hindu (begründet durch einen vorgeschichtlichen Buddha).

O

Od, die magnetische Ausstrahlung eines Menschen (nach v. Reichenbach).

Okkultismus ist das Studium der Mysterien der Natur und die Entwicklung der physischen Kräfte, die im Menschen verborgen sind.

Om, Amen, cfr.: Aom.

Ormuzd, das Urwesen des Lichts, des Guten (nach Zoroaster).

Orphiker, eine um 600 v. Chr. entstandene mystischreligiöse Sekte. Orphische Tradition, nach Orpheus, dem griech. Sänger und Weisen der mythischen Zeit, in der bei den alten Griechen die übernatürlichen Kräfte der Atlantier noch nicht gänzlich verloren gegangen waren.

Osirio, mann-weibliche ägyptische Gottheit der schaffenden Kraft des Lichtes, Prinzip des Guten und Schönen. Bruder und Gemahl der Isis.

P

Pali, Ursprache der buddhistischen heiligen Schriften und Umgangssprache zu Zeiten Buddhas.

Palingenesis, Wiedergeburt.

Pantheist ist ein Mensch, der Gott mit der Welt oder der Natur für gleich erachtet.

Para, jenseits (Vorsilbe).

Para Brahman, jenseits des persönlichen Brahma, die unpersönliche Gottheit; das Absolute, über alle Erkenntnis hinausliegende.

Pariah, die rechtlose unterste Volkskaste Indiens.

Parinirvana, die über das Nirvana hinausliegende Ebene.

Patanjali, der Begründer der Yoga-Philosophie, eines der sechs orthodoxen Systeme Indiens und des Mahâbhâshya.

Patimokkha, die Beichte buddhistischer Mönche.

Persönlichkeit ist das sterbliche Ich.

Phänomen, Erscheinung.

Phallisch, das (männlich) Geschlechtliche betreffend.

Pishâcham sind in der Auflösung begriffene Überbleibsel menschlicher Wesen im Zustand von Kâma-Loka; Schalen oder Elementargeister (zum Unterschied von Elementarwesen).

Pistis-Sophia, ein nur in koptischer Übersetzung erhaltenes spätgnostisches Buch aus dem 3. Jahrhundert.

Pitaka, buddhistische, kanonische Bücher.

Pitris, unsere Vorfahren.

Piyadasi, der Wohlwollende (Beiname des Kaisers Asoka).

Planetenkette, ein System von 7 Planeten. Unsere Erde gehört auch zu einer solchen Kette, sie ist innerhalb dieser Kette der am tiefsten in Materie eingetauchte Planet.

Poseidonis, eine ca. 10000 Jahre vor Chr. Geburt als Rest des Weltteils Altlantis untergegangene Insel.

Pradhana, Wesen der Materie; Ur-Materie.

„   **Purusha,** Geist-Materie.

Pragna, Erkenntnis; Gottes Kraft im Menschen.

Prakriti, das aller Erscheinung zugrunde liegende Stoffliche, aber nicht das, was die Wissenschaft unter Materie versteht.

Prajapati, mythologische Personifizierung der Schöpferkraft.

Pralaya, eine Periode kosmischer Ruhe; ein ungeheurer Zeitraum, eine „Nacht Brahmas", währenddessen alles jetzt Offenbare im Nichtoffenbaren aufgelöst und im „Schosse des Vaters" verschwunden ist.

Prana, die Lebenskraft (auch Jiva), des groben und astralen Körpers.

Pranamaya-Kosha, die des odemartigen Selbst.

Pranayama, Anhalten des Atems.

Prasnopanishad, ein philosophisches Werk.

Pratyeka-Buddha, ein außerhalb des Ordens stehender, die Buddhaschaft anstrebender Eremit.

Prithivi, die Erde.

Protyl ist die noch hypothetische Materie, aus der erst alle chemischen Elemente zusammengesetzt sind.

Psyche, Seele.

Puranas (wörtlich: alte Schriften). Eine Sammlung symbolischer Schriften oder Brahmanen, 18 an der Zahl und wie vermutet wird, zusammengestellt von Vyâsa, dem Verfasser des Mahâbhârata.

Purusha, das Geistige, das allen Erscheinungen zugrunde liegt. Mann, Geist.

Q
Quaternität, die vier sterblichen niederen Bestandteile des Menschen, seine Persönlichkeit oder niederes Selbst.

R
Raga, Empfindung.
Raja, Fürst, König.
Rajas, Leidenschaft, Begierdenmacht.
Rajarshi, ein königl. Adept.
Raja Joga, Schule zur Erlernung geistiger Kräfte; die wahre Erkenntnis und die Entwicklung psychischer Kräfte und der Vereinigung mit dem höchsten Geist. Eigentlich das Öffnen oder Porösmachen der niederen Natur, damit der göttliche Geist durch sie hindurch zu scheinen, ihr Führer und Gebieter zu werden vermag.
Ramayana, ein indisches Heldengedicht.
Reinkarnation, Lehre von der Wiederverkörperung, der zufolge jeder Mensch schon zahllose Male Mensch gewesen ist und es solange wieder werden muss, bis er erlöst (dieses Zwanges ledig) ist.
Rig Veda, der erste der Veden.
Rishi, Adept im Altertum, jetzt ist der Name Mahatma gebräuchlich; geistiger Führer.
Rishis (wörtlich: Offenbarer); heilige Weise.
Rudra, ein Lärmmacher, ein Windgott.
Rupa, Körper, Leib oder Gestalt (Form).
Rupa Devatas, gestaltende Naturgeister der Welt Her. Geistes.
Rupa-Ebenen heißen die vier niederen Sphären der Himmelswelt (Devachan) deshalb, weil die Seelen daselbst noch menschliche Gestalt haben.

S
Sabda Brahman, weltbildende göttliche Kraft.
Saivite, Anbeter des Shiva.

Sakâdagâmi, Einer, der nur noch einmal zum Erdenleben zurückkehrt.
Sakti, weibl. Personifikation göttlicher Kräfte.
Sama, Unterdrückung geistiger Verwirrung.
Samadhi, Sammlung, Meditation, Ekstase, Hochschlaf, hoher Verzückungszustand.
Samane, Priester.
Samanera, Novize, Ordenszögling.
Sambôdhi, Erleuchtung.
Samskâra ⎫
Samsaro ⎬ ist die Welt der Täuschung und des Leidens, des ewigen Wechselns, des nimmer endenden Kreislaufs der Wiedergeburten, also unsere Welt.
Sa'ngha, ein buddhistischer Mönchsorden.
Sankaracharya, Gründer einer philosophischen Schule.
Sânkhya, ein in Indien sehr verbreitetes System, indischer Rationalismus.
Sânkhya Yoga, das von den Sânkhya-Philosophen aufgestellte Yoga-System.
Sannyasi, ein Hindu-Asket.
Sanskrit, Sprache der Veden und ihrer Zeit.
Sharira, Körper.
S'asta (Sastras), religionsphilosophische Schriften der Inder.
Sat, das abstrakte Sein.
Sat-chit-ananda, Wahrheit, Gedanke, Wonne.
Sattwa, Güte, Erkenntnis, Licht, Wahrheit.
Satyam, Wahrheit.
Satya-Yoga, das goldene Zeitalter (erstes der vier großen Zeitalter).
Schatten werden jene verantwortungslosen Wesen ohne Selbstbewusstsein und Gewissen genannt, die zwar dem unsterblichen Menschengeist einen Teil der Menschenseele entrissen haben, aber trotzdem dem Untergänge geweiht sind, sie spielen in spiritistischen Phänomenen und als Gespenster eine große Rolle. Sie sind die Folgen eines allzu lasterhaften Lebens.

Shakti, schöpferische Energie.

Shakuntala, ein Drama in Sanskrit von Kâldasa.

Schamanismus, Verehrung der Geister; älteste Religion der Mongolen.

Shankarâchârya, der große Erklärer der monistischen Vedânta-Philosophie, welche eine persönliche Gottheit leugnet, dagegen deren Einheit mit dem göttlichen Geiste im Menschen behauptet.

Sharira, Körper.

Shastras, allgemeine Bezeichnungsweise für religiöse und philosophische Hinduschriften.

Shishya, Schüler.

Shiva, ein Gott, der mit Brahman, und Vishnu die Trinität bildet, der dritte Logos der Dreifaltigkeit; das Prinzip der Zerstörung.

Shraddha, Glaube.

Siddhis, sind höhere (okkulte) Kräfte und Fähigkeiten. Siva siehe Shiva.

Skandhas (Khandhas) sind die unbeständigen Elemente, ausweichen der Mensch besteht (Leib, Empfindungen, Denken, Wille, Bewusstsein).

Sloka, Vers, ein Metrum.

Sáhan-Initiation, die erste Weihe auf okkultem Pfade. Soma, der Mond.

Spirituell, die über dem Denken liegenden erhabenen Eigenschaften des Menschengeistes, als wie Aufopferung, Barmherzigkeit, Gottergebenheit, Hochherzigkeit, Prinzipientreue, Selbstverleugnung, Uneigennützigkeit etc.

Sramana, ein Ordensmönch.

Sri Krishna, der Gottmensch.

Srôtapatti, jemand, der den zur Adeptschaft, bzw. zum Nirvana führenden Pfad soeben betreten hat.

Sruti, Darstellung der Lehren über Brahman.

Sthula, materiell.

Sthûla-Sharira (m) ist der physische Körper.

Sthûlopadhi, die Bestimmung des groben Leibes.
Stûpa, buddhist. Reliquienturm.
Subba Rav, ein indischer Gelehrter.
Sufi, ein mohammedanischer Mystiker.
Sugâta, der Heilbringende (Buddha).
Suksmopadhi, Bestimmung des feinen Leibes.
Suras, Götter, wohltuende Elementargeister.
Surya, Sonne.
Sushupti, Tiefschlaf, erhabener Bewusstseinszustand auf der Buddhi-Ebene.
Svarga, Aufenthaltsort der Ruhe und Erholung reiner Seelen in der Zeit vom Tode bis zu einem nächsten Wiedergeborenwerden; Devachan, Himmel.
Svastika, ein mystisches Instrument; der Svastika ist das Symbol des ewigen Kreislaufes: Manvantara-Pralaya; siehe das Rädchen am Kopf der Schlange des theosophischen Siegels.
Swapna, Traumschlaf, Traum.
Symbol, Sinnbild.

T

Tabernakel (lat.), Zelt; Stiftshütte der Juden; Sakramentshäuschen auf dem Hochaltar, worin die geweihte Hostie aufbewahrt wird, bei den Katholiken; Nische für Heiligenbilder.
Taittiriyopanishad, ein philosophisches Werk.
Taijasa, Glut, Glanz.
Tamas, Finsternis, Nichterkenntnis, Torheit, Unwissenheit.
Tanhâ, Durst, Verlangen nach Leben; es ist dasjenige, was eine Wiederverkörperung bewirkt,
Tanmatras, Urkräfte.
Tantras, magische Handlungen,
Tapas, Buße, Askese.
Târaka Yoga, eines der brahman. Systeme zur Entwicklung der

psychischen Kräfte und zur Erreichung geistigen Wissens.

Tathâgata, der Höchstvollendete. Tattvas, materielle Grundelemente der Natur, Modifikationen von Prakriti.

Tat twam asi, die berühmte Formel des Veda: „Das bist Du!"

Theosoph ist ein Mensch, der das göttliche Schauen und Erkennen, Theosophie, erreicht hat; wer daher theosophisches Wissen zu erlangen sucht, ist noch kein Theosoph.

Theosophie ist die wahre Selbsterkenntnis; die Weisheitsreligion, welche zu allen Zeiten von den Weisen der Welt gelehrt worden ist; die gemeinsame Grundlage aller Religionssysteme.

Theosophische Siebenteilung des Menschen:

    der physische Körper (Sthula Sharira),

    der Astralkörper (Linga Sharira),

    die Lebenskraft (Prâna),

    die tierische Seele (Kâma),

    die menschliche Seele (Manas),

    die geistige Seele (Buddhi) und

    der Geist (Atmâ).

Tradition, mündliche Überlieferung.

Transzendent, das Gebiet sinnlicher Erfahrung übersteigend.

Tretá-Yuga, das silberne Zeitalter.

Triade, die drei unsterblichen, höchsten Bestandteile des Menschen, sein höheres Selbst.

Trimurti, Trinität der Götter (Dreifaltigkeit), Vishnu, Brahma, Shiva.

Tripitaka, buddh. kanonische Religionsschriften.

Trishna, der Wille zum Leben.

Trimegistus, der dreimal Größte, legendenhafter, uralter ägyptischer Initiierter (siehe Hermes).

Turija, geistig, hochentwickeltes Bewusstsein.

U

Universum, Weltall, das Ganze.

Upâdanas sind (buddhistisch) unsere Sinnlichkeit und Irrtümer, welche eine Reinkarnation bedingen. (Mâyâ).

Upadhi, Bestimmung, Zustand.

Upadhis, Bestimmungen, welche eine individuelle Seele bedingen; eine ererbte stoffliche Grundlage organisch-individuellen Lebens.

Upanishad, vertrauliche Sitzung, geheime Lehre.

Upanishaden, gewisse Teile der Veden; vor-brahmanische, den Veden angefügte Schriften, die die esoterische Lehre der Brahmanen enthalten.

Upâsaka wird ein Laienschiiler bis zu seiner ersten Initiation genannt.

Upasakos, weltliche Anhänger Buddhas.

Upasampadâ, die Aufnahme in den buddh. Mönchsorden.

Upasika, weibl. Laie, weltl. Anhängerin Buddhas.

V

Vâhan, Gefäß, Vehikel, Wagen.

Vaikari Vak, das Weltall in seiner objektiven Gestalt.

Vairâgya, Gleichgültigkeit gegen die Welt; das Schwinden aller Wünsche.

Vaishyas, Handwerker, Kaufleute usw. (die dritte der vier Hindukasten).

Vaisvanara, Allgegenwart, Beiwort des Agni.

Vayu, Gott des Windes.

Veda, indische Schriften.

Vedânta, die in den Veden enthaltene Philosophie.

Vedandisten, Anhänger der Schule der Vedânta-Philosophie, die sich in zwei Zweige, in einen monistischen und einen dualistischen spaltet.

Veden, die angesehendsten Schriften der Inder. Die vier ältesten heiligen Bücher: Rig, Yajur, Sâma und Atharva, welche den Rishis von Brahma gelehrt wurden.

Vidya, das Wissen.

Vignanamaya Kosha, Hülle des erkenntnisartigen Selbst, (Kausalleib).

Vihâra, Kloster, Wohnung buddhistische Mönche.

Viniâna, ein Luftfahrzeug bei atlantischen Magiern.

Vishnu, das zweite Glied der Trinität der Hindu; das Prinzip der Erhaltung; Gott der Zeit.

Vishnu Purana, Schrift mythologischen Inhalts.

Viveka, die Fähigkeit, zwischen dem Realen und Nichtrealen unterscheiden zu können.

Vril, eine uns noch unbekannte (in Lyttons Roman „Zanoni" so benannte), aber schon von den Atlatltiern gebrauchte (ätherische) Kraft.

Vyasa, der vermutliche Zusammensteller der Puranas und der Veden.

Vyaya, dehnbar.

Y

Yoga, Vereinigung, die Wissenschaft der Seele.

Yoga Sutras, eine Abhandlung von Patanjali über Yoga-Philosophie.

Yoga Vidya, die Wissenschaft von Yoga; die praktische Methode der Vereinigung seines eigenen Geistes mit dem Universalgeist.

Yogis, Mystiker, die sich nach dem System von Patanjali's Yoga-Philosophie entwickeln.

Yug } Zeitalter.
Yuga,

Z

Zend, die heil. Sprache im alten Persien.

Zendavesta, das heil. Buch der alten Perser.

Zohar, ein Teil der Kabbala.

Zoroaster, der Prophet der Pârsis; (cfr. Avestâ und Ahriman).

Zufall gibt es nach theosophischer Anschauung nicht; er ist nur das Ergebnis der Unwissenheit und wo immer er auftritt, beruht er auf der Wirksamkeit unbekannter oder nicht in Berechnung gezogener Gesetze.

Zustände nach dem Tod: der dem Christi. Fegefeuer entsprechende Zustand heißt: Kâma Loka; der dem christl. Himmel entsprechende: Devachan.

Spiritistische Bibliothek für Anfänger und Eingeweihte!

Zu beziehen über den Verlag dieser Schrift.

C. W. Leadbeater:
— *Das Innere Leben.* 2 Bände.
— Das Leben im Jenseits.
— Die Astral-Ebene.
— Die Meister und der Pfad.
— Die Wissenschaft der Sakramente.
— Ein Textbuch der Theosophie.
— Gespräche über „Zu den Füßen des Meisters".
— Gibt es eine Wiederkehr?
— Grundlinien der Theosophie.
— Unsere Unsichtbaren Helfer.
— Das Leben nach dem Tode.
— Ursprung und Bedeutung des christlichen Glaubens-bekenntnisses.
— Träume.
— Die Chakras.
— Hellsehen.
— Das verborgene Leben in der Freimaurerei.
— Risse im Schleier der Zeit. 24 Leben Orions.
— Naturgeister.
— Gedankenformen.
— Naturgeister.
— Der sichtbare und der unsichtbare Mensch.

C. W. Leadbeater / Annie Besant:
— Der Mensch: Woher, Wie und Wohin. Aufzeichnungen nach hellseherischen Untersuchungen.
— Okkulte Chemie.

Annie Besant:
— Die Reinkarnations- oder Wiederverkörperungslehre.
— Die sieben Prinzipien oder Grundteile des Menschen.
— Eine Studie über das Bewusstsein.
— Eine Studie über Karma.
— Esoterisches Christentum oder die kleinen Mysterien.
— H. P. Blavatsky und die Meister der Weisheit.
— Karma.
— Theosophie und moderne psychische Forschung.
— Uralte Weisheit. Die Lehren der Theosophie kurz dargestellt.
— Winke zum Studium der Bhagavad Gita.
— Der Pfad der Jüngerschaft.

- Das Denkvermögen.
- Das Rätsel des Lebens im Lichte der Theosophie.
- Der Mensch und seine Körper. Eine theosophische Studie.
- Der Stammbaum des Menschen.
- Der Tod — und was dann?
- Die Entwicklung des Lebens und der Form.
- Die Geburt und Entwicklung der Seele.
- Hâta Yoga und Râja Yoga.
- Die Gesetze des höheren Lebens.

H. P. Blavatsky:
- Der Schlüssel zur Theosophie.
- Theosophisches Glossarium.
- In den Höhlen und Dschungeln Hindostans.
- Pranasophia. Das Lebens-Elixier.

Dr. Franz Hartmann:
- Im Vorhof des Tempels der Weisheit.
- Mysterien, Symbole und magisch wirkende Kräfte.
- Populäre Vorträge über Geheimwissenschaft
- Die weiße und schwarze Magie.
- Vertrauliche Mitteilungen.
- Unter den Adepten und Rosenkreuzern.
- Die Religionslehre der Buddhisten.
- Die Geheimschulen der Magie
- KARMA ODER WISSEN, WIRKEN UND WERDEN
- Die Mystik in Goethes Faust.
- Theosophische Korrespondenz.
- Sri Sankaracharya: „Das Palladium der Weisheit" (Viveka Chudamani)/Tattwa Bodha/Atma Bodha. Ins Deutsche übertragen und mit Anmerkungen versehen von Dr. Franz Hartmann.
- Die Philosophie und Wissenschaft der Vedanta und Raja-Yoga oder Das Eingehen in die Gottheit.
- Die Geheimlehre in der christlichen Religion.
- Die Geheimnisse der Zeugung.
- Über den Verkehr mit der Geisterwelt.
- Das Wesen der Alchemie.
- Ein Abenteuer unter Rosenkreuzern.
- Unter den Gnomen von Untersberg. Eine sonderbare Geschichte.
- Die Symbole der Bibel und der Kirche.
- Die Medizin des Theophrastus Paracelsus.
- Kurzgefasster Grundriss der Geheimlehre.
- Tao Te King.
- Theophrastus Paracelsus als Mystiker.
- Elementargeister.
- Seelenbräute und Vampirismus. (Incubi und Succubi)

Gerard Analect Vincent Encausse (Papus):

— *Die Grundlagen der okkulten Wissenschaft.*
— *Die Wissenschaft der Magier.*

M. A. Oppermann:
— *YOGA-APHORISMEN DES PÂTAÑJALI.* Sanskritübersetzung und Betrachtungen. Mit einer Einführung von Dr. Franz Hartmann

Hans Arnold:
— *Der Adept.* Eine vollständige Anleitung zur Erlangung der höchsten Glückseligkeit und Weisheit, sowie übersinnlicher magischer Kräfte, welche befähigen zur selbsteigenen Ausführung phänomenalster Wunder.

— *Magische Kräfte in uns.*

— *Vollständiges, kurzgefasstes Illustriertes Lehrbuch des praktischen Spiritismus.*

— *Was wird aus uns nach dem Tode?* Eine populär- naturphilosophische Abhandlung.

— *Wie errichtet und leitet man spiritistische Zirkel in der Familie?*

— *Die Heilkräfte des Hypnotismus, der Statuvolence und des Magnetismus.*

— *Das Jenseits.* Leben und Weben, Zustände und Verhältnisse im Jenseits. Das Ergebnis 16-jähriger einschlägiger Studien und Erfahrungen.

THEOSOPHISCHE HANDBÜCHER: Band I bis XVIII.

Zahlreiche weitere Schriften namhafter Autoren sind im Verlag erhältlich.